Iburg
Die besten Gerichte
für Ihr Kleinkind

Die Autorin

 **Anne Iburg** kocht schon seit ihrer Kindheit leidenschaftlich gerne. Mit der Ausbildung zur Diätassistentin und einem anschließenden Studium der Oecotrophologie machte sie die Ernährung auch zu ihrem Beruf. Mit ihrem Sohn Niels hielten zunächst die Babybreie Einzug in ihre Küche. Dazu schrieb sie den Bestseller »Die besten Breie für Ihr Baby«. Mit ihrem Sohn »wuchsen« dann auch die Rezepte. Mit Lust und Fantasie wurde ausprobiert, was auch nach dem Babyalter schmeckt – und auch den Eltern Genuss bereitet. Anne Iburg lebt und arbeitet mit ihrer Familie als Food-Journalistin und Autorin in Kaiserslautern.

Anne Iburg

Die besten Gerichte für Ihr Kleinkind

Über 170 einfache Rezepte, die Kindern ab 1 Jahr schmecken

Die häufigsten Elternfragen
Hier finden Sie Antworten zu fast allen Fragen rund um das Essverhalten von Kleinkindern. Denn Sie sind nicht die einzigen, die sich ab und zu Gedanken um die Angewohnheiten ihres Sprösslings machen.

Gesunde Kinderernährung
Was ist wirklich wichtig, wenn Sie Ihr Kind gesund ernähren möchten? Hier finden Sie die Empfehlungen von Experten kurz und knapp zusammengefasst. Und für die Umsetzung im Alltag erhalten Sie praktische Tipps.

SPECIAL

Die Küchenbasics

Hier finden Sie Wissenswertes zum Einkauf, zur Zubereitung und zur Lagerung verschiedener Lebensmittel – außerdem praktische Grundrezepte, die Ihnen beim täglichen Kochen eine tolle Hilfe sein werden.

Liebe Eltern!

Nun ist das erste Jahr mit Ihrem Baby schon oder fast vorbei. Eine aufregende Zeit – und sie bleibt spannend. Ihr Kind kann und möchte jetzt wie die Großen essen. Am gemeinsamen Familientisch sitzt es sicherlich schon. Jetzt tun sich viele neue Fragen auf und so manche Unsicherheit – was ist jetzt wichtig und richtig für mein Kind?

Mein neues Buch »Die besten Rezepte für Ihr Kleinkind« räumt mit vielen Vorurteilen auf, denn Kinder dürfen nun fast alles essen und sie mögen vieles. Kein »Aber«! Es sind Schranken in den Köpfen der Erwachsenen, die das »Alles probieren und essen« verhindern. Das zweite Lebensjahr ist bezogen auf die Geschmacksentwicklung entscheidend, erklären lässt sich dies durch die neusten Erkenntnisse aus der Neurobiologie.

Und noch eins sei vorweg verraten: Der Appetit von Kleinkindern bleibt meist meilenweit hinter den Erwartungen der Eltern und insbesondere der Großmütter zurück. Das hört sich lustig an, ist aber traurig, denn heute werden Kinder überfüttert und dieses erlernte Essverhalten schleppen die Kinder im schlimmsten Fall ein Leben lang in Form von Übergewicht mit sich herum. Die »Kinderportion« als Angabe unter jedem Rezepte – Kinderhände, Esslöffel oder Stücke – soll Ihnen als Richtwert dienen. Bitte legen Sie diese Richtwerte jedoch nicht auf die Goldwaage – sie dienen nur zur Orientierung!

Nachdem Sie die Breie Ihres Kindes nicht mitgegessen haben (obwohl Sie sich möglicherweise über kleine Reste bei den süßen Breien gefreut haben), geht es im zweiten Lebensjahr nun darum, dass Sie mit Ihrem Kind gemeinsam essen.

Im zweiten Lebensjahr lernen die Kleinen nun neben den vielen doch eher weichen Mahlzeiten festes Essen kennen. Sie lernen selbst zu essen, auch wenn sie gerne noch mal gefüttert werden, und entscheiden so eigenständig über ihr Essen mit. Doch Eltern werden nun bis zur Pubertät das wichtigste Vorbild. Zu Anfang gilt Kindern in Bezug auf das Essen nur ihr Familienessen als maßgeblich, das nimmt dann im Laufe der Jahre ab. Im Kindergarten beobachten sie das Essen ihrer kleinen Freunde und später haben dann auch Mitschüler und andere coole Leute Einfluss auf das Essverhalten.

Jedes Kind mag – wie auch jeder Erwachsene – andere Sachen gerne. Das Sprichwort „Der Apfel fällt nicht weit vom Stamm" stimmt übrigens auch in Bezug auf den Geschmack. Das, was Sie bzw. Ihre Familie gerne isst, mag meistens auch Ihr Kind. Also kochen Sie weiterhin Ihre „gesunden" Lieblingsgerichte und wählen aus diesem Buch die Rezepte aus, die Ihnen am besten gefallen.

Übrigens, unter den Hauptgerichten finden Sie oft ein »Eltern-Extra« – damit können Sie das Rezept für sich selbst noch etwas aufpeppen.

Viel Spaß beim Lesen und Ausprobieren der Rezepte sowie einen guten Appetit wünscht Ihnen und Ihrer Familie

Anne Iburg

Gesundes Essen ab eins

Ab dem ersten Geburtstag beginnt Ihr Kind, sich für das Essen der Großen zu interessieren. Und das ist gut so! Denn es braucht nun langsam mehr als nur Milch und Breie. Gehen Sie gemeinsam mit Ihrem Kind auf eine spannende Entdeckungsreise, auf der es die Welt des Essens kennenlernt.

Gesundes Essen ab eins

Als Mutter vergeht die Zeit noch schneller als ohne Kinder. Kaum zu glauben, Ihr Baby ist jetzt schon ein Jahr. Und genau genommen: Sie haben kein Baby mehr, sondern ein Kleinkind. Für das Essen bedeutet das: Babybrei und Fläschchen sind nun Auslaufmodelle. Doch keine Angst, Sie müssen nicht von einem Tag auf den anderen alles in puncto Essen ändern. Viele kleine Schritte sind der Weg zu einem neuen Ziel: dem gemeinsamen Essen am Familientisch.

Für Mütter ist dies meist eine enorme Umstellung. Viele Eltern machen sich jetzt zum ersten Mal Gedanken über die richtige Ernährung ihres Kindes. Was und wie viel muss mein Kind nun essen? Einige Mütter haben sehr hohe Erwartungen an sich: Was sie an sich selbst als Ernährungsfehler reflektieren, soll nun von Anfang an konsequent am eigenen Kind verhindert werden. Vergessen Sie es, Wunsch und Wirklichkeit liegen so weit auseinander, dass Sie sich nur selbst enttäuschen.

Wer sein Kind gesund ernähren will, muss das Ziel haben, sich selbst gesund zu ernähren. Nach dem ersten Lebensjahr beginnt nun die Zeit des gemeinsamen Essens. Das Ernährungsverhalten ist sehr stark von der Herkunftsfamilie und in traditionellen Familienformen von der Mutter geprägt. Wenn Sie sich nur Gedanken über eine richtige Ernährung Ihrer Kinder machen und nicht über ein gesundes Familienessen und damit über Ihr eigenes Essverhalten, dann ist die Wahrscheinlichkeit sehr hoch, dass Sie niemals mit dem Essverhalten Ihrer Kinder zufrieden sein werden. Wenn Sie sich mit der gesunden Ernährung Ihres Kindes ernsthaft beschäftigen möchten, gilt es, als Erstes Ihr eigenes Essverhalten unter die Lupe zu nehmen. Wenn Sie mit Ihrem Essverhalten zufrieden sind und viel Geduld und Freude in der Ernährungserziehung aufbringen, dann sind Sie mit dem Essen Ihrer Kinder zufrieden.

WICHTIG

Keine Extrawurst!

Eigentlich können die Kleinen essen wie die Großen – Ausnahmen:

- Kleine und harte Lebensmittel, an denen sich die Kinder verschlucken könnten, z. B. Nüsse und Kerne (auch von Weintrauben), sollten Sie Kleinkindern nicht oder nur zerkleinert geben.
- Solange die Backenzähne zum Kauen fehlen, gibt es Gemüse und Obst vor allem gekocht oder zerkleinert. Vollkorngetreide vorher einweichen oder als Flocken kaufen.
- Brot aus fein gemahlenem Vollkorn mit weicher Kruste ist sinnvoller als Weißbrot.

Wie und was essen Sie?

Diese Frage ist der erste Schritt zum Ziel einer gesunden Ernährung für Ihr Kind! Aus meiner Erfahrung als Ernährungsberaterin weiß ich: Diese Frage ist für viele Menschen unangenehm. Essen ist eine sehr persönliche Sache, wir müssen, wenn wir über unser Essverhalten reden, sehr viel von uns preisgeben. Unser Wissen um Ernährung ist groß.

Wir essen, solange wir denken können und sind somit die besten Ernährungsexperten für uns selbst. Wir informieren uns gewollt oder auch ungewollt andauernd über gesundes Essen. Die Medien sind voll davon. Im Supermarkt können wir aus einer Fülle an Produkten mit Werbeaussagen zur Gesundheit wählen. Bis auf die naturnahen, unverarbeiteten Lebensmittel sind heute viele Produkte mit Vitaminen, Mineralstoffen, Ballaststoffen oder Omega-3-Fettsäuren angereichert, fettreduziert oder kristallzuckerfrei. Nach einem Gang durch den Supermarkt müsste man zu dem Schluss kommen, dass Essen eigentlich noch nie so gesund war wie heute. Die Studienergebnisse sprechen allerdings eine andere Sprache, wir machen jede Menge Ernährungsfehler.

Wenn schon bei uns nicht alles richtig läuft, so wollen wir doch, dass es für unsere Kinder besser läuft. Aber – geht das überhaupt, wenn Kinder mit am Familientisch essen sollen? Nein! Also stellt sich die Frage, was ist wirklich wichtig für eine gesunde Ernährung? Und im Anschluss, wie viel kann ich von dem umsetzen, was ernährungswissenschaftliche Institute wie das Forschungsinstitut für Kinderernährung oder die Deutsche Gesellschaft für Ernährung fordern? Aus meiner Sicht lautet daher die Gretchenfrage in Bezug auf eine gesunde Ernährung, insbesondere für Ihr Kind: Was mögen Sie, liebe Eltern? Seien Sie ganz ehrlich zu sich und beantworten Sie sich selbst diese Frage: Essen Sie etwas, das Sie nicht mögen? Nein! Beruhigend, ich auch nicht. Und so können Sie auch nicht von Ihrem Kind erwarten, dass es ausschließlich nach Ihren Vorstellungen über gesunde Ernährung essen wird. Wie soll es mit Spaß Vollkornbrot essen, wenn es über das mühsame Kauen jammert. Wundern Sie sich nicht, wenn es lieber einen Erdbeerjoghurt isst anstatt des zucker- und farbstofffreien

Joghurts, wenn Sie selbst genüsslich den Vanillequark aus der Fertigpackung löffeln und sich auf dem Weg zur Arbeit die Brezel beim Bäcker holen und im Laufschritt in den Mund stopfen.

Individuelle Essgewohnheiten, Geschmacksabneigungen sowie -vorlieben werden großteils erlernt. Wenn Sie also möchten, dass Ihr Kind eine ungesunde Essgewohnheit meidet, dann sollten Sie selbst über diese Angewohnheit nicht mehr verfügen. Essgewohnheiten verändern sich unbewusst unser Leben lang, aber wir können sie auch bewusst steuern. Das ist nicht immer leicht, denn die Rahmenbedingungen wie unsere Tischgemeinschaft und die verschiedenen anderen Aufgaben im Alltag verlangen von uns, dass wir Prioritäten setzen. Eine Veränderung in unserem Leben führt in der Regel zu einem anderen Essverhalten. Somit ist ein neues Familienmitglied eine gute Chance, das eigene Essverhalten zu optimieren. Damit Sie für sich selbst herausfinden, wie Sie so essen, schlage ich vor, dass Sie dieses Buch für eine Weile aus der Hand legen und die folgenden Gedankenexperimente machen:

Aufgabe 1   Wir gehen in die Extreme: Wie sieht ein Tag aus, an dem Sie sich ungesund ernähren? Und wie sieht ein Tag aus, an dem Sie sich gut ernähren?

Nehmen Sie ein Din-A4-Blatt und schreiben bitte zwei möglichst realistische Tage auf. Dafür sollten Sie sich mindestens eine Stunde Zeit nehmen und sich auch von niemandem in die Karten gucken lassen. Das ist für Sie

ganz persönlich! Und es sollten zwei reale Tagesbeispiele entstehen.

Wenn Sie damit fertig sind, können Sie die Blätter aus der Hand legen und sich eine Pause gönnen oder sich weiter mit Ihrem Essverhalten beschäftigen.

Aufgabe 2   Die nächste Frage lautet: Wovon hängt Ihr Essverhalten ab?

Was sind die Grundbedingungen, damit aus Ihrer Sicht ein Tag der gesunden Ernährung entsteht? Wenn Sie diese Faktoren nennen können, stellt sich die Frage: Wie wichtig sind mir diese gesunden Esstage? Und wie schaffe ich die Möglichkeit, dass die Vorzeichen für eine gesunde Familienernährung positiv sind?

Wenn Sie diese Fragen für sich beantwortet haben, nehmen Sie das Buch wieder in die Hand. Sie werden einige Hilfen finden, die Ihnen das Durchführen von gesunden Esstagen erleichtern.

WICHTIG

Vorbildfunktion

Am Familientisch haben die Eltern Vorbildfunktion. Ihr Verhalten wird von den Kindern kopiert – je kleiner sie sind, desto genauer. Essen Mama und Papa viel Gemüse, dann schmeckt es auch dem Kleinen. Schaffen die Eltern eine gemütliche Tischatmosphäre, dann sitzt das Kind auch gerne am Tisch.

Gemeinsam essen macht stark!

Gemeinsam zu essen schafft Gemeinschaft und ist somit Nahrung für die Seele. Jede Familie hat beim Essen ihre eigenen Vorlieben und Besonderheiten – von typischen Familiengerichten über bestimmte Umgangsweisen bei Tisch bis hin zum Familiengeschirr. Das alles zusammen macht die persönliche „Esskultur" einer Familie aus, die ein Gefühl der Zugehörigkeit entstehen lässt. Das merken auch schon 1-Jährige und daher ist es sinnvoll, mit Ihnen gemeinsam zu essen.

Wenn es sich einrichten lässt, nehmen Sie möglichst alle Mahlzeiten gemeinsam ein. Das bedeutet: Sie essen zusammen mit Ihrem Kind im Kreis der Familie. Es sollte nicht so sein, dass Sie Ihr Kleinkind füttern und danach selbst essen. Unter gemeinsamem Essen ist im Idealfall zu verstehen, dass Ihr Kind selbst isst. Natürlich muss es das noch lernen. Ein Kind hat das schon im Babyalter beim Breiessen erlernt und ist geschickt in der Koordination – ein anderes Kind hat noch seine Schwierigkeiten damit, einen Happen zum Mund zu führen. Letzteres ist nicht schlimm, denn wer viel übt, lernt es mit der Zeit. Haben Sie Geduld und Vertrauen in die Fähigkeit Ihres Kindes. Mein Tipp: Essen Sie zuerst und lassen Sie ihr Kind selbstständig essen, im schlimmsten Fall mit den Fingern. Wenn Sie es schaffen, Ihr Essen zu genießen und dann erst Ihr Kind beim Essen zu unterstützen, sind Sie eine prima Mutter, auch wenn es vielleicht nicht gerade sauber am Essplatz Ihres Kindes aussieht. Doch für ein Kleinkind ist der Esstisch ein Abenteuerplatz, den es während der Babybreiphase gut beobachtet hat und nun für sich selbst erobern will.

Essen lernen – ein komplexer Vorgang!

Da der Mensch ein Allesesser ist, hat er nicht wie beispielsweise ein Koalabär eine Vorliebe für ein ganz bestimmtes Lebensmittel. Über Ausprobieren gewöhnt er sich sein Essverhalten an. Der Mensch leitet seine Essgewohnheiten aus gesammelten Erfahrungen ab.

Die erste Geschmackserfahrung macht der Mensch mit Muttermilch oder Säuglingsnahrung. Beides ist leicht süßlich und so wird die Vorliebe für süß beim Menschen erklärt. Sie können sich erinnern: Der erste pikante Brei wurde nicht sofort die wichtigste Nahrungsquelle. Erst langsam, sozusagen löffelweise, wurde die neue Geschmacksrichtung akzeptiert. Mit den Breien hat Ihr Baby auch ein neues Mundgefühl für »breiig« entwickelt. Am gemeinsamen Familientisch ist jetzt die Geschmacksbreite und die Anzahl der Reize fürs Mundgefühl noch viel größer. Daher ist es verständlich, dass mit dem einmaligen Anbieten nicht sofort die Begeisterung für jedes Lebensmittel da ist. Einige Kinder akzeptieren viele Lebensmittel von Anfang an problemlos, anderen müssen sie 10- bis 20-mal angeboten werden, bevor sie sie mit Begeisterung essen. Tröstend kann ich nur sagen: Ein mäkeliges Kind ist anstrengend, hat dafür aber selten Übergewicht und ist nicht schlecht mit

---

WICHTIG

Weniger Stress am Familientisch!

- Schneiden Sie den Kleinen das Brot in Häppchen.
- Fleisch sollte immer in sehr kleine Stücke geschnitten werden.
- Kartoffeln sollten Sie mit der Soße vor den Augen des Kleinkindes zerdrücken.
- Gläser oder Becher immer nur halb füllen.
- Set, Wachsdecke, Lätzchen, Servietten und Küchenrolle sind ein Muss.
- Weiches Fleisch wie Frikassee, Gulasch oder auch Braten ist Kurzgebratenem vorzuziehen.
- Mild salzen und würzen.
- Kleiner Teller und kleine Portionen sind überschaubarer für Kind und Eltern.
- Das Kind ganz viel loben!
- Möglichst cool bleiben, wenn etwas daneben geht!

▲ Gemeinsam essen macht Freude!

Nährstoffen versorgt, solange Ihr Familienessen stimmt. Wenn Sie alleine als Ehepaar oder Restfamilie mit Spaß essen, wird es irgendwann Ihre Essgewohnheiten annehmen, es ist eine Frage der Zeit. Es wird beim Essen immer wieder gute und schlechte Zeiten geben, das gehört zum Elternsein und Erziehen dazu. Wichtig ist es, sich selbst und seinen Esszielen treu zu bleiben und Respekt für Esseskapaden Ihres Nachwuchses aufzubringen.

Die Früh-am-Tisch-Esser und die Nachzügler

Die Breiphase können Sie natürlich nicht abrupt mit dem ersten Geburtstag beenden. In diesem Alter gibt es enorme Unterschiede in der Entwicklung von kleinen Kindern. Als biologischen Richtwert kann man das Gebiss der Kinder nutzen. Sobald die Backenzähne durchkommen, kann das Kind richtig essen lernen. Vorher kann es nur mit

den Schneidezähnen abbeißen, aber das Essen nicht zermahlen. So wird ein hauchdünner Apfelspalt oder ein Stück Weißbrot mithilfe von Zunge, Gaumen und Kiefer zerdrückt, aber ein Stück Fleisch wäre eine Überforderung! Sobald die Backenzähne da sind, erfüllt ein Kind die Voraussetzung, mit am Familientisch zu essen. Doch manche

13

Kinder wollen immer noch lieber Brei. Es ist sinnvoll, hier ohne großen Druck die Aufmerksamkeit der Kleinen auf das Familienessen zu lenken. Der Übergang sollte nicht von heute auf morgen erfolgen. Er ist ein schleichender Prozess. So kann beispielsweise das Müsli anfangs statt mit klein geschnittenem festen Obst mit zermatschter Banane, weichen Erdbeeren oder Apfelmus zubereitet werden. Langsam steigert man sich.

Auch das Mittagessen kann lange Zeit eine Mischung aus Nudeln, Reis oder Kartoffeln mit viel Soße bleiben. Fisch mögen erstaunlich viele Kinder gerne. Es sind eher die Mütter, die sich vor der Zubereitung scheuen. Der Fisch sollte grätenfrei sein. Also, Augen auf! Grätenfrei ist in der Regel Rückenfilet von Kabeljau, aber auch Lachs sowie Schollen- und Heilbuttfilet. Klein geschnittenes weißes Fleisch, das im Frikassee oder Gulasch so lange geschmort wurde, dass es beinahe zerfällt, wird besser akzeptiert als Kurzgebratenes, das in der modernen Küche heute an erster Stelle rangiert.

Wozu der Stress mit dem Familienessen?

Wenn Ihr Kleinkind im zweiten Lebensjahr viel Obst und Gemüse probieren kann, Fisch kennenlernt und sich mit Vollkornbrot anfreundet, wenn es weiterhin Milch trinkt und ihm häufig Milchprodukte und Käse angeboten werden – dann ist die Wahrscheinlichkeit hoch, dass dies auch im Erwachsenenleben die Lebensmittel sind, die

gerne gegessen werden. Ist die Kost dagegen einseitig, so hat ein Kind kaum die Möglichkeit, eine gesunde Ernährung als normal, selbstverständlich und lecker abzuspeichern. Denn die kindliche Essbiografie bestimmt sehr stark, was wir als Erwachsene gerne mögen. Das zweite und dritte Lebensjahr ist entscheidend für die Entwicklung des

Was gehört unbedingt zur gesunden Kinderernährung?

Es liegt an uns Müttern, ob wir unseren Kindern eine gesunde Ernährung vermitteln können. Es hört sich sehr einfach an, doch die drei Regeln, die das Forschungsinstitut für Kinderernährung in Dortmund aufgestellt hat, sind im Alltag nicht immer so einfach umzusetzen. Sie lauten:

1. Reichlich Obst und Gemüse sowie Brot essen.
2. Mäßig Milch und Milchprodukte, Käse, Fleisch, Wurst, Fisch und Eier essen.
3. Sparsam fettreiche Lebensmittel und Süßes essen.

Doch haben Sie Vertrauen in das Hunger- und Sättigungsgefühl Ihrer Kinder. Sie können davon ausgehen, dass ein Kleinkind in der Regel genau signalisiert, wann es Hunger hat. Die Angst, dass ein Kleinkind zu wenig isst, ist unbegründet. Subjektiv entsteht bei vielen Müttern dieses Gefühl, da die Kinder in diesem Alter so viel verweigern. Doch dieses Verweigern ist etwas

Geschmacks. Es ist also ratsam, sehr früh für ein abwechslungsreiches Familienessen zu werben. Nur so haben viele Lebensmittel die Chance, zum Bestandteil von Lieblingsgerichten zu werden. Übrigens: Kekse, Schokolade und Co. sind überflüssig. Sie sind keine Rabenmutter, wenn Sie diese nicht anbieten. Ihr Kind vermisst sie nicht.

Normales. Es ist von der Natur so gewollt, dass der Mensch sehr skeptisch gegenüber neuen Lebensmitteln ist. Eine Verweigerung ist kein Dauerzustand. Sie brauchen viel Geduld, aber das Kind wird sich bei einem liebevollen Angebot für neue Nahrungsmittel öffnen. Welche Lebensmittelmengen als Richtwerte für Kleinkinder gelten können, sehen Sie in Tabelle 1.

Tabelle hin, Tabelle her!

Die Werte in dieser Tabelle sind vom Forschungsinstitut für Kinderernährung durch das Auswerten von Studien, insbesondere der Donald-Studie, entstanden. Sie dienen wirklich nur als Richtwert, insbesondere dann, wenn Sie das Gefühl haben, Ihr Kind isst zu wenig oder zu viel. Die Tabelle soll Sie aber nicht zur Verzweiflung bringen. Jedes Kind hat einen ganz individuellen Energiebedarf. Die benötigten Mengen schwanken von Kind zu Kind sehr stark.

Lebensmittelmengen der optimierten Mischkost[1]

Alter	1 Jahr	Beispiele für 1-Jährige	2–3 Jahre	Beispiele für 2–3-Jährige	4–6 Jahre	Beispiele für 4–6-Jährige
Energie	950 kcal/Tag		1100 kcal/Tag		1450 kcal/Tag	
Reichlich!						
Brot oder Getreide (-flocken)	80 g/Tag	2–3 Scheiben (kinderhandgroß) oder 12 Esslöffel	120 g/Tag	2–3 Scheiben (kinderhandgroß) oder 16 Esslöffel	170 g/Tag	2–3 Scheiben oder 20 Esslöffel
Kartoffeln[2]	120 g/Tag	2 kleine Kartoffeln	150 g/Tag	1 kleine und 1 mittelgroße Kartoffel	180 g/Tag	2 mittelgroße Kartoffeln
Gemüse	120 g/Tag	1 mittelgroße Möhre	150 g/Tag	1 mittelgroße Möhre + 2 Cocktailtomaten	200 g/Tag	1 Paprikaschote
Obst	120 g/Tag	1 mittelgroßer Apfel	140 g/Tag	1 kleiner Apfel + ½ kleine Banane	200 g/Tag	1 kleiner Apfel + 1 kleine Banane
Wasser	600 ml/Tag	5–6 kleine Gläser	700 ml/Tag	6–7 kleine Gläser	800 ml/Tag	7–8 kleine Gläser
Mäßig!						
Milch[3]	300 ml/Tag	2 Tassen	330 ml/Tag	2 Tassen	350 ml/Tag	2 Tassen
Fleisch, Wurst	30 g/Tag	Schnitzel (kinderhandgroß)	35 g/Tag	Schnitzel (kinderhandgroß)	40 g/Tag	Schnitzel (kinderhandgroß)
Eier	1–2 Stück/Woche		1–2 Stück/Woche		2 Stück/Woche	
Fisch	25 g/Woche	Fischfilet (kinderhandgroß)	35 g/Woche	Fischfilet (kinderhandgroß)	50 g/Woche	Fischfilet (kinderhandgroß)
Sparsam!						
Öl, Butter, Margarine	15 g/Tag	3 Teelöffel	20 g/Tag	4 Teelöffel	25 g/Tag	5 Teelöffel
Süßes – geduldet!						
in Energie	100 kcal/Tag		110 kcal/Tag		150 kcal/Tag	
am Beispiel Butterkeks	20 g	4 Stück	20 g	4 Stück	30 g	6 Stück

[1] Empfehlungen optimix, Forschungsinstitut für Kinderernährung; [2] Reis oder Nudeln in gekochter Menge identisch;
[3] anstelle von Milch sind auch Joghurt, Buttermilch oder Käse (200 ml Milch = 30 g Schnittkäse oder 60 g Weichkäse) möglich

Alltagsmaße machen das Abschätzen einfacher!

Die Hand Ihres Kindes, ein Trinkglas und einen Tee- oder Esslöffel als Maß für Portionen zu verwenden, ist unkompliziert und praxistauglich. Solche Alltagsmaße finden Sie bei den Rezepten. Sie gelten für 1-Jährige und müssen für Klein- und Kindergartenkinder nur geringfügig angepasst werden. Es handelt sich dabei um untere Werte, da sich viele Mütter Sorgen machen, dass Ihr Kind zu wenig ist. Wenn Ihr Kind mehr isst und dabei im Bereich des Normalgewichtes liegt, freuen Sie sich. Bieten Sie nicht speziell Ihrem Kind, sondern der ganzen Familie gesundes Essen an. Wenn Sie vor der Familienphase viel Süßes, Fertiggerichte und Fast Food gegessen haben, versuchen Sie, dies zu reduzieren. Ihr Kind möchte ausprobieren, was Sie essen. Da Ihr Kind weder Süßigkeiten noch Fast Food kennt, kann es kein Verlangen danach haben. Bieten Sie solche Lebensmittel daher erst im Kindergartenalter und nur selten an, dann bleibt ungesundes Essen die Ausnahme und wird nicht zur Familienregel.

Richtig trinken!

Aufgrund des höheren Wasseranteils im Körper haben Kinder einen hohen Wasserbedarf. Kinder haben oft kein ausgeprägtes Durstgefühl, daher ist es wichtig, auf die Trinkgewohnheiten der Kinder früh Einfluss zu nehmen. Der beste Durstlöscher ist und bleibt Wasser. Leitungswasser oder auch Mi-

Zuckergehalt von Getränken

Getränke	Zucker in g/100 ml (halbes Glas)	Anzahl Zuckerstücke (1 Zuckerwürfel = 3 g)
Limonade	12	4
Fruchtsaft	11	4
Eistee	8	3
Apfelsaftschorle 2 : 1	4	1
ungesüßte Früchtetees	0	0
Leitungswasser/Mineralwasser	0	0

neralwasser sollte der Lieblingsdurstlöscher der ganzen Familie werden. Ihr Kind wird die in der Tabelle (S. 15) aufgeführten Wassermengen nicht sofort trinken. Milch und auch Breie enthalten viel Wasser, sodass nur wenige Kinder diese Trinkmengen in Form von Wasser von Anfang an schaffen.

Wasser ist kalorienfrei und somit kein leerer Kalorienträger wie gesüßte Limonadengetränke. Des Weiteren ist es frei von Zusatzstoffen, wie z. B. Zitronensäure, die den Zahnschmelz schädigen können. Beim Kauf des Mineralwassers kann es sinnvoll sein, sich für ein kalziumreiches Mineralwasser zu entscheiden. Und zwar dann, wenn Ihr Kind nur wenig Milch trinkt und selten Milchprodukte und Käse isst.

Auch wenn Ihr Kind wenig trinkt, sollten Sie nicht versuchen, die Trinkmenge durch das Anbieten von süßen Getränken zu steigern. Zwar berichten viele Mütter, dass das gut klappt, doch dabei wird übersehen, wie viel Zucker so nebenbei getrunken wird (siehe

Tabelle oben). Auch wenn Saft besser als Limonade abschneidet, hat er reichlich Zucker. Schorlen im Verhältnis 2 Teile Wasser zu 1 Teil Saft sind eine Alternative zum Wasser, die aber nicht in Trinkflaschen zum Dauernuckeln angeboten werden soll, sondern im Glas. In Trinkflaschen sollte wirklich nur Wasser abgefüllt werden, so schützen Sie die Zähne ihres Kindes am besten und das Kind lernt, den Durst ohne Aufnahme von Kalorien zu löschen.

Rote Karte für Alkohol, Kaffee & Co.!

Alkoholische Getränke von Bier bis Wein sind für Kinder tabu. Auch wenn Ihr Kind am Bier- oder Weinglas nippen will, verbieten Sie dies oder verzichten Sie auf das Trinken solcher Getränke in Anwesenheit Ihrer Kinder. Bohnenkaffee, schwarzer und grüner Tee, Eistee, Colagetränke und die sogenannten Energy-Drinks kommen nicht infrage. Sie enthalten Koffein und sind somit für kleine Kinder schlichtweg verboten.

Was steckt in unseren Lebensmitteln?

Als Allererstes liefert Essen uns Energie. Sie brauchen wir, um leben zu können. Die Bausteine Eiweiß, Fett und Kohlenhydrate liefern uns diese Energie. Ein Zuviel an Energie führt zu Übergewicht; und ein Zuwenig lässt uns abmagern.

Für die meisten Menschen ist der Energiegehalt eine abstrakte Zahl, mit dem man nur wenig anfangen kann. Doch auf vielen Produkten finden wir nicht nur die Nährwerte des Lebensmittels, sondern auch einen Richtwert für die durchschnittliche Energiezufuhr pro Tag. Für Erwachsene wird sie mit 2000 kcal veranschlagt. Für 1-Jährige empfiehlt das Forschungsinstitut für Kinderernährung 950 kcal pro Tag. So ein kleiner Erdenbürger braucht also im Verhältnis zu seiner Größe ganz schön viel Energie. Doch aus der Tabelle auf S. 15 sehen Sie, dass dies gar kein so großer Berg an Lebensmitteln ist.

Kohlenhydrate als Sattmacher!

Kohlenhydrate finden sich vor allem in pflanzlichen Lebensmitteln – also in Brot und Getreideflocken, Kartoffeln,

▼ Obst enthält nicht nur Kohlenhydrate und Vitamine – es ist auch besonders lecker!

Nudeln und Reis sowie last but not least in Obst und Gemüse. Diese Lebensmittel liefern dem Körper vor allem Energie, aber auch Vitamine, Mineralstoffe, sekundäre Pflanzenstoffe und Ballaststoffe. Bei den Kohlenhydraten handelt es sich um Zuckerbausteine, die wie eine Kette aufgefädelt sind. Die Anzahl der Zuckerbausteine entscheidet, ob es sich um einfache oder um komplexe Kohlenhydrate handelt.

Aufgepasst: Zucker bringt zu schnell Energie!

Einfache Kohlenhydrate werden als Zucker bezeichnet. Sie schmecken meist süß. Sie bestehen aus sehr wenigen Zuckerbausteinen. So ist der Haushaltszucker ein Zweifachzucker, zusammengesetzt aus einem Teil Fruchtzucker und einem Teil Traubenzucker. Obst enthält viel Fruchtzucker oder auch Traubenzucker. Milch und Milchprodukte enthalten Laktose, einen nur wenig süß schmeckenden Zweifachzucker.

Der natürliche Zuckergehalt von Obst und Milchprodukten ist nicht schädlich, denn neben der schnellen Energie liefern sie wertvolle Inhaltsstoffe wie Vitamine, Mineralstoffe und Ballaststoffe. Doch Lebensmittel, denen viel Zucker zugesetzt wurde, haben meist einen hohen Energiegehalt und sind daher in nur kleinen Mengen in der gesunden Ernährung vertretbar.

Stärke bringt lang anhaltende Energie!

Komplexe Kohlenhydrate wie die Stärke in Kartoffeln, Nudeln oder Brot bestehen aus vielen Zuckerbausteinen.

Im Dünndarm müssen sie erst in die einzelnen Zuckerbausteine zerlegt werden, bevor sie dann nach und nach ins Blut gelangen und als Energielieferanten zur Verfügung stehen. Da der Körper Stärke langsamer verwertet, liefern sie gleichmäßiger und langfristiger Energie als Zucker. Die Sättigung hält länger an, da der Blutzuckerspiegel langsamer steigt und fällt. Starke Schwankungen des Blutzuckerspiegels bleiben bei regelmäßigen und gut über den Tag verteilten Mahlzeiten aus und sorgen für ein gutes Sättigungsgefühl.

Ballaststoffe verzögern die Energieaufnahme!

Ballaststoffe haben ihren Namen noch aus Zeiten, als man sie wegen ihrer Unverdaulichkeit für überflüssig hielt. Heute haben sie einen hohen Stellenwert in der Ernährung. Unter dem Begriff Ballaststoffe verbergen sich verschiedene Substanzen, wie z. B. Inulin, Zellulose, Hemizellulose oder auch Oligofruktose. Ballaststoffe verlängern die Verweildauer im Magen. Sie machen länger satt und verzögern das erneute Hungergefühl. Die Energie kommt feiner dosiert ins Blut. Im Zusammenspiel mit den Kohlenhydraten sorgen sie dafür, dass der Blutzuckerspiegel in Balance gehalten wird.

Ein weiterer Pluspunkt der Ballaststoffe ist die verkürzte Passagezeit des Nahrungsbreis im Dickdarm. Giftige Stoffwechselprodukte werden schneller entsorgt und durch die Quellfähigkeit der Ballaststoffe lassen sich Probleme mit Verstopfung unkompliziert und ohne Nebenwirkungen lösen.

Die wichtigsten Ballaststofflieferanten sind Vollkornprodukte, Müsli, Vollkornbrot, Naturreis, Haferflocken, Kartoffeln, Möhren, Sauerkraut, Bohnen, Erbsen, Linsen, alle Blattsalate und alle Gemüse- und Obstsorten. Etwa die Hälfte der Ballaststoffe sollte aus Getreide kommen.

Eiweiß ist das Baumaterial!

Der Eiweißbedarf ist bei Kindern höher als bei Erwachsenen, denn sie befinden sich im Wachstum. Diese Aussage ist relativ gemeint. Die Relation bezieht sich auf das Körpergewicht. In einer absoluten Zahl ausgedrückt, brauchen Kleinkinder nicht mehr als 15 bis 20 g Eiweiß am Tag. In den Industrieländern gibt es bei Kindern wie auch Erwachsenen keinen Eiweißmangel. Wir essen tendenziell eher zu viel Eiweiß. Auch wenn Eiweiß das Baumaterial aller Zellen ist, muss nicht jeden Tag tierisches Eiweiß in Form von Fleisch gegessen werden. In Lebensmitteln pflanzlichen Ursprungs ist ebenfalls Eiweiß vorhanden. Kartoffeln, Vollkornbrot und -reis sowie Haferflocken sind wichtige Eiweißquellen. Nicht zu vergessen sind Milch- und Milchprodukte, sie tragen insbesondere bei Kleinkindern entscheidend zur Eiweißversorgung bei.

Ohne Fett geht es nicht!

Fett liefert doppelt so viel Energie wie Eiweiß und Kohlenhydrate und sollte daher bewusst gegessen werden. Insgesamt essen wir eher zu fett. Doch ganz ohne Fett funktioniert unser Körper nicht. Fett liefert wichtige Fettsäuren und ist Träger für die fettlöslichen Vitamine A, D, E und K. In den Rezepten wird fast ausschließlich mit Raps- und Olivenöl gekocht. Das mag einseitig erscheinen, sorgt aber für eine gute Versorgung mit Omega-3-Fettsäuren.

Vitamine

Vitamine sorgen für einen reibungslosen Ablauf aller Körperfunktionen und schützen unseren Organismus vor Erkrankungen. Unterschieden wird in fettlösliche (A, E, K, E) und wasserlösliche Vitamine (C, B_1, B_2, B_6, B_{12}, Pantothensäure, Folsäure, Niacin und Biotin). Wenn Kindern Obst und Gemüse, Getreide, Fleisch, Fisch und Milchprodukte sowie Öl zum Essen angeboten bekommen, brauchen Sie keinen Vitaminmangel zu befürchten.

Mineralstoffe und Spurenelemente

Sie erfüllen ähnliche Aufgaben wie die Vitamine und sind lebensnotwendig. Über eine Mischkost mit den Schwerpunkten Gemüse und Milch sowie wöchentlich Fisch und Fleisch, braucht Ihr Kind nur beim Salz einen künstlichen Zusatz: Verwenden Sie jodiertes und flouridiertes Speisesalz! Eine Übersicht zu den einzelnen Vitaminen und Mineralstoffen finden Sie auf der Umschlaginnenseite!

Sekundäre Pflanzenstoffe – die Naturarznei!

Es handelt sich um eine Vielzahl von natürlichen Inhaltsstoffen in pflanzlichen Lebensmitteln, die im Gegensatz zu Vitaminen für den Menschen nicht lebensnotwendig sind, jedoch im Körper wichtige Aufgaben erfüllen, wie die Stärkung des Immunsystems.

Essalltag

Ernährungsgewohnheiten und Essverhalten werden maßgeblich im Elternhaus geprägt. Worauf sollte also geachtet werden, damit sich das Kind auch auf lange Sicht gesundheitsbewusst ernährt? Essen sollte ein positives Familienerlebnis sein. Das klappt sicher nicht jeden Tag; doch damit es funktioniert, sollte man die Ziele – ausgehend von seinem ursprünglichen Essverhalten – nicht zu hoch stecken. Sonst kommt schnell Frust auf. Wie in allen Bereichen der Erziehung brauchen Kinder eine liebevoll Begleitung durch die Eltern, um später selbstständig und mit sich zufrieden durch das Leben zu gehen.

Kinder brauchen regelmäßige Mahlzeiten

Versuchen Sie, einen möglichst festen Mahlzeitenrhythmus einzuführen und einzuhalten. Kinder sollten morgens, mittags und abends etwas essen und trinken. Für den Hunger zwischendurch gibt es Zwischenmahlzeiten, aber nicht ständig etwas zu essen.

Kinder brauchen Strukturen. Ohne einen möglichst festen Mahlzeitenplan wird es mit dem richtigen Essenlernen schwierig. Aus der Breiphase sind sie es gewohnt, zu festen Zeiten etwas zu essen zu bekommen – dieses Schema sollte weitergeführt werden. Zwischenmahlzeiten können dabei zeitlich stärker variieren.

Frühstück am Morgen! Auch wenn Sie selbst gar nicht frühstücken, sollten Sie darüber nachdenken, diese Mahlzeit wieder in Ihren Familienalltag einzuführen. Ein aufwendiges Frühstück muss nicht sein und es braucht auch keine große Abwechslung. Die Basis bilden Brot oder Getreideflocken, dazu gehören Milch oder Milchprodukte sowie Obst oder Gemüse. Morgens ein Müsli mit Apfel und Joghurt oder ein Brot mit Käse und Gurkenscheibe: Das ist ein schnelles und gesundes Frühstück, wie Sie es vermutlich selbst aus Ihrem Elternhaus kennen. Ungewohnt ist vielleicht das Gemüse – auch wenn es nicht viel ist, für Ihr Kind wird es so zu einer Selbstverständlichkeit, dass es zu jeder Mahlzeit Gemüse oder Obst gibt.

Zwischenmahlzeit. Für Sie und Ihr Kleinkind gibt es einen Teller mit klein geschnittenem Obst am Vormittag. Das kann ein Ritual werden. Der Obstteller bekommt einen kindgerechten Namen wie Pumuckls bunter Teller. Beim Naschen darf viel gelacht und Spaß gemacht werden. Obst bekommt so einen positiven Bezug. Falls der Obstteller mal nicht leer wird oder ausfällt, ist das kein Drama. Übrigens, niemand kann etwas vermissen, was er nicht kennt: Ein 1-jähriges Kind verlangt nicht nach Keksen. Es sind Sie oder andere Erwachsene, die damit positive Erlebnisse verbinden und deshalb meinen, dass Ihr Kind so etwas braucht.

Das Mittagessen sollte am besten selbst gekocht sein. Eine warme Mahlzeit ist nicht zwingend jeden Tag erforderlich, doch durch das Kochen wird die Nahrungsvielfalt größer und somit das Nährstoffangebot vielseitiger. Aber – für eine warme Mahlzeit muss nicht jeden Tag gekocht werden, es kann durchaus der Rest vom Vortag gegessen werden. Und eine warme Mahlzeit muss nicht aufwendig gekocht werden. Schnelle Rezepte mit wenigen Zutaten sind genauso gut. Wenn Sie die Möglichkeit zum Einfrieren haben, kochen Sie öfter mal eine größere Menge und frieren Sie einen Teil davon ein. So haben Sie immer etwas für den Notfall. Und wenn die Küche ausnahmsweise einmal kalt bleibt, dann ist das auch nur für Großmütter ein Problem.

Am Nachmittag Es darf ruhig ein zweites Mal Obst sein. Dazu vielleicht ein kleine Scheibe Brot mit Käse oder zur Abwechslung eine Mixmilch aus Obst und Buttermilch. Zu besonderen Anlässen kann es selbstverständlich Kuchen geben, doch sollte es nicht die Regel sein, dass Kuchen bzw. Kekse täglich auf den Tisch kommen. Wenn Sie für sich allerdings feststellen, dass Sie es so gewohnt sind und Sie sich von dieser Gewohnheit absolut nicht trennen können, dann sollte kein schlechtes Gewissen entstehen. Wenn in der Familie keiner Gewichtsprobleme hat, dann genießen Sie für sich und Ihre Familie dieses Privileg.

Abendbrot! Wenn es mittags schon warmes Essen gab, dann sind belegte Brote mit Salat oder Rohkost eine gesunde Alternative. Auch ein Brot mit Tomatenscheiben oder Radieschen ist ausreichend. Wichtig ist, sich nicht zu überfordern. Kleine Schritte in die richtige Richtung, z. B. immer etwas geschnittenes Gemüse oder Obst anzubieten, sind von größerem Erfolg gekrönt als aufwendige Zubereitungen.

Essen ist kein Erziehungsmittel

Bei den ganz Kleinen sind wir meist noch gnädig, doch mit der Zeit reißt es ein. »Wenn du deine Jacke aufhängst, bekommst du heute auch von deinem Lieblingssaft« oder umgekehrt: »Wenn du nicht aufisst, siehst du heute auch kein Sandmännchen!« Hoffentlich rutscht uns so etwas nur heraus. Essen soll nicht als Erziehungsmittel eingesetzt werden. Schnell ist man dabei, besonders wenn der Tag allgemein schon stressig war. Druck aufs Essen auszuüben, hilft den Kindern allerdings nicht, selbstständig zu entscheiden, von was sie wie viel essen wollen. Es kommt schnell zu Machtkämpfen. Ihr Kind verweigert aus Prinzip, weil es merkt, dass es so Macht auf Sie ausüben kann.

Kinder orientieren sich am Vorbild der Eltern. Kinder ahmen erst einmal das nach, was sie bei den „Großen" sehen, übernehmen gute wie schlechte Gewohnheiten, auch was das Essen betrifft. Vor allem bei jüngeren Kindern hat das Vorbild der Eltern weitreichenden Einfluss auf deren Essverhalten. Wenn Sie selbst sich abwechslungsreich und ausgewogen ernähren, wird Ihr Kind dies als normal erleben und erst einmal als selbstverständlich übernehmen.

Vermeiden Sie Stress beim und ums Essen: Weder müssen Kinder ihren Teller immer leer essen, noch müssen sie alles gleichermaßen gern essen. Und manch ein Gemüse schmeckt Ihrem Kind vielleicht gar nicht. Das ist bei Erwachsenen nicht anders und kein Anlass zur Sorge, solange Gemüse nicht grundsätzlich abgelehnt wird.

Jeder hilft mit!

Übergeben Sie Ihrem Kind seinem Alter entsprechende Aufgaben rund ums Essen. Kinder helfen meist gern und das weckt ihr Interesse am Essen. Für einen kleinen Wuselmann heißt es, dass er bei der Essenszubereitung nur zuschaut. Vielleicht lassen Sie ihn mal die Händchen ins Wasser tauchen, wenn dort gerade der Salat oder die Radieschen gewaschen werden. Natürlich lauern in der Küche viele Gefahren – vom scharfen Messer bis zur heißen Herdplatte. Die Küche ist sicherlich kein Kinderspielplatz, aber lassen Sie Ihre Kinder unter Aufsicht ruhig mitarbeiten, auch wenn sie am Anfang gar keine Hilfe sind. Die Geduld, die Sie in frühen Jahren aufbringen, wird vielleicht später belohnt und Ihr Kind unterstützt Sie mit Begeisterung beim Kochen oder kocht vielleicht sogar für Sie. Mit zunehmendem Alter sollten Kinder auch in die Planung und Zubereitung der Mahlzeiten einbezogen werden und „mitreden" können.

▲ Auch bei älteren Geschwistern gibt es immer etwas abzuschauen. …

Kinder viel über Lebensmittel erfahren lassen

Kinder sind meist neugierig. Geben Sie Ihrem Kind deshalb die Gelegenheit, möglichst viel über Lebensmittel zu erfahren – wie sie unverarbeitet oder im Rohzustand aussehen, woher sie kommen, wie sie wachsen, was sich daraus zubereiten lässt und natürlich: Wie sie schmecken.

Einkaufen heißt: übers Familienessen entscheiden

Vergessen Sie nie, dass Sie als Einkäufer entscheiden, was für Lebensmittel Ihr Kind nun wirklich kennenlernt. Solange Kinder nicht über eigenes Geld in Form von Taschengeld verfügen, können sie sich selbst auch nichts kaufen. Es liegt in Ihrer alleinigen Verantwortung, was für Lebensmittel im Haushalt sind.

Natürlich lernen die Kinder spätestens im Kindergarten andere Lebensmittel und auch Süßigkeiten kennen, doch entscheiden Sie, ob Sie diesen Wünschen nachgehen. Wer nur gesunde Lebensmittel in seinem Haushalt hat, kann seinem Kind die Auswahl überlassen, was es isst. Steht keine Nussnougatcreme auf dem Frühstückstisch, kann sie auch nicht aufs Brot geschmiert werden. Alle Schleckereien, die Sie sich selbst erlauben, sollten Sie auch Ihren Kindern gönnen.

Die häufigsten Elternfragen

Eltern machen sich viele Gedanken um eine gesunde Ernährung ihrer Kinder. Sobald junge Mütter zusammenkommen, tauschen sie sich über das Essverhalten ihrer Kinder aus. Die typischen Fragen habe ich aus diesen Gesprächen gesammelt und versuche, sie möglichst verständnisvoll zu beantworten. Dabei hoffe ich, Sie zu beruhigen, dass Ihr Kind gar nicht so schlecht isst, wie Sie befürchten. Und des Weiteren wünsche ich mir, dass Sie für sich selbst feststellen, dass Sie gar nicht so viel falsch machen, wie Sie selbst häufig befürchten. Bedenken Sie, dass auch Sie selbst nicht jeden Tag gleich gesund essen. Aus meiner Sicht ist das Wichtigste und Schwierigste zugleich, die Geduld und die Kraft zu haben, immer wieder ganz einfache Dinge im Essalltag vorzuleben und sich dabei selbst treu zu bleiben.

Ich habe das Gefühl, mein Kind isst zu wenig!

Mit diesem Gefühl befinden Sie sich in bester Gesellschaft. Stellen Sie sich ein paar Gegenfragen: Wirkt Ihr Kind gesund und fröhlich? Spielt Ihr Kind viel und rennt es herum? Ist Ihr Kind an Neuem interessiert? Wächst Ihr Kind und ist lebendig? Dann können Sie davon ausgehen, dass Ihr Kind genug isst. Ihr Kind gehört halt zu den sparsamen Essern – die gibt es genauso wie die, die immer Hunger haben. Falls Sie aber weiterhin beunruhigt sind, dann fragen Sie Ihren Kinderarzt, ob Ihr Kind mehr an Essen braucht.

Was mache ich, wenn mein Kind das Familienessen ablehnt?

Vielleicht malen Sie gerade sehr schwarz. Gehen Sie auf Ursachenforschung. Was genau lehnt Ihr Kind am Familienessen ab – ist es wirklich alles? Vielleicht stellen Sie fest, dass es vor allem sehr feste Speisen verweigert. Dann ist es sinnvoll, noch zwischen Breimahlzeiten und Familienessen zu mischen. Suppen, Eintopfe oder auch Risotto, Rührei und Pfannkuchen sind Gerichte, mit denen Sie das Familienessen langsam einführen. Wenn Ihr Kind auch solche Speisen komplett verweigert, dann bieten Sie ihm seine gewohnten Breie an. Mit etwas Geduld wird sich Ihr Kind langsam von den Breien entwöhnen und das Familienessen bevorzugen.

Mein Kind isst viel weniger als in der Breiphase. Ich mache mir Sorgen und würde gern wieder Breie geben.

Nein, kehren Sie nicht zu den Breien zurück. Vielleicht überschätzen Sie die Menge, die Ihr Kind essen soll. Wenn es nicht ständig schreit und auf der Suche nach anderem Essbaren ist, dann ist Ihr Kind ein guter Futterverwerter. Solange das Gewicht stimmt, müssen Sie sich keine Sorgen machen. Geben Sie Ihrem Kind kleine Portionen auf kleinen Tellern und wenn diese leer gegessen sind, kann es noch einen Nachschlag geben. So entsteht sowohl bei Ihnen als auch bei Ihrem Kind ein gutes Gefühl.

Mein Kind isst alles nur einzeln. Was soll ich tun?

Solch eine Phase, in der die Komponenten einer Speise getrennt werden, machen viele Kinder und Eltern durch. Kinder essen zwar Salat, aber nicht mit Dressing, und die Nudeln werden nur ohne Soße gegessen. Akzeptieren Sie dieses Verhalten. Es wird sich, je weniger Sie es beachten, umso schneller legen. Kinder haben vermutlich den Wunsch nach einem eindeutigen Geschmack und das Mischen löst ein Misstrauen gegenüber zu vielen Geschmacksrichtungen auf einmal aus. Ändern Sie Ihre Essgewohnheiten nicht, bieten Sie Ihrem Kind geduldig Kombigerichte an und akzeptieren Sie die Ablehnung. Und lassen Sie es alles in Einzelkomponenten zerlegt essen.

Mein Kind hat immer Appetit. Ob es wohl zu viel isst?

Stimmt das Gewicht Ihres Kindes? Wenn ja, dann ist Ihr Kind ein schlechter Futterverwerter, ist immer in Aktion oder macht gerade einen Schuss. Falls Ihr Kind an die obere Gewichtsgrenze tendiert: In diesem Alter haben Sie einen recht großen Einfluss auf das Essen. Stellen Sie die Möglichkeit des Zwischendurchessens ein und beschränken Sie das Essen auf fünf Mahlzeiten. Dabei kann die Zwischenmahlzeit ein Apfel oder auch nur Möhren sein.

Mein Kind will morgens nicht frühstücken. Was kann ich tun?

Frühstücken Sie selbst? Wenn nicht, sollten Sie dies ändern, bevor Sie es von Ihrem Kind erwarten. Versuchen Sie,

Ihrem Kind morgens viel Zeit zu geben, um richtig wach zu werden. Setzen Sie sich an den gedeckten Tisch. Überlegen Sie selbst, ob sie aus Gewohnheit oder Hunger frühstücken? Vielleicht hat Ihr Kind morgens einfach noch keinen großen Hunger. Dann überdenken Sie, was und wie viel Ihr Kind frühstücken soll. Eine Kleinigkeit wie eine Trinkflasche Milch ist schon ein Frühstück. Wenn wir von 150 ml Vollmilch ausgehen, dann sind das 100 kcal (also etwas mehr als 10 % der täglichen Energiemenge). Machen Sie bitte nicht den Fehler, jetzt noch einen Vollkornkeks, eine Waffel oder Brezel zu geben, da Sie glauben, dass Ihr Kind doch etwas Festes braucht. Dadurch wird das biologische Signal »kein Hunger« durch verlockende Lebensmittel ausgetrickst, die Lust auf Süßes befriedigen. Der gedeckte Frühstückstisch mit Brot oder Müsli, so wie Sie essen, wird für hungrige Kleinkinder schon irgendwann interessant werden und am gedeckten Frühstückstisch ist noch kein Kind verhungert.

Egal wie wenig oder viel auf dem Teller ist, mein Kind isst den Teller nicht leer. Was kann ich tun?

Sie sollten sich weder ärgern, noch Druck aufbauen. Auch durch Überreden und liebevolle Zusprache kombiniert mit Füttern wie »Ein Löffel für Oma, ein Löffel für Opa, …« üben Sie sanften Druck aus. Gehen Sie davon aus, dass Ihr Kind keinen Hunger hat oder dass es zurzeit nicht mag. Nehmen Sie es nicht persönlich, sondern werten Sie es als eine Phase, die sich wieder ändern wird. Lassen Sie sich nicht aus dem Konzept bringen, schaffen Sie weiterhin eine angenehme Familienatmosphäre bei Tisch und bauen Sie das Lieblingsgericht Ihres Kindes in den Speiseplan ein.

Was ist gesünder? Müsli oder Brot?

Darüber wird gerne philosophiert. Die Frage ist komplex. Vollkornflockenmüsli und Vollkornbrot sorgen beide aufgrund des hohen Ballaststoffgehaltes für eine lang anhaltende Sättigung. Cornflakes, Smacks und Co. enthalten viel Zucker, bei Toastbrot mit Marmelade verhält es sich aber nicht anders. Wer dick Butter und fettigen Belag wie Wurst, Käse oder Nussnougatcreme aufs Brot streicht, kommt auf eine große Portion Fett, doch das schafft man mit einem Schoko-Nuss-Müsli und Frühstückscerealien mit Schokofüllung ebenfalls. Ein sehr schlankes Kind kann vielleicht gut etwas Fett am Morgen gebrauchen, doch für übergewichtige Kinder sind Frühstücksflocken oder Müsli ohne Nüsse und Schokostückchen mit fettarmer Milch einem reichhaltig belegten Brötchen vorzuziehen.

Was ist besser: Butter oder Margarine aufs Brot?

Butter ist ein tierisches Fett und hat deshalb in der Regel mehr gesättigte Fettsäuren als die pflanzliche Margarine. Letztere enthält mehr ungesättigte Fettsäuren, die gut für Gesundheit und Wachstum sind. Gesättigte Fettsäuren können dem Körper schaden, sie sorgen z. B. für eine Erhöhung des Cholesterinspiegels. Ungesättigte Fettsäuren können dagegen den Cholesterinspiegel senken.

Doch eine gute Butter kann trotzdem besser sein als eine schlechte Margarine, in der z. B. ein großer Anteil an gehärteten Fetten enthalten ist. Gehärtete Fette erhöhen ebenfalls die Blutfettwerte. Die Fütterung der Kühe hat übrigens einen Einfluss auf das Fettsäuremuster. Eine Bio-Butter aus Weidehaltung ist gesünder als konventionelle Butter. Sie hat auf natürliche Weise einen hohen Anteil an Omega-3-Fettsäuren. Doch gibt es auch Margarine, die mit Omega-3-Fettsäuren angereichert ist und keine gehärteten Fettsäuren enthält. Letztlich entscheidet der Geschmack, ob Sie langfristig Butter oder Margarine aufs Brot streichen. Wichtig ist, sie dünn zu streichen.

Ist das zweite Frühstück notwendig?

Ja, es ist sinnvoll. Kleine Kinder essen noch nicht auf Vorrat. Für sie ist es daher besonders wichtig, dass sie mit Zwischenmahlzeiten versorgt werden. Eine Zwischenmahlzeit ist dabei nicht wirklich eine große Mahlzeit. Es kann ein bisschen Obst sein, ein Glas Milch oder ein Becher Joghurt oder auch ein Stück Brot, dünn mit Frischkäse bestrichen oder anderem Aufschnitt belegt. Süßigkeiten wie Kuchen, Kekse, Schokolade oder Bonbons sollten von Ihnen nicht bewusst als Zwischenmahlzeit eingebaut werden.

Mein Sohn isst gerne Wurst aufs Brot. Dabei ist Käse doch gesünder, oder?

Jeder Mensch und somit auch jedes Kind hat seine Vorlieben. Wurst ist zwar ungesund, da sie viel verstecktes Fett und Nitritpökelsalz enthält, aber das Wissen verhindert nicht das Essen und die Lust auf Wurst bei Ihrem Kind. Beruhigen Sie sich, indem Sie sich sagen, Wurst hat auch gute Seiten: etwas Eisen, Zink und Eiweiß. Und überdenken Sie bitte erneut die Essgewohnheiten der ganzen Familie. Die Wurst kennt Ihr Kind doch vom Familientisch. Wenn andere in Ihrer Familie Wurst essen, warum dann nicht auch Ihr Sohn.

Ist Geflügelfleisch gesünder als Schweinefleisch?

Geflügelfleisch hat das Image, besonders gesund und fettarm zu sein. Das muss aber im Vergleich nicht immer stimmen. So hat eine Hähnchenkeule mit knuspriger Haut mehr Fett als ein mageres Stück Schweinefilet. Schweinefleisch liefert vor allem Vitamin B_1 und auch mehr Eisen als weißes Fleisch. Wenn Sie also jede Fleischsorte mögen, variieren Sie. Bevorzugen Sie fettarmes Fleisch. Das heißt aber nicht, dass die Bratwurst ganz vom Plan gestrichen werden muss. Doch wenn fast nur Hackfleisch und Wurstwaren in Ihre Küche kommen, ist das etwas zu einseitig gewählt und bringt viel tierisches Fett mit sich. Bei einer gesunden Ernährung sollte sparsam mit tierischem Fett umgegangen werden.

In der Krabbelgruppe ist gesagt worden, dass Honig gesünder sei als Zucker. Stimmt das?

Im Vergleich zu Haushaltszucker hat Honig eine etwas höhere Süßkraft. Auch sind je nach Honigverarbeitung in Spuren Mineralstoffe und Vitamine enthalten. Ob Sie mit Zucker oder Honig süßen, macht allerdings keinen großen Unterschied bezogen auf eine gesunde Ernährung. Wichtiger ist, dass sie mit beidem möglichst sparsam umgehen. Das gilt auch für andere alternative Süßungsmittel wie Dicksäfte und Sirup.

Wir sind Vegetarier und machen uns Gedanken, ob unser Kind ohne Fleisch gesund aufwächst?

Vegetarier sind laut Studien nicht unbedingt schlechter mit Nährstoffen versorgt als der Rest der Bevölkerung. Fleisch liefert neben Eiweiß vor allem Eisen, Zink, Selen, B-Vitamine und ist eine wichtige Vitamin-B_{12}-Quelle. Wenn Ihr Kind einen gesunden Eindruck auf Sie macht, dann scheint auch kein Nährstoffmangel vorzuliegen, denn auch vegetarische Produkte enthalten diese Nährstoffe und viele Lebensmittel sind heute mit Vitaminen und Mineralstoffen angereichert. Problematisch wäre eine vegane Ernährung – das bedeutet, auf sämtliche tierische Lebensmittel zu verzichten, also auch auf Milchprodukte und Eier. Dann fehlen schnell Eisen, Eiweiß, Kalzium und Vitamin B_{12}. Stehen diese Produkte aber regelmäßig auf dem Speiseplan, ist eine fleischlose Ernährung in Ordnung. Übrigens: Wer vitamin-C-reiche Lebensmittel mit eisenreichen pflanzlichen Lebensmitteln kombiniert, optimiert die Eisenaufnahme. Also etwas Orangensaft unter das Müsli oder einen Paprikastreifen zum Vollkornbrot und das Eisen wird besser verwertet.

Muss Obst vor dem Verzehr wirklich immer gewaschen werden?

Ja, das sollte es, denn man weiß ja nicht, womit die Schale alles in Berührung gekommen ist. Äpfel und Birnen wäscht man am besten lauwarm ab und schneidet sie ungeschält für Kinder auf. So mögen sie das Obst am liebsten. Zitrusfrüchte wie Orangen und Mandarinen sollten vor dem Schälen ebenfalls gewaschen werden. Etwa ein Fünftel der Konservierungsstoffe, mit denen die Früchte behandelt sind, haftet nach dem Schälen an den Händen und kommt dann mit dem Fruchtfleisch in Kontakt. Was für Zitrusfrüchte gilt, schadet bei anderen Südfrüchten ebenfalls nicht.

Frisches Obst aus dem Garten – muss ich es auch waschen?

Ja, auch Obst aus dem Garten sollten Sie vor dem Verzehr waschen. Auf frischem Obst liegt eine schützende Schicht von Mikroorganismen. Sie schadet in der Regel nicht, doch trinkt man nach dem Verzehr einer großen Portion Kirschen, Johannisbeeren oder Erdbeeren ein Glas Wasser, kann es zu Bauchweh kommen. Um das zu verhindern, sollte der Anteil an gärenden Mikroorganismen klein gehalten werden, dann gibt es auch keine Probleme mit dem Magenkneifen.

Ich bemühe mich wirklich, fünfmal am Tag Obst oder Gemüse anzubieten. Ich verzweifle, da ich es nicht schaffe.

Kein Grund zum Verzweifeln. Ihr Bemühen allein ist schon viel wert. Ein schlechtes Gewissen oder Schuldgefühle sind schlechte Ratgeber. Ändern Sie den Blick, sagen Sie sich an Tagen, wo die fünf Portionen geschafft wurden, gibt es die Goldmedaille, wenn es nur drei Portionen waren, bekommen Sie immerhin noch Silber und solange überhaupt täglich Obst oder Gemüse gegessen wird, erhalten Sie die Bronzemedaille. Dritter Platz ist doch auch nicht schlecht. Die hohe Empfehlung für Obst und Gemüseverzehr leitet sich daraus ab, dass Sie bei sich und Ihrer Familie damit das Krebs- und Herzkreislaufrisiko minimieren. Sie haben noch lange keinen Vitamin- oder Mineralstoffmangel, wenn Sie diese Mengen nicht schaffen. Wenn der Druck weg ist, schaffen Sie es vermutlich viel besser, mehr Obst und Gemüse zu essen und Ihren Kindern anzubieten.

Können Sie Tipps geben, wie man auf größere Gemüse- und Obstmengen kommt?

Ja, schon morgens beim Frühstück mit Obst und Gemüse beginnen. Zwischendurch ein Stück Obst oder auch Gemüse einplanen, indem es z. B. für Ihre Kinder neben der Brotbox immer eine Gemüsebox für den Kindergarten gibt. Eintopf, Gemüsesuppe und -auflauf kochen und sich dann auch mal zwei Portionen anrechnen. Brot und Gemüse auch am Abendbrottisch kombinieren. Sich keine Vorwürfe machen, wenn es nicht klappt. Wieder frohen Mutes von Neuem anfangen. Der Weg der kleinen Schritte ist wichtig: Mit einem Schritt beginnen und diesen zur Routine werden lassen, dann den nächsten Schritt setzen. Das Ganze nicht nur vom Kopf her angehen, sondern auch vom Bauch. Beziehen Sie Ihre eigenen Vorlieben bei der Obst- und Gemüsewahl stark ein. Erzählen Sie den Kindern von Ihren positiven Erlebnissen und lassen sie das auch erleben.

Ist das schlimm, wenn es bei uns einmal in der Woche Tiefkühlpizza gibt?

Nein, Sie befinden sich in guter Gesellschaft. Tiefkühlpizzen sind das beliebteste deutsche Fertigprodukt. Sie werden Ihre Gründe dafür haben. Sie schmeckt vermutlich der ganzen Familie und ist schnell auf dem Tisch. Die meisten Fertigpizzen haben mehr Kalorien, als für eine Hauptmahlzeit empfehlenswert ist. Für Frauen und Kinder sind sie als Hauptmahlzeit eindeutig zu kalorienreich. Wenn Ihr Gewicht und das Ihrer Kinder ideal sind, dann sparen Sie Energie anderswo in der Woche oder am Tag ein. Dann ist das okay. Falls Sie aber Gewichtsprobleme haben und auf den Pizzagenuss nicht verzichten wollen, empfehle ich, die Pizza zu teilen: eine halbe Pizza für Erwachsene, für Kleinkinder höchstens eine viertel

Pizza. Während des Pizzabackens schneiden Sie noch eine Gurke oder Möhre zurecht oder machen Sie einen Salat an.

Meine Tochter ist eine Naschkatze. Bei allem Süßen schlägt sie zu und bei den pikanten Hauptgerichten isst sie wie ein Spatz! Wie kann ich das ändern?

Die Vorliebe für Süßes lässt sich schwer ändern. Doch können Sie entscheiden, welche süßen Lebensmittel auf Dauer die Favoriten werden. Bieten Sie täglich einen Obstteller an. Bieten Sie auch Möhren, Tomaten sowie gelbe und rote Paprika an. Sie schmecken ebenfalls leicht süß. Als Getränk für zwischendurch und zur Hauptmahlzeit bieten Sie nur noch Wasser oder ungesüßte Früchtetees an. Schränken Sie für die ganze Familie den Konsum von Keksen

▲ Süßes ist nicht per se ungesund.

und anderen Süßigkeiten ein. Wenn weniger Süßes im Angebot ist, steigt der Hunger und vielleicht wird dann auch mehr vom Hauptgericht gegessen.

Bei uns gibt es nie Fisch. Wir mögen ihn nun mal nicht. Schadet das meiner Tochter?

Überlegen wir erst einmal, warum Fisch so wichtig ist. Seefisch enthält im Vergleich zu anderen Lebensmitteln viel Jod. Diesen Nährstoff braucht unser Körper für die Bildung des Schilddrüsenhormons Thyroxin. Dieses Hormon steuert das Wachstum und unseren Stoffwechsel. Ein Mangel an Jod führt zu einer vergrößerten Schilddrüse. Auch wenn die Empfehlung heißt, einmal pro Woche eine kleine Portion Seefisch zu essen, müssen Sie nicht verzweifeln. Verwenden Sie beim Kochen konsequent jodiertes Salz, kaufen Sie bevorzugt Brot, das Jodsalz enthält. Und was immer Sie sonst noch gerne essen, versuchen Sie bei mehreren Alternativen immer ein mit Jod angereichertes Produkt zu verwenden. Auch Milch enthält Jod. Doch die Mengen schwanken und dies wird nicht auf der Verpackung deklariert. Keine Angst, Sie sind nicht die einzige Familie, die keinen Seefisch isst. Wenn Sie es doch mal versuchen wollen, dann wählen Sie Rezepte, in denen der Fischanteil gering ist. Kinder mögen oft Fischstäbchen. Vielleicht ist das eine Möglichkeit. Besser viel Panade als gar kein Fisch. Ihre Abneigung gegenüber Fisch hat vielleicht eine Ursache: Viele von uns haben schlechte Erfahrungen mit Gräten gemacht. Versuchen Sie es doch mal im 1. Schritt mit geräuchertem Lachs.

Immer wird kritisch über die dicke Panade von Fischstäbchen berichtet. Wie sind Fischstäbchen zu bewerten?

Bei vielen jungen Familien sind sicherlich Fischstäbchen der Einstieg in die Fischküche. Denn Fischstäbchen verbinden wir häufig selbst mit positiven Erlebnissen. Fischstäbchen haben viel Panade und immerhin 20 g Fisch pro Stäbchen. Damit sich die Panade in der Pfanne nicht noch mehr mit Fett vollsaugt, ist es sinnvoll, sie im Backofen zuzubereiten. Auf Fischstäbchen zu verzichten, ist nur dann sinnvoll, wenn Sie selbst Fischfilet ohne Panade zubereiten. Sind alle in Ihrer Familie schlank, dann ist die fetthaltige Panade auch kein Problem.

Mein Sohn trinkt weder Milch, noch isst er Joghurt, Quark oder Käse. Was kann ich tun?

Langfristig ist eine ausreichende Versorgung mit Kalzium ohne Milch und Milchprodukte nur schwer zu decken. Es gibt aber auch andere Lebensmittel wie z. B. Grünkohl, Fenchel, Spinat, Lauch usw., die einen hohen Kalziumgehalt haben. Doch reicht das in der Regel nicht aus, da der Körper diese Kalziumquellen nicht so gut nutzen kann. Eine weitere natürliche Quelle stellen kalziumreiche Mineralwässer dar. Auf dem Etikett der Mineralwasserflasche finden Sie eine Analyse. Mit 150 mg Kalzium (Ca^{2+}) pro Liter gilt ein Mineralwasser als kalziumhaltig. Wenn es sich bei Ihrem Kind um eine Phase von wenigen Wochen handelt, in denen es keine Milch trinkt, können Sie sich so helfen. Doch verweigert es dauerhaft Milch und Milchprodukte, sollten Sie

mit Ihrem Kinderarzt darüber sprechen und Ihrem Kind ganz bewusst kalziumangereicherte Produkte wie Säfte oder Brausetabletten mit Kalzium anbieten.

Ist Frischmilch besser als H-Milch? Oder kann ich meinen Kindern ohne Bedenken auch H-Milch geben?

Kinder können im Alter von einem Jahr bedenkenlos Frischmilch oder auch H-Milch trinken. Zur Abtötung von Keimen werden beide Milchsorten erhitzt. Unerhitzte Milch (Rohmilch, Vorzugsmilch) ist dagegen für Kleinkinder nicht zu empfehlen!

Da Mineralstoffe nicht hitzeempfindlich sind, ändert sich deren Gehalt durch das Erhitzen nicht. Der Vitaminverlust beträgt aufgrund der nur sehr kurzen Erhitzungszeiten bei pasteurisierter sowie H-Milch etwa 10 bis 20 Prozent. Mein Tipp: Da viele Vitamine lichtempfindlich sind, sollten Sie Milch im Tetrapak oder in einer dunklen Flasche kaufen.

Mein Kind spuckt die Schale immer aus, daher schäle ich das Obst. Ist der Apfel dadurch wertlos?

Nein, der Apfel ist nicht wertlos. Sicher steckt ein Großteil der gesunden Inhaltsstoffe wie Vitamine und sekundäre Pflanzenstoffe direkt unter der Fruchtschale. Doch besser ein geschälter Apfel als gar kein Apfel. Sie sollten dies fürs Erste so akzeptieren. Doch nach einem Zeitraum von drei bis vier Wochen können Sie es erneut mit einem ungeschälten Apfelspalt versuchen. Vielleicht schmeckt er dann. Eine andere Möglichkeit wäre, die

Apfelsorte zu wechseln. Nicht jede Apfelschale ist gleich hart oder von gleichem Geschmack.

Mein Kind isst an Frischobst nur Bananen. Ist eine Banane genauso gut wie jedes andere Obst?

Bananen enthalten in Vergleich zu anderem Obst sehr viele Kohlenhydrate, sind reich an Vitamin B_6 und Folsäure sowie an Kalium und Magnesium. Bananen sind also gesund. Es ist also gut, wenn Sie ihrem Kind jeden Tag eine Banane anbieten. Abwechslung wäre wünschenswert. Vermutlich machen Sie dies unbewusst sowieso schon. Und so wäre es toll, wenn Sie ihrem Kleinkind auch mal einen Apfelspalt oder eine leuchtend rote Erdbeere anbieten. Im Vergleich zur Banane gelten Beerenfrüchte und Zitrusfrüchte als wichtige Vitamin-C-Lieferanten. Apfel und Banane sind die beliebtesten Obstsorten in Deutschland. Es ist somit nicht verwunderlich, dass ihr Kind gerne Banane isst. Vermutlich ihre ganze Familie. Diese Essgewohnheit ist von Ihnen angenommen. Toll!

Mein Mann lehnt Vollkornbrot ab und meine Kinder scheinbar auch. Was kann ich tun?

Es ist immer schwer, wenn nur einer mit gutem Beispiel vorangeht. Sie haben mehrere Möglichkeiten. Erstens so zu tun, als wären zwei Brotsorten üblich. Sie können halbe Brotlaibe kaufen oder einen Teil stets einfrieren und auftauen. Zweitens können Sie auch nach einem Vollkornbrot suchen, das fein vermahlen ist und gar keine Körner hat. Als Roggenbrot sieht und schmeckt das kaum jemand. Von vielen wird gesagt, dass ein Roggenvollkornbrot sehr saftig schmeckt. So wird vielleicht auch Ihr Mann – ohne es zu wissen – ein Vollkornbrotfan. Klappt das alles nicht, akzeptieren Sie es. In den südlichen Ländern essen die Menschen auch kein Vollkornbrot. Bieten Sie viel Gemüse und Obst an – damit auf diese Weise ballaststoffreich gegessen wird.

Ein Getränk zum Essen macht satt. Stimmt das?

Nein, so pauschal kann man das nicht sagen. Es gibt sicherlich Kinder, die sich satt trinken. Da muss man unterscheiden! Es gibt Kinder, die sehr viel Wasser trinken. Dann scheint es so, als ob sie wegen des Trinkens schlechte Esser sind, aber wahrscheinlich steht das gar nicht in Zusammenhang. Zum anderen gibt es Kinder, die sich mit Milch oder zuckerhaltigen Getränken satt trinken. Wer seinem Kind vor oder während des Essens ein energiehaltiges Getränk anbietet, sollte sich freuen, wenn sein Kind nicht mehr ausreichend isst. Es ist durch die zusätzliche Energie aus dem Getränk satt. Dem Kleinkind von Anfang an anzugewöhnen, beim Essen stets Wasser zu trinken, ist ein guter Weg. Vielleicht rutscht das Essen mit einem Getränk sogar besser. Außerdem sind Getränke zum Essen die einfachste Möglichkeit, den Flüssigkeitsbedarf zu decken. So werden Hunger und Durst optimal befriedigt. Ideale Durstlöscher sind Trink- und Mineralwasser, ungesüßte Früchte- oder Kräutertees. Obstsäfte – auch verdünnt – sind eine kleine Mahlzeit und sollten nicht mehr als einmal pro Tag auf den Tisch kommen.

Was gehört in die Kindergartentasche?

Ideale Kraftspender für die Kindergartenbox sind belegte Vollkornbrote. Sie liefern viele komplexe Kohlenhydrate. Die Brotscheibe sollte dünn mit Butter bestrichen sein. Käse und Wurst sollten in einfacher Ausführung auf dem Brot liegen. Manche Kinder mögen es, wenn durch eine Gurken- oder Tomatenscheibe das Brot leicht matschig ist. Andere lehnen es ab. Neben dem Brot sollte auch regelmäßig klein geschnittenes Gemüse oder Obst in einer Extrabox zu finden sein. Große Kindergartenkinder freuen sich auch über ein paar Nüsschen zum Apfel oder zur Möhre. Zusätzlich gehört auch eine Trinkflasche – am besten mit Wasser oder ungesüßtem Früchtetee – in die Kindergartentasche.

Ist Mineralwasser mit dem Werbehinweis »Säuglingsnahrung« besser als anderes Mineralwasser?

Nein. Ein Mineralwasser, das den Werbehinweis »Geeignet für die Zubereitung von Säuglingsnahrung« trägt, ist nicht besser als andere, sondern lediglich etwas anders. Das Wasser, mit dem Säuglingsnahrung angerührt wird, sollte möglichst »neutral« sein, also keine wesentlichen Mengen an Mineralien beitragen. Der Hinweis ist übrigens freiwillig. Die deutsche Mineral- und Tafelwasser-Verordnung erlaubt ihn, wenn für bestimmte Inhaltsstoffe die folgenden Höchstwerte nicht überschritten sind:

- Natrium 20 mg/l
- Nitrat 10 mg/l
- Nitrit 0,02 mg/l
- Sulfat 240 mg/l

- Fluorid 0,7 mg/l
- Mangan 0,05 mg/l
- Arsen 0,005 mg/l
- Uran 0,002 mg/l

Für Sulfat und Mangan entsprechen die Werte denen, die allgemein für Trinkwasser gelten. Alle anderen liegen unterhalb der für Trinkwasser festgelegten Werte.

Man liest immer wieder, Mineralwasser oder auch Trinkwasser wären stark mit Uran belastet. Was ist dran und muss ich mir Sorgen machen?

Uran kommt von Natur aus im Boden und im Gestein vor. Die in deutschen Trink- und Mineralwässern vorkommenden Urangehalte liegen im Spurenbereich von bis zu einigen Mikrogramm. Für ein nennenswertes gesundheitliches Risiko durch die Aufnahme von Uran mit der Nahrung oder mit dem Wasser gibt es keinerlei Hinweise – auch nicht in Gegenden mit naturgegeben erhöhten Urankonzentrationen in Wasser und Boden, und damit in den örtlich produzierten Nahrungsmitteln. Die tägliche über Nahrungsmittel aufgenommene Menge wird auf 1–4 µg Uran geschätzt. Die Weltgesundheitsorganisation (WHO) hat für Trinkwasser einen Richtwert von 15 µg/l abgeleitet. Im Jahr 2005 hat das Umweltbundesamt (UBA) für Trinkwasser einen »Leitwert« von 10 µg/l empfohlen. Für Mineralwasser gilt 2 µg/l als ein Vorsorgewert für den Werbehinweis »Geeignet für die Zubereitung von Säuglingsnahrung«. Er ist nicht gesundheitlich begründet. In den Jahren 2000 bis 2002 untersuchte das

Bundesamt für Strahlenschutz rund 350 deutsche Mineralwässer. 85 % der Proben enthielten weniger als 2 µg/l Uran. Nach einer Foodwatch-Umfrage (2008) bei deutschen Behörden zum Urangehalt deutscher Trinkwässer enthielten 88 % der Wässer weniger als 2 µg/l Uran. Mineralwasser und Trinkwasser gefährden die Gesundheit ihres Kindes nach heutigem Wissensstand nicht.

Mein Sohn isst kein Fleisch. Muss ich mir Sorgen um seine Eisenversorgung machen?

Ist ihr Sohn sehr blass und oft krank, dann könnte ein Eisenmangel vorliegen. Doch stellt sich zuerst einmal die Frage, isst ihr Sohn auch keine Wurst und kein Hackfleisch? Viele Mütter berichten, dass Ihre Kinder kein Fleisch essen und meinen damit festes Fleisch und vergessen in dem Moment, dass Wurst und Hackfleisch gegessen wird. Dieses Fleisch hat nicht die gleiche Qualität wie mageres Muskelfleisch. Es ist fettreicher und enthält weniger Eisen. Doch wenn Ihr Kind keine Gewichtsprobleme hat, dann ist dagegen erst einmal nichts einzuwenden. Wurst und Hackfleisch tragen somit zur Eisenversorgung bei. Bratenstücke und auch Kurzgebratenes im Ganzen werden häufig abgelehnt, wenn sie als Stück auf den Teller kommen. In kleine Häppchen geschnitten, finden Kinder es viel interessanter. Und je weniger Sie auf den Teller legen, umso wahrscheinlicher ist der Appetit auf mehr. Denn wird ein Lebensmittel knapp gehalten, dann steigt das Interesse. Warum auch immer – viele Kinder ekeln sich vor Knorpel, Sehnen und Fett. Es hilft nichts: Wenn

Ihr Kind Fleisch essen soll, dann müssen Sie diese Bestandteile entfernen. Auf den Teller des Kindes kommt nur schieres Muskelfleisch, was dann auch schmeckt und gegessen wird.

Mein Kind trinkt morgens noch wie gewohnt die Milchflasche. Ist das okay?

Ja, allerdings sollte Kuhmilch in der Flasche sein und aus der Nuckelflasche sollte mit der Zeit ein Glas werden. Ferner sollten Sie Ihrem Kind ein kleines Brot oder Müsli, wie es in Ihrer Familie Gewohnheit ist, anbieten.

Wenn Sie zu den Familien gehören, die nie oder zumindest in der Woche nicht frühstücken und sich dies auch nicht angewöhnen wollen, dann sollten Sie sich dafür einsetzen, dass es bei Ihrem Kind zumindest auf Dauer bei einem Glas Milch bleibt.

Mein Kind mag Milch nur noch als Kakao. Kann ich das durchgehen lassen?

Ja, Sie werden sich vermutlich nicht durchsetzen können, indem Sie ein Kakaoverbot aussprechen. Ihr Kind sollte möglichst keinen fertigen Kakao aus dem Tetrapak trinken, sondern Sie sollten den Kakao aus Milch und Kakaopulver selbst anrühren. Das Instantkakaopulver besteht zwar zu 80 % aus Zucker. Ein Teelöffel Kakaopulver in ein Glas Milch eingerührt ist aus meiner Sicht allerdings ein gesunder Kompromiss gegenüber dem Fertigkakao, der noch süßer ist. Kochkakao enthält zwar keinen Zucker, aber ohne die Zugabe von Zucker schmeckt er nicht und das Aufkochen ist im Alltag sicherlich oft zu mühsam.

▲ Eine Schnabeltasse kann den Übergang von der Flasche zum Trinkbecher erleichtern.

Was mache ich, wenn mein Kind ständig nach Süßem bettelt?

Da hilft nur eine klare Regel, die Sie konsequent einhalten. Je nach Alter des Kindes kann es anders aussehen. Persönlich finde ich in kleine Portionen abgepackte Süßigkeiten gut. So gilt die Regel: Jeden Tag nach dem Mittagessen oder -schlaf gibt es eine kleine Tüte Gummibärchen oder einen Riegel Schokolade. Diese Regel funktioniert nur, wenn Sie selbst auch wenig oder gar kein Süßes essen. Die Kids bekommen schon relativ früh mit, ob sie Süßes essen. Selbst, wenn es heimlich passiert. Ein absolutes Süßigkeitenverbot birgt das Risiko, dass Verbotenes erst richtig interessant wird, etwa bei Kindergeburtstagen oder bei der Oma.

Wie gehe ich mit den Süßigkeitsbergen um, die mein Kind geschenkt bekommt?

Je kleiner das Kind, umso weniger Besitzansprüche hat es. Es ist sinnvoll, dem Kind die Sachen zu zeigen und zu sagen, dass dies sehr viel ist und es sich in den nächsten Tagen auf die Süßigkeiten freuen darf, die es dann zugeteilt bekommt. Je nach Kind und Alter kann man auch ruhig einen Teil verschwinden lassen. Ich finde es auch legitim, den Schenkenden zu sagen, dass Ihrem Kind in Zukunft keine oder nur nach Absprache Süßigkeiten geschenkt werden sollen. Dazu braucht es sicherlich eine ruhige Atmosphäre und ein bisschen Mut. Doch letztlich wollen alle das Beste für die Kleinen. Ihr Wunsch stößt bestimmt auf Verständnis.

Warum darf ich mein Kind nicht mit einem Eis belohnen?

Natürlich können Sie sich und Ihr Kind ab und zu mit einem Eis belohnen. Doch soll das Eis nicht die Regel sein. Es sollte neben Süßigkeiten und Essen auch andere Belohnungsrituale geben. So kann eine Belohnung auch das Vorlesen einer Geschichte oder der gemeinsame Zoo- oder Schwimmbadbesuch sein. Wenn Ihre Kinder nur Süßigkeiten oder Essen als Belohnungssysteme kennenlernen, dann wissen sie sich im Erwachsenalter auch nicht anders als mit Essen zu belohnen, daher sollte man reflektiert und selten mit Süßem belohnen.

Ich muss zugeben, bei uns gibt es so manchen Machtkampf ums Essen. Wie kann ich das verhindern?

Als Erstes müssen Sie sich über den Auslöser klar werden, dann können Sie eine Ablenkstrategie für sich entwickeln. Beispielsweise stört es Sie, dass Ihr Kind immer die Brotkruste liegen lässt. Sie haben versucht, Ihr Kind mit logischen Argumenten zum Aufessen der Brotkruste zu überreden. Es ließ sich aber nicht überreden und so eskalierte die Situation. Nehmen Sie es als eine Phase hin, die vielleicht auch mal wiederkommt, wo ihr Kind Brotkrusten liegen lässt. Wechseln Sie deshalb nicht das Brot, sondern suchen Sie nach einem positiven Motivationsschub. Das ist je nach Alter und Interesse des Kindes unterschiedlich. Aussagen wie: »Der Hase aus dem Lieblingsbilderbuch kaut besonders gerne auf harten Krusten, da er danach immer tolle Einfälle zum Spielen hat.«, könnten eine solche Motivation sein. Oder Sie machen einen Krustenkauwettbewerb – wer kaut am Familientisch am schnellsten seine Brotkruste. Das klappt natürlich nicht immer und gleich. Man braucht halt Geduld.

Mein Kind isst mit den Händen – was kann ich tun?

Am Anfang, insbesondere im zweiten Lebensjahr, ist das Gemansche mit dem Essen normal. Ihr Kind ist auf Entdeckungsreise. Es will das Essen mit allen Sinnen begreifen. Es sind aus Sicht des Kindes Experimente nach dem Motto: Wie weich ist der Kartoffelbrei, wie biegsam sind die Nudeln und wie fest ist die Kartoffel? Möglichst cool bleiben, auch wenn es schwer fällt: Kaufen Sie große Lätzchen und ein Plastikset. Wenn Letzteres nicht reicht, legen Sie ein Wachstuch über den Tisch. Essen allerdings Vier- bis Fünfjährige mit den Händen anstatt mit Besteck, dann müssen Sie sich durchsetzten. Hier stellt sich dann die Frage: Warum manscht Ihr Kind? Ist es satt oder ist ihm langweilig und will es Sie provozieren? Fordern Sie Ihr Kind dann zu ordentlichen Tischmanieren auf.

Wie viele Regeln sind am Familientisch nötig?

Zeitung lesen, fernsehen und Radio hören sollten Sie beim Essen möglichst konsequent für alle Familienmitglieder abschaffen. Denn nur so konzentrieren sich alle auf das Essen und ermöglichen eine familienfreundliche Atmosphäre, in der auch Gespräche möglich sind. Stammplätze brauchen Kleinkinder zur Orientierung. Sie geben Sicherheit.

Ein gemeinsames Beginnen und Beenden der Mahlzeit schafft Gemeinschaft und eine gute Essatmosphäre. Wenn es sonntags ein sehr langes Essen wird, kann man sicherlich eine Ausnahme machen und die Kleinsten dürfen schon mal eher den gemeinsamen Tisch verlassen, wenn sie mit dem Essen fertig sind. Dies soll aber die Ausnahme sein und wird auch meist dadurch für die Kleinen sichtbar, dass mehr Personen als üblich am Tisch sitzen und es auch mehr Gänge gibt.

Sind Tischsitten noch wichtig?

Ja, Sie wollen doch, dass Ihr Kind gesellschaftsfähig ist. Kinder wollen Tischsitten lernen, ob sie diese immer befolgen, ist eine andere Sache. Mit Strenge und unter Androhung von Strafe geht es nicht. Doch wenn Kinder Erfahrungen am Familientisch gesammelt haben, sollten sie im Kindergartenalter lernen, dass die Hände gewaschen sein müssen, die Hände auf den Tisch gehören und der Kopf nicht abgestützt wird. Zu den Grundregeln gehört auch, dass man nicht mit vollem Mund redet und alle ausreden lässt.

Kann ich Essen bedenkenlos in der Mikrowelle erwärmen?

Immer wieder wurde und wird behauptet, dass in der Mikrowelle erhitzte Speisen gesundheitsschädlich seien. Dafür gibt es allerdings keinerlei wissenschaftliche Belege. Die Veränderungen, die beim Garen in der Mikrowelle zu beobachten sind, entsprechen im Prinzip denen, die auch beim Kochen auf dem Herd entstehen.

Alle Speisen und Getränke müssen nach dem Erhitzen in der Mikrowelle gut umgerührt werden, um eventuelle Temperaturunterschiede auszugleichen. Häufig bilden sich in der Mitte des Gefäßes heiße Temperaturen, sogenannte »Hot Spots«. Sie entstehen vor allem in hohem, schmalem Geschirr wie etwa Babyfläschchen oder Gläschen. Stellen Sie die Speisen zudem nur in einem geöffneten Gefäß in das Mikrowellengerät, da das Behältnis sonst platzen könnte. Das Abdecken mit einem Teller oder einer Abdeckhaube verhindert das Spritzen und Austrocknen der Mahlzeit. Wer Flüssigkeiten wie Milch oder Wasser in der Mikrowelle erwärmen möchte, sollte stets einen Plastiklöffel ins Gefäß stellen.

Gibt es eine Diät bei Neurodermitis?

Nein. Aber etwa 30% der Kinder, die unter einer Neurodermitis leiden, haben eine Unverträglichkeit gegenüber bestimmten Lebensmitteln. Es gibt also nicht eine spezielle Diät, sondern bei einem Drittel der Kinder liegt eine Nahrungsmittelallergie vor. Diese muss erkannt und therapiert werden. Wenn Ihr Kind also an Neurodermitis erkrankt ist und Sie bestimmte Lebensmittel im Verdacht haben, die Symptome zu verstärken, ist es sinnvoll, einen IgE-Test auf diese Lebensmittel zu machen und danach durch einen Verzicht dieser Lebensmittel eine Symptomlinderung zu überprüfen. Tritt eine Linderung ein, dann sind diese Lebensmittel langfristig zu eliminieren. Dies sollte immer in Absprache mit einem Kinderarzt oder Spezialisten erfolgen.

Woran erkennt man eine Nahrungsmittelallergie?

Die Symptome sind sehr unterschiedlich und unspezifisch. Von Hautreaktionen und Juckreiz über Erbrechen und Durchfall bis hin zu Asthma ist alles möglich.

Diese Symptome können aber auch andere Ursachen haben und in vielen Fällen lässt sich der Verdacht auf eine Nahrungsmittelallergie nicht bestätigen. Wichtig ist eine genaue und zuverlässige Diagnose, bevor Ihr Kind unnötigerweise jahrelang auf ein Lebensmittel verzichtet. Ein erhöhtes IgE beim Allergietest beweist nicht automatisch das Vorliegen einer allergischen Erkrankung. Sie zeigt lediglich, dass das Immunsystem Kontakt mit der entsprechenden Substanz gehabt und Antikörper gebildet hat. Der Allergietest gibt also nur einen Hinweis. Der endgültige Beweis verlangt einen Verzicht auf das Nahrungsmittel über einen Zeitraum von zwei Wochen und einen anschließenden Provokationstest. Dies sollten Sie mit einem Allergologen besprechen und durchführen. Entscheiden Sie bitte nicht im Alleingang und anhand eines Tests, dass Ihr Kind eine Allergie hat.

Das Ergebnis eines Allergietests kann niemals für sich allein bewertet werden, sondern muss immer im Zusammenhang mit der Vorgeschichte und den Symptomen betrachtet und beurteilt werden! Dies setzt vor allem bei Kindern besondere Erfahrung voraus. Leider kommt es immer wieder vor, dass Kinder ohne Allergie aufgrund von Fehlinterpretationen auf wertvolle Lebensmittel wie Kuhmilch oder Ei verzichten.

Kann ich eine Allergie verhindern bzw. bleibt sie ein Leben lang?

Nein, hundertprozentig verhindern kann man die Entstehung einer Allergie nicht. Doch Sie können zum Schutz Ihres Kindes beitragen: Wenn Sie mindestens vier Monate lang voll stillen, ist es am besten vor Allergien geschützt. Ihr Kind sollte in einer rauchfreien Umgebung aufwachsen. Staub und Schimmelpilze erhöhen das Allergierisiko ebenfalls. Ein vorbeugender Verzicht auf potenziell allergieauslösende Lebensmittel schadet mehr, als dass er nützt. Ein bisschen Dreck schützt vor Allergien, denn zu viel Sauberkeit schwächt das Immunsystem. Kinder, die mit Tieren zusammenleben und frühzeitig in Kontakt mit anderen Kindern treten, sind ebenfalls weniger allergiegefährdet.

Die Annahme, dass eine Allergie einen ein Leben lang begleitet, ist überholt. Viele Allergien verschwinden nach ein paar Jahren wieder.

Was ist eine Laktoseintoleranz?

Eine Laktoseintoleranz bedeutet, dass gar keine bzw. zu wenig Laktase im Dünndarm vorhanden ist. Laktase ist das Enzym, das die Laktose, also den Milchzucker, spaltet. Laktose kann nur gespalten aus dem Darm in die Blutbahn aufgenommen werden. Fehlt die Laktase, dann gelangt die Laktose in den Dickdarm und verursacht Durchfall und Krämpfe. Auch wenn die Laktoseintoleranz in aller Munde ist und es mittlerweile viele laktosefreie Milchprodukte gibt, tritt diese Krankheit bei Kleinkindern äußerst selten auf. Auch wenn Sie selbst unter einer Laktoseintoleranz leiden, sollten Sie Ihrem Kind normale Milch geben. Das regelmäßige Trinken von laktosehaltiger Milch und Essen von Milchprodukten schützt Ihr Kind vor einem Laktasemangel. Hat Ihr Kind aber regelmäßig Bauchweh, insbesondere morgens nach dem Trinken der Milch, dann sollten Sie Ihren Kinderarzt aufsuchen und überprüfen lassen, ob eine Laktoseintoleranz vorliegt. Die Diagnose erfolgt mittels Blut- und Atemtest.

Was versteht man unter einer Glutenunverträglichkeit?

Die Erkrankung »Glutenunverträglichkeit« ist in aller Munde. Unter einer echten Glutenunverträglichkeit versteht man eine Zöliakie, die auch als glutensensitive Enteropathie oder einheimische Sprue bekannt ist. Es handelt sich um eine Erkrankung der Dünndarmschleimhaut, die durch eine Autoimmunreaktion nach dem Verzehr von Gluten ausgelöst wird. Gluten ist ein Eiweiß, das in Weizen und anderen Getreidesorten wie Roggen und Gerste enthalten ist. Zu den klassischen Symptomen einer unbehandelten Zöliakie gehören Durchfall und verlangsamtes Wachstum als Folge der mangelnden Nährstoffversorgung. Behandelt werden kann diese Erkrankung nur durch eine glutenfreie Ernährung. Dies verlangt dem Erkrankten eine radikale Ernährungsumstellung ab, eine Ernährungsberatung ist sinnvoll.

Rezepte für kranke Kids

Ob Schnupfen oder dicker Hals – leichte Suppen, Zwieback, lauwarme Kräutertees und klein geschnittenes Obst helfen kleinen Patienten, schneller gesund zu werden.

Kaum ein Kind kommt ohne Husten oder Schnupfen durch die kalte Jahreszeit. Mit jeder Infektionserkrankung stärkt das Kind seine Abwehrkräfte. Es ist also normal, dass Kinder mal Bauchweh mit Durchfall und/oder Erbrechen haben oder mit Fieber und Ohrenschmerzen vom Kindergarten kommen. Meist handelt es sich um banale Infekte, die der Körper nach einigen Tagen überwunden hat. Trotzdem können die Krankheitserreger kleinen Patienten sehr zu schaffen machen.

Die Grundregel lautet: Verwöhnen macht gesund! Ein krankes Kind muss nicht unbedingt ins Bett, braucht aber Ruhe. Es kann sich auch mit Bettzeug oder dicker Decke aufs Sofa kuscheln. Denn kranke Kinder wollen Nähe und Ihre Aufmerksamkeit. Wenn Ihr Kind nicht schlafen kann, leisten Sie ihm Gesellschaft und verschaffen Sie ihm Ablenkung durch Vorlesen und Hören von Musik oder Hörspielen.

Trinken ist vor allem bei Fieber, aber auch bei Durchfall und Erbrechen wichtig. Sie sollten Tees mit Traubenzucker süßen und leicht salzen. So werden die verloren gegangenen Elektrolyte schnell wieder aufgenommen. Wenn der Körper sich gegen die krankmachenden Störenfriede zur Wehr setzt, fehlt ihm die Kraft, sich um Hunger und Durst zu kümmern. Gerade Kleinkinder können jedoch durch Versorgungsdefizite schnell in bedrohliche Situationen geraten. Das gilt vor allem für den Flüssigkeitshaushalt. Richtiges Essen und Trinken stärkt die Abwehrkräfte und kann eine medizinische Behandlung unterstützen. Heiltees lindern Symptome (s. unten), doch ersetzen sie nicht die Medikamente des Kinderarztes, die er im Ernstfall geben wird. Bei akuten Erkrankungen sollten Sie den Kinderarzt aufsuchen.

Ist der Körper sehr geschwächt und fehlt der Appetit, dann versuchen Sie es mit etwas Zwieback sowie kleinen Brezeln oder Salzstangen. Snacken ist dann ausdrücklich erlaubt!

Hat Ihr Kind wieder Appetit, servieren Sie ihm leicht verdauliche, kohlenhydratreiche Speisen. Eine klare Brühe mit Buchstabennudeln, eine Möhrensuppe oder auch ein Kartoffelpüree sind mögliche pikante Varianten. Grieß-Milch-Süppchen und Vanillepuddingpulversüppchen sind beliebte süße Familienrezepte. Die Gerichte sollten leicht sein, d. h. auf fettige Lebensmittel sollte verzichtet werden. Schwer verdaubare Gerichte wie Linseneintopf, Wirsing- oder Pilzgerichte sind jetzt nichts. Auch ist Weißbrot sinnvoller als Vollkornbrot. Wenn Kinder unbedingt Belag wollen, dann nur ganz dünn Butter aufs Brot streichen und eher Marmelade oder Honig anbieten als Käse und Wurst.

Viele Eltern machen sich große Sorgen um die Appetitlosigkeit ihres kranken Kindes. Das ist verständlich, aber nur begrenzt sinnvoll. Mit Beginn des Genesungsprozesses kommt auch der Appetit wieder. Da braucht es manchmal Geduld. Zur Überbrückung können Sie, wenn kein Darminfekt vorliegt, Traubensaft oder spezielle Kindersäfte anbieten, die sonst selten oder nur mit Wasser verdünnt getrunken werden. Bei Fieber mögen viele Kinder auch gerne ein Eis essen. Ein kleines Vanilleeis am Stil ist dann eine gut portionierte Abkühlung.

Heiltees für Kleinkinder

Heiltees	Wann hilft er?
Fencheltee	Bauchweh, Husten oder Halsweh
Pfefferminztee	Bauchweh, Husten
Salbeitee	Halsweh
Brombeerblättertee	Durchfall
Ingwertee	Übelkeit

Tipps und Kniffe beim Kochen

Das Kochenlernen kommt heute oft zu kurz. Die heutigen Mütter müssen sich das Kochen in der Regel selbst beibringen. Das ist gar nicht so einfach. Früher gab es noch Kochunterricht in der Schule. Bei der eigenen Mutter wollte oder konnte man nicht über die Schulter gucken. Und so fängt man in der Elternzeit oft bei Null an. Kochbücher unterstützen beim Kochenlernen und vieles muss man einfach ausprobieren. Denn nur durch Übung wird man Meister.

Wer kochen und backen ohne Fertiggerichte lernen will, schafft das auch. Wenn es mal nicht klappt, dann sollte man sich nicht ärgern. Das passiert auch dem besten Koch einmal!

Damit Sie nicht doch immer wieder zum Fertiggericht greifen, ist es sinnvoll, vorausschauend zu kochen. Damit ist gemeint: Was kann ich schon für den nächsten Tag vor- oder zubereiten?

- Salatsoßen in größeren Mengen zubereiten und im Schraubglas aufbewahren.
- Blattsalate immer gleich putzen und in geschlossenen Tüten im Gemüsefach lagern.
- Kartoffeln, Nudeln und Reis für den nächsten bzw. übernächsten Tag mitkochen, wenn es sich anbietet.
- Aufläufe evtl. schon am Vorabend zubereiten, dann muss man am nächsten Tag nur noch die Backzeit abwarten.

- Gulasch und Eintöpfe in doppelter Menge kochen und eine Hälfte einfrieren.

Und noch etwas: Das gemeinsame Essen schmeckt viel besser, wenn auch gemeinsam gekocht wird. Es ist doch toll, wenn von größeren Kindern oder dem Partner der Tisch gedeckt wird oder die Küche nach dem Essen von ihnen wieder Klarschiff gemacht wird. Suchen Sie das Team, denn alleine stößt man schnell an seine Grenzen.

Damit es keinen Frust gibt, gilt bei mir die Regel »einmal ist keinmal«. Wenn es einmal in der Woche mit dem Kochen trotz vorheriger Planung nicht klappt, ist das kein Beinbruch.

Zeitmanagement durch Planung

Viele Frauen wollen oder müssen neben Familie und Haushalt ihrem Beruf nachgehen. Einen Haushalt mit Kindern zu führen, nimmt viel Zeit in Anspruch und lässt sich nur durch feste Strukturen und viel Planung in den Griff bekommen.

Sie managen ein Familienleben – und wer seine Familie gesund ernähren möchte, hat sich eine zeitaufwendige Aufgabe vorgenommen, die man nicht »mal eben« aus dem Ärmel schütteln kann. Wichtig ist neben dem eigentlichen Kochen, dass Sie eine gute Vorratshaltung haben, einen Speiseplan erstellen, Einkaufslisten schreiben und feste Zeiten haben, an denen Sie oder auch Ihr Partner einkaufen geht.

Was heißt gute Vorratshaltung?

Sie brauchen keinen Keller und nicht unbedingt einen Vorratsraum, doch ein oder zwei Vorratsschränke wären nicht schlecht. Sie müssen auch nicht in großen Mengen Vorräte einkaufen. Hamsterkäufe sind wirklich überholt, aber die folgenden Dinge sollten Sie immer im Vorratsschrank haben, damit Sie entspannt kochen können.

Gewürze, Kräuter & Co: Jodsalz, Pfeffer, Curry, Paprikapulver, Muskatnuss, Thymian, Rosmarin, Oregano, Instantbrühe. In kleinen Mengen sollten sie gut verschlossen im Vorratsschrank stehen. Dabei ist es nicht wichtig, jedes Gewürz zu haben, sondern solche, die man mag.

Trockene Vorräte:
- Grieß, Haferflocken, Paniermehl, Stärke, Reis und Nudeln sollten zu den Vorräten zählen. Knäckebrot und Zwieback, Müsli sollten ebenfalls immer im Haus sein.
- Mehl und Zucker sowie Backpulver, Trockenhefe, Vanillezucker sowie Gelatine, Rosinen, Nüsse und Mandeln brauchen alle, die gerne ab und zu backen oder ein Dessert zubereiten.

- Kakaopulver, Kaffee und Tee sowie Marmelade und Honig sind für viele ein Muss.

Sonstiges:
- H-Milch sollte für den Notfall bereitstehen. Getränke, wie Mineralwasser, Obst- und Gemüsesaft, sind auf Vorrat unerlässlich.
- Saure Gurken, Oliven, Kapern oder Antipasti zum gesunden Snacken oder Aufpeppen einer Brotmahlzeit.
- Ohne Essig und Öl ist kein Salat angemacht. Eine Flasche Öl und Essig kann reichen. Wer die Sparvariante möchte, dem empfehle ich Olivenöl und Aceto Balsamico. Essig hält lange über das Mindesthaltbarkeitsdatum hinaus.
- Gekörnte Brühe, Tomatenmark, Sojasoße und Ähnliches erleichtern das Kochen ungemein und sind daher ein Muss in der Vorratshaltung. Allerdings nur, wenn Sie diese Produkte auch mögen, nicht, weil sie in den Rezepten stehen.
- Rapsöl, Senf, Mayonnaise, Meerrettich und Pesto sind je nach Kochgewohnheiten wichtige tägliche Begleiter.

Dosenwirtschaft

Wer greift denn noch zur Dose, wo es die Tiefkühltruhe gibt? Tiefkühlprodukte haben die Dose stark verdrängt. Doch einige Produkte sind einfach Dosenschlager. Dazu zählen aus meiner Sicht geschälte Tomaten, Mais und Thunfisch. Dosenobst findet ebenfalls viele Anhänger: Mandarinenfilet,

◀ Zusammen kochen macht Spaß!

Ananasringe, Pfirsichhälften und Sauerkirschen im Glas. Also, wer gerne Obst aus der Dose isst, sollte sich auch davon einen kleinen Vorrat anlegen. Frisches Obst ist zwar gesünder, lässt sich aber nicht über Monate lagern.

Auf Eis gelegt!

Ein Tiefkühlschrank ist in einem Familienhaushalt eine sinnvolle Anschaffung. In ihm sollte Gemüse, wie Brokkoli, grüne Bohnen und Mischgemüse zu finden sein, außerdem Kräuter, gemischte Beeren, Fischfilet, Hähnchenbrust, Hackfleisch und Eis. Natürlich darf sich auch mal eine Tiefkühlpizza oder ein Fertiggericht ins Eisfach verirren. Außerdem lässt sich in der Tiefkühltruhe gut Brot auf Vorrat einfrieren und es sollte Platz für bewusste Essensreste vorhanden sein, damit Sie nicht jeden Tag kochen müssen.

Gekühlte Grundvorräte

Für die Haltbarkeit von Lebensmitteln ist die Temperatur im Innenraum des Kühlschranks von entscheidender Bedeutung. Sie kann in herkömmlichen Geräten von 2 °C im unteren Bereich, über 5 °C im mittleren, bis hin zu 8 °C im oberen Teil reichen. Das Gemüsefach und die Kühlschranktür sind die wärmsten Plätze im Kühlschrank mit ca. 9 °C und 10 °C. Um die Haltbarkeit der Lebensmittel zu erhöhen, sollte jedes Lebensmittel an den richtigen Platz im Kühlschrank eingeräumt werden.

Essensreste sollten Sie nach dem Abkühlen luftdicht verschlossen im Kühlschrank aufbewahren. Je nach Zutaten halten sie sich dort ein bis zwei Tage.

Tomaten, Ananas, Bananen, Kiwi und Zitrusfrüchte mögen den Kühlschrank nicht so gerne. Sie verlieren dort an Aroma und wollen daher lieber bei Zimmertemperatur aufbewahrt werden. Kartoffeln mögen es dunkel und kühl. Doch der Kühlschrank ist für sie ebenfalls zu kalt.

Passt oft!

Kartoffeln, Zwiebeln und Knoblauch sollten in kleinen Vorräten je nach Lagermöglichkeit im Hause sein. Apfel und Banane bzw. anderes Obst der Saison sollte immer griffbereit in der Obstschale liegen.

Ein Speiseplan muss her!

Auch wenn es altmodisch klingt, ein Speiseplan ist eine sinnvolle Entlastung beim täglichen Kochen. Denn nur so lässt sich die Arbeit rund ums Essen rationalisieren. Zum Speiseplan sollte man sich folgende Überlegungen machen:

- An welchen Wochentagen habe ich Zeit zum Einkaufen? Wenn es nur der Samstag ist, sollte Freitagabend der Speiseplan für die folgende Woche stehen, damit Sie bei ihrem Großeinkauf schon möglichst viel einkaufen können.
- Nach dem Schreiben des Speiseplans sind der Einkaufszettel bzw. die Einkaufszettel zu schreiben.
- Schaffe ich zwei größere Einkäufe pro Woche, dann reicht ein Speiseplan für 3 bis 4 Tage im Voraus.
- Gleichen Sie Ihren Einkaufszettel mit den Vorräten ab!

- Beachten Sie, dass Sie Hackfleisch, Fisch und Krustentiere als Frischware nicht auf Vorrat kaufen können.
- Finden Sie schnelle und einfache Gerichte für hektische Tage.
- Kochen Sie an zeitknappen Tagen Gerichte, bei denen Sie über Routine verfügen.
- Beziehen Sie die Wünsche Ihrer Familie in die Speiseplangestaltung ein.
- Entscheiden Sie sich bewusst auch für das Kochen von doppelten Mengen und Essen von aufgewärmten Gerichten vom Vortag.
- Auch wenn Sie den Großeinkauf ungern aus den Händen geben – lassen Sie sich bei den kleinen Einkäufen helfen. Dafür ist es wichtig, dass Sie genau formulieren, was Sie brauchen. Mengenangabe und genaue Bezeichnungen sind entscheidend. Bei »Fisch« wissen Sie, was gemeint ist, doch ein anderer wird daraus nicht wirklich klug. Mit »500 g frisches Rotbarschfilet (alternativ: Seelachsfilet)« schaffen Sie Klarheit.

Hier ein Beispiel für einen realistischen Wochenspeiseplan:
- Samstag: Rotbarschfilet paniert mit Kartoffelbrei und Kohlrabi-Möhren-Gemüse
- Sonntag: Gulasch mit Kartoffeln und Blattsalat
- Montag: Kartoffelsuppe
- Dienstag: Gulaschreste vom Sonntag mit Nudeln und Tomatensalat
- Mittwoch: Gemüsepfanne mit Reis
- Donnerstag: Tortilla gefüllt mit Gemüse und Fleischklößchen (S. 115)
- Freitag: Pfannkuchen

Was gehört wo in den Kühlschrank?

Wo?	Was?	Wie?	Wie lange?
oben	– ausgekühlte Essensreste – Käse wie Gouda, Parmesan, Camembert, Blauschimmel, Frischkäse und Mozzarella	– Essensreste gut verpackt! – Käse in luftdichter Dose, Schnittfläche in Folie bzw. ganz mit Papier oder feuchtem Tuch bedeckt. Kräftige Sorten extra.	– Essensreste 2–3 Tage – Käse je nach Sorte 3 Tage bis 2 Wochen bzw. bis Mindesthaltbarkeitsdatum
Mitte	Milch, Sahne, Joghurt, Crème fraîche, Quark; Kefir, Buttermilch, saure Sahne	Achtung: nach dem Anbrechen gut verschließen und stets mit sauberem Löffel aus dem Becher entnehmen.	bis Mindesthaltbarkeitsdatum, nach dem Öffnen 2–5 Tage
unten	Fleisch, Geflügel, Wurst, Fisch	– Fleisch und Fisch ohne Verpackung, auf Teller oder in Schale nicht ganz luftdicht abgedeckt – Geflügel separat – Wurst ohne Verpackung in möglichst getrennten, nicht zu vielen Lagen in luftdichter Dose – Räucherwaren separat	– Hackfleisch nur am selben Tag – Geflügel und klein geschnittenes Fleisch 1–2 Tage, große Fleischstücke 2–3 Tage, gegart 3 Tage – Fisch: frisch 1 Tag, geräuchert, gebeizt und mariniert nach dem Anbrechen 2–3 Tage, gegart 2–3 Tage – Wurst 2–4 Tage, Räucherwaren 1 Woche und länger
Gemüsefach	– Gemüse wie Frühlingszwiebeln bzw. Lauch, Möhren, Kohl und Knollen, Salate aller Art, Pilze, Bohnen, Gurken, Zucchini und Kürbis – Kräuter wie Petersilie, Schnittlauch, Dill, Estragon, Kerbel, Kresse, Oregano, Rosmarin, Salbei und Thymian – frische Beeren	– Gemüse lose, Empfindliches nicht ganz luftdicht in Folie oder feuchten Tüchern; Grün bei Möhren und Kohlrabi entfernen – Kräuter im Gefrierbeutel und in feuchtes Küchenkrepp gewickelt – Beeren von anderen Lebensmitteln getrennt, nicht zu dicht, am besten in einer Lage mit feuchtem Tuch abgedeckt	– Blattgemüse und Pilze 2–3 Tage, Wurzelgemüse wie Möhren oder Rüben 1–2 Wochen, übriges Gemüse im Durchschnitt 1 Woche – zarte Kräuter 2–3 Tage, ansonsten 4–7 Tage – Beeren 1–3 Tage
in der Tür	– Butter, Eier – angebrochene haltbare Konserven – angebrochene Getränke und Milch	– in jeweiligen Fächern – Konserven in einem anderen Gefäß	– Milch, Butter und Eier bis zum Mindesthaltbarkeitsdatum – offene Getränke und Konserven 2–3 Tage

Happy Birthday – Feiern mit Kindern

Auf den ersten Geburtstag seines Kindes fiebert man hin und will ein tolles Fest gestalten. Doch mal Hand aus Herz: Ihr Kind nimmt das noch nicht wahr. Viele Mütter machen sich in den ersten Jahren extrem viel Mühe mit dem Backen von Kinder-Motiv-Kuchen. Das ist sinnvoll bei Kindern ab vier Jahren, vorher reicht ein Kuchen mit einer oder mehreren Kerzen – entsprechend dem Alter des Kindes – vollkommen aus.

Essenstechnisch gelingt das Fest am besten, wenn Sie auf die Bedürfnisse Ihrer Gäste eingehen. Große Tortenschlachten wollen die wenigsten, denn alle Mütter achten ja heute auf Ihre Figur. Sinnvoll ist es daher, soviel Kuchen zu backen, dass man ein bis zwei Stücke pro Gast hat. Das reicht. Seien Sie auch nicht enttäuscht, wenn auf den Kindertellern viel Kuchen übrig bleibt. Für die Kleinen ist das Spielen wichtiger als das Essen. Halbvolle Teller sagen nichts gegen Ihre Backkünste. Im Hochsommer können Sie bis auf den traditionellen Kuchen mit Kerzen auf das Kuchenbacken auch ganz verzichten. Bieten Sie alternativ ein Eis am Stiel oder eine große saisonale Obstplatte an.

Kinder finden Events und Rituale gut. Hat ihr Kind im Sommer Geburtstag, so bietet sich das Grillen als Essevent an. Das können Sie ruhig jedes Jahr wiederholen: Sie müssen den Geburtstag nicht jedes Mal neu erfinden.

Für Herbstgeburtstage bietet sich ein offenes Feuer an, über dem Stockbrot zubereitet wird. Dazu wird Hefeteig (Rezepte S. 159) zu Schlangen gerollt, auf einen Stock gedreht und übers offene Feuer gehalten. Oder Sie machen mit den Kindern Indianerkartoffeln (ungeschälte Kartoffeln, die in der Glut gegart werden). Die schwarze Kartoffel wird halbiert und nur das Innere der Kartoffel wird herausgelöffelt.

An Regen- oder an Wintertagen ist für Grundschulkinder ein Obst-Schokofondue ein kulinarischer Spaß. Da Pizza bei Kindern auf der Essenshitliste ganz oben steht, können Sie mit einem oder zwei Blechen Pizza nichts falsch machen.

Überlegungen im Vorfeld

Machen Sie eine Einladung und legen Sie Beginn und Ende der Geburtstagparty fest. Zwei bis drei Stunden reichen aus. Ein Geburtstag braucht ein Highlight. Beliebt sind Schnitzeljagd und Schatzsuche. Eine Bastelidee ist in regnerischen und kalten Monaten eine Alternative. Bei Jungs kommt auch ein Fußballturnier im eigenen Garten oder auf dem Spielplatz gut an. Ein Picknick im Freien ist sowohl bei Mädchen als auch Jungen beliebt.

Getränke sollten reichlich vorhanden sein. Die Kinder haben durchs Toben meist ordentlich Durst. Halten Sie die Auswahl klein: Zwei verschiedene Getränke reichen. Cola muss es nicht geben, Fanta oder Sprite sind okay.

Viele Kids finden Kinderbowle witzig: Geben Sie dafür Erdbeeren oder Dosenobst in eine Saftschorle. Das Aufspießen macht den Kindern Spaß. Doch sollten Sie dies erst bei Grundschulkindern einführen, da klappt es motorisch und Sie sind nicht die ganze Zeit damit beschäftigt, etwas Aufzuwischen und Finger sauber zu machen.

Knabberzeug und Süßigkeiten sind beliebt, müssen aber nicht sein. Auch die Tüte mit den Süßigkeiten zum Abschluss einer Feier können Sie getrost streichen. Wenn Sie trotzdem nicht auf das Gastgeschenk verzichten wollen, geben Sie den Kindern doch etwas Sinnvolleres als Süßigkeiten mit. Im Kindergartenalter bieten sich Pixi-Büchlein an, in der Grundschule ein bunter Bleistift oder ein witziges Radiergummi.

Bereiten Sie Spiele vor, indem Sie das Zubehör vorher zusammensuchen. Sie müssen nicht alle gespielt werden, dienen aber dazu, bei aufkommender Langeweile die Kleinen bei Laune zu halten.

Tipp

Geraten Sie nicht kurz vor dem Fest in Panik: Viele denken, dass sie zu wenig zu Essen haben. Doch das ist selten der Fall! Meist bleibt mehr übrig, als Ihnen lieb ist, da Sie Ihren Gästen sehr viel Gutes tun wollten.

Rezepte für die ganze Familie

Vom Frühstück bis zum Abendbrot, von
der Suppe bis zum Dessert – hier finden
Sie viele leckere Rezepte. Sie sind für das
jüngste Familienmitglied geeignet, werden
aber ebenso den Großen schmecken.
Lassen Sie sich inspirieren!

Müsli

Mischen Sie Ihr Müsli doch einmal selbst! Dabei lautet die Devise: zurück zu den einfachen Zutaten. Ein Müsli kann aus nur einer Basiszutat bestehen oder aus mehreren. Es kann um Früchte, Nüsse und Kerne ergänzt werden. Wer sein Müsli selbst herstellt, ist auf der sicheren Seite. Sie entscheiden, welche Zutaten in welchen Mengen in Ihrem Müsli enthalten sind und können so ein Müsli frei von Zucker, Farb- und Aromastoffen zubereiten.

Wie entstehen Flocken?

Flocken sind zerdrückte Getreidekörner. Zur Herstellung werden die Getreidekörner kurz gedämpft und anschließend zwischen Walzen gepresst. Hierbei handelt es sich dann um Vollkorngetreideflocken und kernige Flocken. Feine Flocken werden aus vorgeschnittenen Körnern hergestellt. Bei Instantflocken handelt es sich um Mehl, das in Flockenform gepresst wird. Wer es besonders gesund gestalten möchte, kann sich einen Flocker zulegen. Damit wird das ganze Korn erst kurz vor dem Verzehr ohne Wärmeeinfluss gewalzt und der Verlust an Vitaminen ist so am geringsten.

Gesunder Nährstoffmix

Ob Hafer, Dinkel, Gerste, Roggen oder Weizen: In Getreide, vor allem aber in Vollkorngetreide, ist viel Vitamin B_1 enthalten. In den Keimen stecken außerdem Vitamin B_2 und Vitamin B_6. Alle drei sind wichtig für das Nervensystem und den Stoffwechsel. Vitamin E schützt die Zellen vor schädlichen Umwelteinflüssen. Getreide enthält aber auch Eisen, Magnesium und Zink. Auch diese Stoffe tragen zur körperlichen Leistungsfähigkeit bei. Vollkorngetreide enthält außerdem noch besonders viele Ballaststoffe.

Haferflocken

Der Klassiker und durchaus gesund! Im Vergleich zu anderen Getreideflocken sind Haferflocken ein bisschen fetthaltiger, was sie lecker und gesund macht, da es sich um pflanzliche Fette handelt. Bei Haferflocken unterscheidet man »kernige« aus dem ganzen Korn und »blütenzarte« aus vorgeschnittenen Körnern.

Hirseflocken

Hirse ist die Mineralstoffkönigin, da sie besonders reich an Eisen, Magnesium und Zink ist. Hirse ist ein glutenfreies Produkt, was für Menschen mit einer Zöliakie oder Glutenunverträglichkeit wichtig zu wissen ist.

Cornflakes

Sie sind keine Flocken im klassischen Sinne. Aus Maismehl wird ein Brei gekocht, der dann über Walzen gezogen wird. In einem Trocknungsverfahren werden die beliebten Flakes produziert. Ihren guten Ruf haben sie der Anreicherung mit Vitaminen zu verdanken. Sie sättigen nur wenig und sollten insbesondere bei Kindern mit Übergewicht – wie Süßigkeiten – kritisch beäugt werden.

First-Eat-Müsli

Zwei Esslöffel feinblättrige Haferflocken am Abend zuvor in Vollmilch einweichen und im Kühlschrank aufbewahren. Am nächsten Morgen um einen halben geriebenen Apfel ergänzen und ihr Kind freut sich über dieses Basismüsli. Keine Angst – Abwechslung ist nicht notwendig.

Knuspermüsli für den Profi-Müsli-Mischer

Das Knuspermüsli ist ganz einfach zubereitet: Haferflocken werden mit Nüssen, etwas Salz, Honig und/oder Ahornsirup sowie Kokosraspeln oder Sesam vermischt. Die Mischung wird auf einem mit Backpapier ausgelegten Blech verteilt und bei 175 °C 20 bis 30 Minuten gebräunt. Zwischendurch unbedingt zwei- bis dreimal durchrühren! Die Müslimischung flach ausbreiten, damit sie gleichmäßig bräunt und knusprig wird.

Müsli-Flockenmischung
Selber mischen spart Geld

▶ **Für den Vorrat**
500 g kernige Haferflocken · 50 g Rosinen · 50 g gemahlene Mandeln · 100 g getrocknete Bananenscheiben

▪ Die Zutaten mischen und in einem gut verschließbaren Gefäß aufbewahren.

So können Sie aus der Flockenmischung eine komplette Mahlzeit zubereiten: 1 Apfel reiben, 3 –4 Esslöffel Müsli und 150 g Naturjoghurt in eine Schüssel geben und verrühren. Kinderportion: die halbe Menge reicht.

Exotic-Müsli-Mischung
Eine Lieblingsmischung der Tigerente

▶ **Für den Vorrat**
100 g getrocknete Aprikosen · 100 g getrocknete Ananasstückchen · 500 g Getreideflocken · 100 g Kokosraspeln

▪ Die Aprikosen und die Ananasstückchen mit einem großen Messer würfeln oder mithilfe eines Blitzhackers zerkleinern.
▪ Mit den restlichen Zutaten mischen und in einem gut verschließbaren Gefäß aufbewahren.

Für die Zubereitung: Eine halbe Banane in Scheiben schneiden, 3 –4 Esslöffel Müsli und 150 g Naturjoghurt in eine Schüssel geben und verrühren. Kinderportion: die Hälfte dieser Menge.

Frischkornmüsli mit Apfel
Für Fans von Frischkornbrei

▶ **Für 4 Portionen**
10 EL Getreidekörner (z. B. Hafer oder eine Mischung) · 2 EL Rosinen · 2 Äpfel · 200 ml Milch (3,5 % Fett)

▪ Die Getreidekörner mit einer Getreidemühle schroten.
▪ Den Schrot am Vorabend einmal aufkochen. Die Rosinen hinzufügen und das Ganze und über Nacht in ¼ l Wasser quellen lassen.
▪ Die Äpfel waschen, vierteln, vom Kerngehäuse befreien und in kleine Würfel schneiden.
▪ Den eingeweichten Schrot mit den Apfelwürfeln und der Milch vermischen.

▶ **Kinderportion:**
4–5 gehäufte Esslöffel

Bananen-Flockenmüsli
Blitzschnell zubereitet

▶ **Für 4 Portionen**
2 Bananen · 250 g Naturjoghurt (3,5 % Fett) · 200 ml Vollmilch · 10 EL Haferflocken · 2 TL Honig

▪ Die Bananen schälen und in Scheiben schneiden.
▪ Mit dem Joghurt, den Getreideflocken und dem Honig vermischen.
▪ Auf vier Schüsseln verteilen.

▶ **Kinderportion:**
4–5 gehäufte Esslöffel

Brot und Brötchen selbst backen

Frisches Brot schmeckt einfach am besten. Wer Brot selbst backt, wird vom Duft angelockt und kann es kaum erwarten, bis das Brot ausgekühlt ist. Ein selbst gebackenes Brot kommt bei Kindern aufgrund des geringen Krustenanteils immer gut an.

Grundrezept für ein einfaches Weizenvollkornbrot
Kinderleicht – klappt immer!

500 g Weizenvollkornmehl · 1 Päckchen Trockenhefe
1 Prise Zucker · ½–1 TL Jodsalz · 350 ml lauwarmes Wasser

- Das Mehl in eine Schüssel sieben und eine Mulde hinein drücken. Die Hefe hinein geben. Die Prise Zucker darüberstreuen. Das Salz an den Rand der Schüssel geben.
- Das lauwarme Wasser in und um die Mulde gießen. Dann mit den Knethaken eines Handrührgerätes oder einer Küchenmaschine zu einem glatten Teig verarbeiten.
- Den Teig mit einem Tuch abgedeckt an einem warmen Ort gehen lassen, bis er sein Volumen fast verdoppelt hat.
- Den gegangenen Teig aus der Schüssel nehmen und auf einer bemehlten Arbeitsfläche kräftig durchkneten und zu einem Laib formen.
- In eine gefettete Kastenform (1,5 l Inhalt) legen. Unter einem Tuch erneut gehen lassen. Den Backofen auf 200 °C vorheizen, das Brot mit Wasser bestreichen und etwa 50 bis 60 Minuten backen. Das Brot kurz in der Form stehen lassen, dann vorsichtig aus der Form kippen und auf einen Kuchenrost auskühlen lassen.

Variationen
▶ **Rosinenbrot:** 100 g Rosinen unter den Grundteig kneten und die Salzmenge auf ½ Teelöffel reduzieren.

▶ **Kräuterbrot:** 5–6 Esslöffel frisch gehackte Kräuter (z. B. Petersilie, Schnittlauch, Dill, Basilikum) zusammen mit 1–1½ Teelöffel Salz zum Mehl geben.

▶ **Möhrenbrot:** 100 g Möhre schälen und fein raspeln. Möhrenraspeln unter den Grundteig kneten.

▶ **Zwiebelbrot:** 3–4 Zwiebeln schälen und fein hacken, in 20 g Butter anbraten und lauwarm unter den Grundteig kneten.

▶ **Olivenbrot:** 100 g entsteinte schwarze Oliven gut abtropfen, fein hacken und unter den Grundteig kneten.

Aus Brotteig Brötchen backen!
Aus dem Teig lassen sich auch 12 bis 20 Brötchenlaibe formen. Diese sind nach 15 bis 20 Minuten Backzeit fertig.

Pannenhilfe!
Wenn das Brot zusammensackt …
… war wahrscheinlich die Teigmischung zu flüssig. Reduzieren Sie das nächste Mal die Flüssigkeit.
… war evtl. das Mehl zu grob. Das Mehl ist durch die Hefe aufgegangen, war aber nicht in der Lage, die Form zu halten.

Wenn die Mitte klitschig ist …
… war vielleicht die Knetphase zu kurz. Durchs Kneten kommt Luft in den Teig und bindet Wasser.

Wenn das Brot ballonartig anschwillt …
… war der Hefeanteil zu hoch.
… war die Gehzeit zu lang.

Wenn das Brot klein und sehr fest ist …
… war die Hefe alt.
… fehlte der Zucker.
… war das Wasser zu kalt oder zu warm.
… reichte die Gehzeit nicht aus.

Was ist ein Vorteig und ein Sauerteigansatz?

Ein Vorteig wird bei der Verwendung von frischer Hefe zubereitet. Dabei wird die Hefe in lauwarmem Wasser mit etwas Zucker und Mehl aufgelöst. Durch diesen Vorgang werden die Hefen aktiv und sorgen für einen lockeren Teig. Ein Sauerteigansatz ist beim Backen von Roggenmehlbroten unerlässlich. Er kann aus Roggenmehl, Wasser, Zucker und etwas Hefe in zwei bis drei Tagen selbst zubereitet werden und ist wie ein Vorteig zu verwenden. Sauerteigansatz lässt sich aber auch fertig kaufen. Das Backen von Roggenbroten ist etwas komplizierter und daher wird in diesem Buch auf Rezepte mit Roggenmehl verzichtet.

Warum essen Kleinkinder gerne selbst gebackenes Brot?

Mit selbst gebackenem Brot wird Ihr Kleinkind sich vom Brei lösen. Der Geruch von frisch gebackenem Brot macht neugierig und diese Varianten schmecken meist auch mit nur wenig Butter. Auf Belag verzichtet man gerne. Auch weil selbst gebackenes Brot nur eine schwache Kruste ausbildet, ist es bei vielen Kids der Hit.

Als Kinderportion für eine Mahlzeit gilt eine kleine Scheibe Brot (doppelt so groß wie die Handfläche des Kindes).

Wann lohnt sich der Kauf eines Brotbackautomaten?

Wer regelmäßig Brot backt und wen dabei das lange Warten und das An-den-Arbeitsplatz-gebunden-Sein stört, kann die Vorteile eines Brotbackautomaten nutzen. Der Brotbackautomat übernimmt die langwierigen Arbeitsschritte, ohne dass sie selbst erledigt bzw. überwacht werden müssen. Beim Brotbackautomaten geben Sie einmal alle Zutaten ins Küchengerät und wählen ein Programm. Mit fünf Minuten Arbeit haben Sie nach wenigen Stunden ein fertiges Brot. Das Kneten, Gehenlassen und Backen übernimmt der Automat. Ideal, wenn man viel selbst gebackenes Brot isst.

Was bedeutet die Typenbezeichnung beim Mehl?

Mehle werden nach ihrem Ausmahlungsgrad unterschieden – der Type. Die Type gibt an, wie viel Milligramm Mineralstoffe in 100 g Mehl enthalten sind. Weizenmehl Type 405 z. B. enthält 405 mg Mineralstoffe in 100 g Mehl. Ein stark ausgemahlenes

Mehl besitzt eine hohe Typenzahl. Es enthält mehr Schalenbestandteile und somit befinden sich mehr Ballaststoffe, Vitamine und Mineralstoffe im Mehl. Vollkornmehl hat keine Typenbezeichnung, da das gesamte Korn vermahlen wird und der Mineralstoffgehalt sich hier je nach Anbauregion und -art unterscheidet.

Im Handel ist Weizenmehl meist in den Typen 405, 550, 1050 und 1700 erhältlich. Ab Type 1050 braucht das Weizenmehl etwa 10 % mehr Flüssigkeit gegenüber hellem Mehl, um gute Backergebnisse zu erzielen.

Brot richtig lagern!

Brot sollte bei Zimmertemperatur und nicht im Kühlschrank lagern. Bei den niedrigen Temperaturen im Kühlschrank wird es schnell altbacken. Nur bei besonders ungünstiger Witterung – hohe Temperaturen mit hoher Luftfeuchtigkeit – ist eine Lagerung im Kühlschrank zu empfehlen, um der Schimmelbildung vorzubeugen.

Unverpackt gekauftes oder selbst gebackenes Brot ist in Kunststoffbeuteln gut aufgehoben. Auch in Steingut- und Keramiktöpfen lässt sich Brot besonders gut lagern. Die Töpfe sollten möglichst keine Luftlöcher haben und der Deckel sollte gut schließen. Andernfalls trocknet das Brot rasch aus. Um eine Schimmelbildung zu vermeiden, sollten Sie Ihren Brotaufbewahrungsbehälter einmal pro Woche mit Essigwasser auswischen.

Verpackt gekauftes Brot hält sich am besten in der Originalverpackung. Brot möglichst schnell wieder in die Verpackung einschlagen und verschließen, um ein Austrocknen zu vermeiden.

Faustregel: Ein Sauerteigbrot mit hohem Roggenschrotanteil hält sich länger als ein helles Weizenbrot.

Einfrieren

Frisches Brot und Brötchen lassen sich im verschlossenen Tiefkühlbeutel gut einfrieren. Im Tiefkühlschrank halten sie ein bis drei Monate. Wird Brot in Scheiben eingefroren, so können Sie einzelne Scheiben im Toaster oder in der Mikrowelle auftauen.

Müslistangen

Eine vollwertige Alternative

▶ **Für 8 Stück**

200 g Weizenvollkornmehl · 200 g Dinkelmehl Type 802 · 100 g Müslimischung · 1 Päckchen Trockenhefe · 1 TL Honig · 1 TL Salz · 30 g Butter · 300 ml Buttermilch

- Die Mehlsorten und die Müslimischung in eine Schüssel geben und eine Mulde hinein drücken. Die Hefe hinein geben. Den Honig hinzufügen. Das Salz und die Butter an den Rand der Schüssel geben.
- Die Buttermilch leicht erwärmen und in und um die Mulde gießen. Dann mit den Knethacken zu einem glatten Teig verarbeiten. Den Teig mit einem Tuch abgedeckt an einem warmen Ort gehen lassen, bis er sein Volumen fast verdoppelt hat.
- Den Teig in 8 gleich große Stücke zerteilen und längliche Brötchen formen. Diese auf ein mit Backpapier ausgelegtes Blech setzen und zugedeckt nochmals gehen lassen. Den Backofen auf 220 °C (Umluft 200 °C) vorheizen. Die Müslistangen mit Wasser bestreichen und zweimal diagonal einschneiden. Dann ca. 20 Minuten backen.

▶ **Kinderportion:**
½ Stange

Kartoffel-Haferflocken-Brot

Saftig und nur ein wenig kernig

▶ **Für 1 Brot**

250 g Kartoffeln, mehlig kochend 350 g Weizenmehl Type 550 · 100 g blütenzarte Haferflocken · ¾ Päckchen Trockenhefe · 1 TL Zucker · 1 TL Salz · 200 ml lauwarmes Wasser kernige Haferflocken zum Bestreuen

- Die Kartoffeln in der Schale kochen, pellen und durchpressen. Erkalten lassen.
- Dann mit dem Mehl und den Haferflocken mischen. Eine Mulde hinein drücken. Die Hefe hinein geben. Den Zucker hinzufügen. Das Salz an den Rand der Schüssel geben.
- Das lauwarme Wasser in und um die Mulde gießen. Dann mit den Knethacken zu einem glatten Teig verarbeiten.
- Den Teig mit einem Tuch abgedeckt an einem warmen Ort gehen lassen, bis er sein Volumen verdoppelt hat.
- Den Teig zu einem länglichen Brot formen, auf ein mit Backpapier ausgelegtes Blech legen und zugedeckt nochmals gehen lassen. Den Backofen auf 200 °C (Umluft 180 °C) vorheizen.
- Das Brot mit Wasser bestreichen, mehrmals diagonal einschneiden, mit den kernigen Haferflocken bestreuen und ca. 45 Minuten backen.

▶ **Kinderportion:**
1 kleine Scheibe (doppelt so groß wie die Handfläche des Kindes)

Quark-Muffins

Saftiger geht es nicht

▶ **Für 12 Stück**

30 g Rosinen · 100 ml Apfelsaft 300 g Weizenmehl Type 550 · 20 g Hefe · 40 g Zucker · 125 ml lauwarme Milch · 40 g Butter · 200 g Magerquark · 1 Ei · 1 Prise Salz · 1 Eigelb 2 EL Milch

- Die Rosinen über Nacht im Apfelsaft einweichen.
- Mehl in eine Schüssel geben und eine Mulde hineindrücken, Hefe und Zucker hinzugeben und die Milch angießen. Die Butter zerlassen und mit Quark, Ei und Salz an den Rand der Schüssel geben. Rosinen hinzufügen.
- Dann mit den Knethacken zu einem glatten Teig verarbeiten. Den Teig mit einem Tuch abgedeckt an einem warmen Ort gehen lassen, bis er sein Volumen fast verdoppelt hat.
- Den Backofen auf 200 °C (Umluft 180 °C) vorheizen. Die Muffinformen mit Papierförmchen auslegen. Aus dem Teig 12 Kugeln formen, in die Vertiefungen geben und erneut etwa 10 Minuten gehen lassen. Eigelb mit der restlichen Milch verquirlen und die Muffins damit bestreichen.
- Die Muffins ca. 25 Minuten auf der mittleren Schiene backen. Auskühlen lassen!

▶ **Kinderportion:**
1 Muffin

Brotbelag

Was gehört aufs Brot? Auch wenn wir aus Gewohnheit stets das Gleiche aufs Brot streichen oder es stets mit dem Gleichen belegen, lohnt sich diese Frage immer wieder. Dabei geht es weniger um Richtig oder Falsch, sondern viel mehr um Abwechslung auf dem Frühstücksteller.

Würzig, frisch oder fruchtig!

Keiner will morgens viel Zeit und Aufwand mit dem Streichen von Broten verbringen. Daher ist Brot mit Käse, Wurst oder Marmelade, Honig und anderen Aufstrichen immer noch im Trend. Doch lässt sich das Brot bzw. der Belag gesund auf-peppen. Damit für Ihre Kinder das Essen von Obst und Gemüse so selbstverständlich wird wie die Butter auf dem Brot, kommen hier die schnellen Tipps!

Für den würzigen Typ: Auf dem Käse-, Wurst- oder Schinken-brot Essiggurken in Scheiben oder Olivenringe verteilen. Auch marinierte italienische Antipasti dürfen ab und zu zwischen zwei Scheiben Brot – auch ohne Käse – zu entdecken sein. So überraschen Sie Ihre Familie mit neuen Kombinationen.

Für den frischen Typ: Gurke, Tomate, Paprika, Möhre, Radies-chen oder Rettich in Scheiben und Streifen auf oder zum Brot finden viel leichter den Weg zum Mund, als so mancher Gemü-semuffel dachte. Das klappt schon morgens, auch wenn man es nicht für möglich hielt.

Für den fruchtigen Typ: Nicht nur die klassischen Bananen-scheiben, auch Apfelspalten, Melone, Erdbeere, Pfirsich, Aprikose oder Pflaume schmecken vielen auf oder zum Brot.

Streichfett – ist das nötig?

Hier gibt es unterschiedliche Ansichten. Persönlich meine ich, Butter oder Margarine sollte dünn aufs Brot gestrichen werden, solange keine Gewichtsprobleme in der Familie und bei den Kindern vorhanden sind. Stellt man selbst Brotaufstriche mit einem hohen Anteil an Öl, Butter oder Margarine her, kann man sicherlich davon absehen; doch unter eine Scheibe Salami ge-hört etwas Streichfett, da es gesunde Fettsäuren liefert. Apro-pos: Bei schlechten Essern ist das Streichfett eine wichtige Energiequelle und sollte auf keinen Fall fehlen.

Abwechslung durch selbst gemachte Brotaufstriche!

Selbst gemachte Brotaufstriche sind eine gesunde und preis-werte Alternative zu Käse und Wurst. Basis sind hier Milch-produkte wie Quark, Schmand oder Feta sowie Grünkern, Linsen und andere Hülsenfrüchte.
Durchs Selbermachen verzichten Sie auf Konservierungsstoffe und Geschmacksverstärker. Dieser Vorteil hat aber auch einen Nachteil: Brotaufstriche müssen innerhalb von zwei bis fünf Tagen gegessen werden. Gelagert werden sie im Kühlschrank und das in einem gut verschließbaren Behältnis. In diesem Buch finden Sie die Brotaufstriche unter Dips ab S. 55. Denn die Aufstriche passen nicht nur zum Brot, sondern auch zu Pellkartoffeln, Puffern, Nudeln und Reis. Sie sorgen für eine willkommene Abwechslung und sind so schnell verbraucht.

▼ Morgenmuffel trinken nur, andere frühstücken ausgiebig.

Vollkornbrot mit Tomaten-Hüttenkäse

Ballaststoffe und Eiweißpower

▶ **Für 4 Portionen**

6 Scheiben Vollkornbrot · 1–2 EL Butter · 150 g Hüttenkäse (Magerstufe) · 4 Tomaten · (Pfeffer)

- Die Brotscheiben dünn mit Butter und mit dem Hüttenkäse bestreichen.
- Die Tomaten waschen, vom Stielansatz befreien und in dünne Scheiben schneiden.
- Die Tomaten auf die Brotscheiben verteilen und das Ganze für Erwachsene mit Pfeffer würzen.

▶ **Kinderportion:**

1 Scheibe Brot (2 Handflächen des Kindes)

Mischbrot mit Salami und Paprikawürfeln

Wurstbrot ist bei vielen Kindern beliebt

▶ **Für 4 Portionen**

4 Scheiben Bauernbrot · 1–2 EL Butter · 8 hauchdünne Scheiben Salami · ½ rote, gelbe oder orange Paprikaschote

- Die Brotscheiben dünn mit Butter bestreichen und mit der Salami belegen.
- Die Paprika waschen, weiße Wände und Kerne entfernen und in Streifen bzw. Würfel schneiden. Das Brot halbieren und die Gemüsewürfel darauf verteilen oder als Streifen zum Dazuessen reichen.

▶ **Kinderportion:**

½–1 Scheibe Brot (2 Handflächen des Kindes)

Bauernbrot mit Käse und Gurke

Kombi Getreide-Gemüse-Milchprodukt

▶ **Für 4 Portionen**

4 Scheiben Graubrot · 1–2 EL Butter · 4–6 Scheiben Schnittkäse (z. B. Gouda, Leerdammer) · ¼ Gurke

- Die Brotscheiben dünn mit Butter bestreichen und mit dem Schnittkäse belegen. Die Gurke waschen und in Scheiben schneiden. Die Scheiben auf das Brot legen oder dazu geben.
- Brotscheibe für Kinder halbieren oder auch in kleine Häppchen oder Streifen schneiden. Immer wieder abwechseln, so bleibt Brot für Kinder interessant.

▶ **Kinderportion:**

½–1 Scheibe Brot (2 Handflächen des Kindes)

Roggenbrot mit Frischkäse und Radieschen

So finden viele Kinder Radieschen lecker

▶ **Für 4 Portionen**

4 Scheiben Roggenbrot · 4 EL Doppelrahmfrischkäse 8 Radieschen

- Die Brotscheiben dünn mit Frischkäse bestreichen. Die Radieschen waschen, putzen und in hauchdünne Scheiben schneiden.
- Mit den Radieschenscheiben das Brot belegen bzw. das Brot zuerst in Streifen schneiden und dann dicht mit Radieschenscheiben belegen. So finden Radieschen ihre kleinen Fans.

▶ **Kinderportion:**

½–1 Scheibe Brot (2 Handflächen des Kindes)

Marmelade kochen!

Marmelade kochen ist viel einfacher, als Sie denken. Und selbst gemachte Marmelade schmeckt immer besser als gekaufte. Wenn Ihre Kids dann noch beim Marmeladekochen zuschauen oder mithelfen dürfen, werden sie begeisterte Fans von Marmeladenbrot sein.

Faustregeln beim Kochen von Marmelade

Beim Kochen von Marmelade wird nur ein bisschen Rechnen, etwas Rühren und Sauberkeit verlangt. Das ist alles! Auf 1 kg Obst bzw. Früchte kommt 1 kg Gelierzucker 1:1. Dieser Gelierzucker hat an Attraktivität verloren, denn die meisten möchten viel Frucht und wenig Zucker in ihrer Marmelade. Der Gelierzucker 1:2 ist heute der Meistgefragte: Auf 1 kg Frucht kommen nur 500 g Zucker. Noch relativ neu ist der Gelierzucker 1:3. Hier kommen auf 1 kg Obst nur noch knappe 350 g Gelierzucker. Das Ausprobieren lohnt sich! Das Pektin im Gelierzucker sorgt für das Festwerden der Marmelade. Wer Haushaltszucker nimmt, muss zusätzlich ein Dickungsmittel einsetzen.

Früchte, je nach Größe zerkleinert, mit dem Zucker in einen großen Topf geben und vermischen. Die Marmeladenzutaten unter Rühren aufkochen und dann 3 Minuten sprudelnd kochen lassen. Das Einhalten der Kochzeit ist wichtig, denn während des Kochens entwickelt das Pektin seine Dickungswirkung, die sich aber erst in der abgekühlten Marmelade zeigt. Wer keine Stückchen in der Marmelade mag, sollte die Früchte pürieren. Auch ein Gelee aus Fruchtsaft mögen Kleinkinder gern. Die Kerne von Himbeeren dürfen Kleinkinder probieren, doch auf Zusätze wie Mandelstifte, grob gehackte Nüsse oder Sesam sollte man im zweiten Lebensjahr noch verzichten.

Wichtig! – die Gelierprobe. Geben Sie ein bis zwei Teelöffel der heißen Marmeladenmasse vor dem Einfüllen in die Gläser auf einen Unterteller. Die Masse sollte dicklich bis fest werden. Wenn Sie Zweifel an der Festigkeit Ihrer späteren Marmelade haben, sollte Gelierhilfe zugefügt werden. Das Ganze muss dann noch einmal richtig kochen. Eine andere Pannenhilfe: unter die warme Marmelade Gelatinepulver rühren. Diese darf allerdings nicht kochen.

Hygieneregel! Bevor Sie die Gläser befüllen, müssen Sie die Gläser und Deckel gründlich reinigen. Auch wenn die Gläser sauber aussehen, sollten sie in heißem Wasser mit Spülmittel gereinigt werden, und danach kalt abgespült und auf ein sauberes Handtuch zum Trocknen gelegt werden. Da die Spülmaschine bei höherer Temperatur wäscht, ist sie ideal fürs Reinigen der Marmeladengläser.

Vakuum entstehen lassen! Wenn die Gläser randvoll gefüllt werden, mit einem Twist-off®-Deckel verschlossen werden und dann etwa 10 Minuten auf dem Kopf stehen, können Sie davon ausgehen, dass Ihre Marmelade luftdicht verschlossen ist und 1 Jahr hält.

Weg damit! Wenn Sie Schimmel auf der Marmelade finden, dann muss der gesamte Inhalt des Glases weg. Es reicht nicht, nur die schimmelige Stelle zu entfernen.

Hätten Sie es gewusst? Eigentlich dürfen wir nur noch von Marmelade sprechen, wenn sie aus Zitrusfrüchten gemacht ist. Was wir üblicherweise als Marmelade bezeichnen, heißt seit einer Vereinheitlichung in Europa per Gesetz Konfitüre. Wer sie käuflich erwirbt, erhält eine Mischung aus Früchten und mindestens 50 % Zucker. Dieser hohe Zuckeranteil von gekaufter Konfitüre ist eine Motivation, selbst zuckerärmere Konfitüren zu kochen – durch die Verwendung von Gelierzucker 1:2 und 1:3.

Falls Sie nicht selbst Marmelade kochen wollen, aber etwas Zuckerreduziertes aufs Brot streichen möchten, können Sie Fruchtaufstriche mit bis zu 75 % Fruchtanteil kaufen. Sie sind in gut sortierten Supermärkten zu finden.

Erdbeer-Rhabarber-Marmelade

Ein Klassiker, den Oma mit mehr Zucker kochte

▶ **Für 7 Gläser (à 200 ml)**
700 g Erdbeeren · 300 g Rhabarber
500 g Gelierzucker 2 : 1

- Die Erdbeeren waschen, putzen und fein schneiden.
- Den Rhabarber waschen, putzen und in sehr kleine Stücke schneiden.
- Die Früchte mit dem Gelierzucker in einen Kochtopf geben und gut verrühren. Alles unter Rühren bei starker Hitze zum Kochen bringen, den Herd herunterschalten und unter ständigem Rühren 3–5 Minuten sprudelnd kochen.
- Danach die Marmelade randvoll in vorbereitete Gläser füllen. Mit Twist-off®-Deckeln verschließen, die Gläser umdrehen und etwa 10 Minuten auf dem Deckel stehen lassen.

▶ **Kinderportion:**
1 Teelöffel pro Scheibe Brot
(2 Handflächen des Kindes)

Holunder-Apfel-Marmelade

Auch Pipi Langstrumpf soll diese Marmelade gekocht haben

▶ **Für 8 Gläser (à 200 ml)**
800 g Äpfel · Saft einer ½ Zitrone
500 ml Holundersaft · 500 g Gelierzucker 2 : 1

- Die Äpfel schälen, vierteln und das Kerngehäuse entfernen. Die Apfelviertel auf einer Gemüseraspel raspeln und mit Zitronensaft beträufeln.
- Die Äpfel mit dem Holundersaft und dem Gelierzucker in einen Kochtopf geben und gut verrühren. Alles unter Rühren bei starker Hitze zum Kochen bringen, den Herd herunterschalten und unter ständigem Rühren 3–5 Minuten sprudelnd kochen.
- Danach die Marmelade randvoll in vorbereitete Gläser füllen. Mit Twist-off®-Deckeln verschließen, die Gläser umdrehen und etwa 10 Minuten auf dem Deckel stehen lassen.

▶ **Kinderportion:**
1 Teelöffel pro Scheibe Brot
(2 Handflächen des Kindes)

Himbeer-Marmelade

Diese Marmelade mag jeder kleine Spatz

▶ **Für 7 Gläser (à 200 ml)**
1 kg Himbeeren · 500 g Gelierzucker 2 : 1

- Die Himbeeren abbrausen und kontrollieren, ob Stiele vorhanden sind.
- Die Früchte mit dem Gelierzucker in einem Kochtopf geben und gut verrühren. Alles unter Rühren bei starker Hitze zum Kochen bringen, den Herd herunterschalten und unter ständigem Rühren 3–5 Minuten sprudelnd kochen.
- Danach die Marmelade randvoll in vorbereitete Gläser füllen. Mit Twist-off®-Deckeln verschließen, die Gläser umdrehen und etwa 10 Minuten auf dem Deckel stehen lassen.

▶ **Kinderportion:**
1 Teelöffel pro Scheibe Brot
(2 Handflächen des Kindes)

Orangen-Ingwer-Marmelade

Auch im Winter lässt sich frische Marmelade kochen

- Die Orangen schälen, dabei die weiße Haut mit entfernen, Fruchtfilets mit einem Messer herausschneiden und 500 g Fruchtfilets abwiegen. Den Ingwer schälen und fein reiben.
- Orangenfilets zusammen mit dem Orangensaft, Ingwer und Gelierzucker in einem Kochtopf geben und gut verrühren. Die Marmeladenzutaten unter Rühren auf höchster Stufe zum Kochen bringen, den Herd herunterschalten und unter ständigem Rühren 3–5 Minuten sprudelnd kochen.
- Danach die Marmelade randvoll in vorbereitete Gläser füllen. Mit Twist-off®-Deckeln verschließen, die Gläser umdrehen und etwa 10 Minuten auf dem Deckel stehen lassen.

▶ **Für 8 Gläser (à 200 ml)**
5 Orangen
15 g Ingwer
400 ml Orangensaft
500 g Gelierzucker 2 : 1

▶ **Kinderportion:**
1 Teelöffel pro Scheibe Brot (2 Handflächen des Kindes)

SO WIRD'S GEMACHT

Ganz leicht: Orangen filettieren

❶ Um Filets ohne Haut aus einer Orange herauszuschneiden, werden die Ober- und Unterseite der Orange mit dem Messer gerade abgeschnitten. ❷ Die Orange auf ein Brett stellen und dann die Seiten dick abschneiden, sodass nur noch eine kleine Orangenkugel ohne weiße Haut übrig bleibt. ❸ Mit einem scharfen Messer Filets (ohne Haut) aus den Trennwänden der Orange lösen – dabei nicht zu tief in die Orange hinein-schneiden. ❹ Je nach Größe der Orange brauchen Sie zwei kleine Früchte, um etwa 100 g Filets zu erhalten.

Getränke für Frühstücksmuffel oder zwischendurch

Shakes sind nicht in erster Linie Durstlöscher, sondern ersetzen häufig das Frühstücksbrot. Ihr Kalorien- und Nährstoffgehalt entspricht durchaus einer Zwischenmahlzeit. Sie sind daher ideal für alle Kinder, die morgens ungern etwas essen, und generell für die schlechten Esser.

Milch und Sauermilchprodukte

Milch ist nur für Babys, sondern darüber hinaus ein ganzes Menschenleben lang ein gesundes Lebensmittel. Sie liefert hochwertiges Eiweiß, leichtverdauliches Fett, insbesondere B-Vitamine und Kalzium. Sprechen wir von Milch, so meinen wir in der Regel Kuhmilch.

Einkaufstipp: Fettgehalt von Kuhmilch

Milch ist in unterschiedlichen Fettgehaltsstufen erhältlich: Bei der nicht standardisierten Vollmilch mit natürlichem Fettgehalt wird nach dem Melken der Milchfettgehalt nicht verändert, er liegt in der Regel zwischen 3,8 und 4,4 %. Standardisierte Vollmilch hat einen Fettgehalt von 3,5 %. Wer es fettärmer wünscht, greift zur teilentrahmten, fettarmen Milch mit einem Fettgehalt zwischen 1,5 % und 1,8 %. Entrahmte Milch bzw. Magermilch mit höchstens 0,5 % Fett ist für Kinder nicht zu empfehlen, da sie im Verhältnis zur üblichen Trinkmenge zu wenig Nährstoffe enthält. Kinder, die stark an die obere Gewichtsgrenze tendieren, sollten fettarme Milch trinken. Allen anderen Kindern ist Vollmilch zu empfehlen.

Laktosefreie Milch

Seit einigen Jahren sind laktosefreie Milch und Milchprodukte im Handel erhältlich. Laktosefreie Milch bietet nur Menschen mit einer Laktoseintoleranz Vorteile. Wer gesund ist, sollte auf die übliche Kuhmilch zurückgreifen. Laktosefreier Milch wurde das Enzym Laktase zugesetzt, das die Laktose in Glukose und Galaktose spaltet. Dadurch wird diese Milch ein wenig süßer, aber für Menschen mit einer Laktoseintoleranz verträglich.

Lagerung von Milch und Co.

Milch und Milchprodukte sind nur begrenzt haltbar, auch bei richtiger Lagerung im Kühlschrank. Bis auf H-Milch halten alle Milchprodukte bei einer Temperatur zwischen 3 und 9 °C am längsten. Übrigens gilt das aufgedruckte Mindesthaltbarkeitsdatum nur für geschlossene Verpackungen. Geöffnete Packungen sollten innerhalb von zwei bis drei Tagen ihre Verwendung finden. Wenn möglich, sollte die Verpackung immer verschlossen werden, um zu verhindern, dass die Milch den Geruch anderer Lebensmittel im Kühlschrank annimmt. Milchprodukte können eingefroren werden, wer also mal in großem Stil Milch, Joghurt oder Kefir eingekauft hat, der kann sich so behelfen; allerdings nimmt die Qualität ab.

Milch & Obst oder Gemüse – Gesundheit plus

Die Pluspunkte von Milch und Milchprodukten lassen sich weiter toppen. Geben Sie einfach Obst oder Gemüse dazu: Für eine Portion eine Handvoll Früchte pürieren und am besten im Mixer mit Milch, Joghurt, Buttermilch oder Kefir mischen. Der Mix schmeckt nicht nur köstlich, er ist auch reich an Vitalstoffen. Wenn Sie ein Milchmixgetränk mit Ananas, Feigen, Kiwi oder Papaya zubereiten, sollten Sie den Drink sofort genießen. Die Früchte enthalten nämlich Enzyme, die die Milch beim Stehenlassen dick und bitter machen.

Wie spart man Zucker bei Mixgetränken?

Achten Sie darauf, dass die Früchte vollreif sind, dann lassen Sie sich gut pürieren und sind besonders süß. Wenn den Kleinen das Mixgetränk nicht süß genug ist, geben Sie weder Zucker noch Süßstoff dazu, sondern erhöhen Sie den Fruchtanteil in Bezug auf den Milchanteil.

Erdbeerbuttermilch

Auch außerhalb der Saison möglich

▶ **Für 4 Portionen**

200 g tiefgekühlte oder frische Erdbeeren · 1 Päckchen Vanillezucker · 500 ml Buttermilch

- Die gefrorenen Erdbeeren kurz antauen lassen, frische Erdbeeren waschen, putzen und sehr große Erdbeeren eventuell halbieren.
- Erdbeeren mit dem Vanillezucker in ein hohes Gefäß geben, pürieren und die Buttermilch angießen und verrühren.

▶ **Variation:**

Auch tiefgekühlte Himbeeren/Heidelbeeren oder Beerenmischungen sind geeignet und können außerhalb der Beerensaison zu einer Portion Obst beitragen.

▶ **Kinderportion:**

½ Glas (100 ml)

Milder Pflaumen-Zimt-Drink

So macht der Herbst Spaß

▶ **Für 4 Portionen**

200 g Pflaumen · 300 g Joghurt (3,5 % Fett) · 2 TL Honig 200 ml Apfelsaft · Zimtpulver

- Die Pflaumen waschen, abtropfen lassen, halbieren und von Steinen und Stielen befreien.
- Die Pflaumen zusammen mit dem Joghurt, Honig und Apfelsaft pürieren. Das Ganze mit etwas Zimt abschmecken. Die Drinks in Gläser füllen und sofort servieren.

▶ **Kinderportion:**

½ Glas (100 ml)

Heidelbeer-Joghurt-Shake

Lecker, lecker ... Lust auf mehr

▶ **Für 4 Portionen**

250 g Heidelbeeren · 200 ml Birnensaft · 300 g Joghurt (3,5 % Fett)

- Frische Heidelbeeren waschen und verlesen.
- Die Heidelbeeren mit dem Birnensaft und Joghurt in ein hohes Gefäß geben und pürieren. Den Shake auf Gläser verteilen.

▶ **Kinderportion:**

½ Glas (100 ml)

Gute-Laune-Drink

Ein ganzes Glas voller Vitamine

▶ **Für 4 Portionen**

2 Orangen · 1 Banane · 200 ml heller Traubensaft 200 ml Möhrensaft · ½ TL Sonnenblumen- oder Rapsöl

- Die Orangen halbieren und den Saft auspressen.
- Die Banane schälen und zusammen mit dem Orangensaft pürieren.
- Mit Traubensaft und Möhrensaft auffüllen und verrühren. Das Öl unterrühren und danach auf Trinkgläser verteilen.

▶ **Kinderportion:**

½ Glas (100 ml)

Latte Schokolade

So ahmen Ihre Kids gesund
den Latte macchiato nach.

▶ **Für 1 Portion**
200 ml Milch · 1 TL Kakaopulver
1 Prise Zimt

▪ Die Milch erwärmen. Ein Drittel
der Milch in ein Glas geben und auf-
schäumen.
▪ In die restliche Milch das Kakaopulver
einrühren und zur aufgeschäumten
Milch geben. Dabei langsam am Rand
des Glases entlang gießen, damit ver-
schiedenfarbige Schichten entstehen.
▪ Mit Zimt verfeinern.

▶ **Kinderportion:**
½ Glas (100 ml)

Tipp

Das Prinzip des Latte macchiato lässt
sich auch mit Roibuschtee oder Malz-
kaffee zubereiten und schmeckt
unheimlich gut. Kennen Sie Jogitee?
Seine Hauptzutat ist Zimt und er
wärmt wunderbar an kalten Wintertagen. Klassisch werden die Gewürze
mit Milch aufgekocht. Ich koche sie
nur mit Wasser auf und geben heiße
geschäumte Milch auf den Tee in die
Tassen.

Banana-Power-Drink

So ein Drink gibt wieder Kraft

▶ **Für 4 Portionen**
2 Bananen · 200 ml Ananassaft
200 ml Möhrensaft · 250 ml Buttermilch
1 Tropfen Sonnenblumenöl

- Die Bananen schälen und zusammen mit dem Ananas- und Möhrensaft in ein hohes Gefäß geben
  und pürieren.
- Buttermilch und den Tropfen Öl
  unterrühren.

▶ **Kinderportion:**
½ Glas (100 ml)

Tipp

**Überreife, schon braune Bananen
kann man mit diesem Rezept gut
verwerten. Damit schmeckt das
Getränk besonders lecker! Damit
die Bananenmilch bei längerem
Stehen nicht braun wird, ist es
sinnvoll, den Saft einer halben
Zitrone hinzuzufügen.**

Zitronenmelissetee

Herrlich erfrischend!

▶ **Für 1 Liter**
4–5 Zweige Zitronenmelisse
100 ml Apfelsaft

- Die Zitronenmelisse waschen und
  in eine große Kanne geben. Mit 1 l
  kochend heißem Wasser übergießen und ziehen lassen.
- Nach etwa ½ Stunde die Zitronenmelisse herausnehmen oder den
  Tee in eine andere Kanne gießen.
  Mit dem Apfelsaft mischen.

▶ **Kinderportion:**
½ Glas (100 ml)

Tipp

**In Ihrem Garten oder in einem
freien Balkonkasten können Sie
verschiedene Minzearten pflan-
zen. Mit ihnen lassen sich auf die
gleiche Weise wie mit der Zitronenmelisse erfrischende Tees
aufgießen – den ganzen Sommer
hindurch.**

Pikanter Power-Drink

So lässt es sich durchstarten

▶ **Für 4 Portionen**
½ Bund Schnittlauch · ½ Bund Dill
½ Avocado · ½ kleine Salatgurke
300 ml Buttermilch · 200 ml Möhrensaft · Saft von ½ Zitrone · Salz

- Schnittlauch und Dill waschen, mit
  einem Küchenkrepp trocken tupfen. Den Schnittlauch in feine Röllchen schneiden. Den Dill von den
  Stielen zupfen und klein hacken.
- Den Stein aus der Avocado entfernen. Das Fruchtfleisch aus der
  Schale herauslösen. Die Salatgurke
  schälen und in grobe Stücke
  schneiden. Gurkenstücke und
  Avocadofleisch zusammen mit den
  gehackten Kräutern und der Buttermilch pürieren.
- Mit Möhrensaft auffüllen und den
  Drink mit Zitronensaft und Salz
  abschmecken. In Gläser füllen und
  sofort servieren.

▶ **Kinderportion:**
½ Glas (100 ml)

Dips und Brotaufstriche

Keine Lust mehr auf Marmelade, Honig oder Wurst und Käse aufs Brot? Dann können Brotaufstriche eine willkommene Abwechslung sein! Vielen dauert die Zubereitung morgens zu lange. Daher abends zubereiten. Die Haltbarkeit ist eher begrenzt – das macht aber nichts, denn sie passen nicht nur zu Brot, sondern auch prima zu Kartoffeln, Reis, Nudeln oder Kurzgebratenem.

Was schafft die Basis?

Butter, Quark und andere Milchprodukte bilden bei Dips oder Brotaufstrichen häufig die Grundlage und sorgen für eine cremige Konsistenz und den Zusammenhalt der Zutaten. Auch gedünstetes und püriertes Gemüse sowie Öl nehmen eine zentrale Stellung bei streichfähigen Pasten ein.

Basic 1: Butter

Warum nicht? Butter besteht zwar zu 80 % aus Fett, aber dünn aufs Brot gestrichen ist sie gesünder als ihr Ruf. Das Milchfett enthält eine Vielzahl an Fettsäuren, neben gesättigten Fettsäuren auch ungesättigte Fettsäuren und neben langkettigen, auch mittel- und kurzkettige Fettsäuren. Dies macht Butter in kleinen Mengen genossen gut verträglich. Außerdem enthält Butter die Vitamine A, D und E.

Basic 2: Quark

Bei Quark handelt es sich um Frischkäse. Quark ist besonders eiweißreich, sodass er erst nach dem ersten Lebensjahr empfohlen wird. Kommt Quark in kleinen Mengen aufs Brot oder zu Kartoffeln, so wird aber nicht übertrieben eiweißreich gegessen. Quark ist äußerst vielseitig einsetzbar, sein frischer, leicht säuerlicher Geschmack erlaubt ein Kombinieren mit süßen wie mit pikanten Zutaten.

Basic 3 + 4: Gemüse + Öl

Wenn weder Butter noch Quark im Rezept zu finden sind, dann bilden Öl oder auch püriertes Gemüse oder Hülsenfrüchte die Basis für den Dip. Diese Aufstriche oder Pasten haben ihren Ursprung meist in den mediterranen und orientalischen Küchen. Das sollte Sie nicht abschrecken, Ihr Kind schon früh diese für uns exotischen Gerichte testen zu lassen. Kleinkinder, die regelmäßig behutsam an neue Geschmackserlebnisse herangeführt werden, haben häufig ihr Leben lang ein viel größeres Interesse an einer abwechslungsreichen Kost.

Avocado – die cremige Frucht

Auf Basis von Avocado lassen sich ganz einfach gesunde Brotaufstriche zubereiten. Dafür sollte die Avocado schön reif sein. Eine harte Frucht hat keinen Geschmack. Man kann sie nachreifen lassen, indem man sie zu reifen Äpfeln legt. Deren Duftstoffe regen das Nachreifen der Avocado an. Außerdem sollte man etwas Zitronensaft dazugeben, damit sich der Aufstrich nicht braun verfärbt.

Was sorgt für den Geschmack?

Aromatische Zutaten wie frische Kräuter, verschiedene Gewürze, Nüsse sowie Gemüse, Obst und geräucherter Fisch sorgen für einen natürlichen Geschmack. Aromastoffe, Geschmacksverstärker sowie Konservierungsstoffe sind im selbst gemachten Aufstrich nicht zu finden. Dieser Vorteil birgt natürlich auch einen kleinen Nachteil: Die Haltbarkeit ist sehr begrenzt.

So bleiben Dips lange frisch!

- Dips in kleinen Mengen herstellen, so hält sich die Zubereitungszeit in Grenzen.
- Auf Sauberkeit achten. Alle Küchengeräte, die zum Einsatz kommen, sollten penibel sauber sein und ein wiederholtes Probieren mit dem Löffel sollte man vermeiden.
- Die Zutaten sollten wirklich frisch sein. Bitte keine Reste von Produkten verwerten, die kurz vor dem Verfallsdatum stehen.
- Die Dips in gut verschließbare und saubere Gefäße füllen.
- Die fertigen Dips im Kühlschrank lagern, nicht allzu lange offen stehen lassen. Stets mit sauberem Löffel oder Messer portionieren.

Kräuterbutter
Ein Klassiker

▶ **Für den Vorrat**
125 g Butter · 5–10 Zweige Petersilie
10 Stängel Schnittlauch · ½ TL Jodsalz

- Butter in eine Schüssel geben und
  mit einer Gabel zerdrücken. Petersilie waschen, trocken tupfen und
  die Blättchen von den Stängeln
  zupfen, anschließend fein hacken.
  Den Schnittlauch waschen, trocken
  tupfen und in Röllchen schneiden.
- Beide Kräuter zur Butter geben, salzen und mit einer Gabel die Kräuter
  in die Butter einarbeiten. Gut verschlossen im Kühlschrank lagern.

▶ **Kinderportion:**
Dünn aufs Brot streichen

TIPP

Innerhalb von einer Woche
verwenden. Nicht nur lecker als
Brotaufstrich, sondern auch
zu Kartoffeln. So lassen sich Kartoffeln vom Vortag mit etwas
Kräuterbutter in der Mikrowelle
erwärmen.

Paprikabutter
Findet sicher ihre Fans

▶ **Für den Vorrat**
½ rote Paprikaschote · 125 g Butter
1 EL Tomatenmark · ¼ TL Paprikapulver, edelsüß · ½ TL Jodsalz
1 Prise – ½ TL Zucker

- Die Paprikaschote waschen, putzen
  und grob würfeln. Dann mit einer
  Moulinette (Zerkleinerer) oder
  einem ähnlichen Küchengerät sehr
  fein hacken.
- Fein gehackte Paprika, Tomatenmark, Paprikapulver und Salz zur
  Butter geben und mit einer Gabel
  die Zutaten in die Butter einarbeiten. Zum Schluss mit Zucker abschmecken. Gut verschlossen im
  Kühlschrank lagern.

▶ **Kinderportion:**
Dünn aufs Brot streichen

TIPP

Innerhalb von einer Woche auf-
brauchen! Passt ausgezeichnet zu
gegrilltem Fleisch. Nicht für Kleinkinder geeignet, aber feurig scharf
wird die Butter durch Zugabe
einiger Tröpfchen Tabasco.

Tomatenbutter
Kommt immer gut an

▶ **Für den Vorrat**
60 g getrocknete Tomaten · 4 Zweige
Basilikum · 125 g Butter · ½ TL Jodsalz · 1 Prise – ½ TL Zucker

- Die Tomaten mit kochendem Wasser übergießen, bis sie bedeckt sind.
  Darin weich werden lassen.
- Wenn das Wasser kalt ist, es abgießen und die Tomatenhälften mit
  einem Küchenkrepp trocken tupfen. Die Tomaten in Würfel schneiden, dann mit einer Moulinette
  (Zerkleinerer) oder einem ähnlichen Küchengerät sehr fein hacken.
- Das Basilikum waschen, trocken
  tupfen, die Blätter von den Stielen
  zupfen und fein hacken. Fein gehackte Tomaten, Basilikum und Salz
  zur Butter geben und mit einer
  Gabel die Zutaten in die Butter einarbeiten. Zum Schluss mit Zucker
  abschmecken. Gut verschlossen im
  Kühlschrank aufbewahren.

▶ **Kinderportion:**
Dünn aufs Brot streichen

TIPP

Gehören Sie auch zu den Familien,
die gerne Knoblauch essen? Dann
muss unter all diese pikanten
Buttersorten eine Knoblauchzehe.
Fein gehackt oder durch die
Presse gedrückt – so wie es bei
Ihnen üblich ist.

Zaziki
Nicht nur auf dem Balkan beliebt

▶ **Für den Vorrat**
½ Salatgurke · 1 – 2 Knoblauchzehen
250 g Magerquark · 100 g Joghurt
2 EL Olivenöl · ½ TL Salz · weißer
Pfeffer

- Die Gurke waschen, schälen und auf
der Gemüseraspel raspeln. Etwas
stehen lassen und dann das Gurkenwasser abgießen.
- Den Knoblauch abziehen und fein
hacken oder durch die Presse drücken und zur Gurke geben. Quark,
Joghurt und Olivenöl unterrühren
und mit Salz und Pfeffer abschmecken.

▶ **Kinderportion:**
1 – 2 Esslöffel aufs Brot streichen

Tipp
Zaziki darf auf keinem Grillfest
fehlen. Doch auch Paprikasticks
lassen sich darin eindippen und
mit einer Scheibe Brot verträgt
sich Zaziki ebenfalls – es muss
nicht immer Fladenbrot sein.

Obatzter
Ißt man auch außerhalb Bayerns

▶ **Für den Vorrat**
8 Zweige Petersilie · 1 rote Zwiebel
150 g Camembert · 100 g Frischkäse
1 TL Paprika, edelsüß · etwas Jodsalz
weißer Pfeffer

- Die Petersilie waschen, trocken
tupfen. Die Blättchen von den Stielen zupfen und fein hacken. Die
Zwiebel schälen und fein hacken.
- Die Rinde vom Camembert entfernen und mit einer Gabel den
Camembert mit dem Frischkäse
vermengen. Unter diese Paste die
fein gehackte Petersilie, den Paprika
und die Zwiebelwürfel mengen und
zum Schluss mit Salz und Pfeffer
abschmecken.

▶ **Kinderportion:**
1 – 2 Esslöffel aufs Brot streichen

Tipp
Geben Sie noch zwei hart gekochte, fein gehackte Eier unter den
Obatzter. Der bayrische Aufstrich
passt auch gut zu Pellkartoffeln.

Basilikumpesto
Ein Gruß aus Italien

▶ **Für den Vorrat**
1 Topf Basilikum · 3 Knoblauchzehen
4 EL Pinienkerne · ⅛ l Olivenöl
8 EL frisch geriebener Parmesan
½ TL Jodsalz

- Die Basilikumblättchen von den
Stielen zupfen, waschen und trocken tupfen. Den Knoblauch schälen und grob schneiden.
- Die Pinienkerne in einer beschichteten Pfanne leicht rösten. Sobald
sie eine goldgelbe Farbe annehmen,
vom Herd nehmen und etwas abkühlen lassen.
- Basilikum, Knoblauch und Pinienkerne mit etwas Öl in ein hohes Gefäß geben und mit dem Pürierstab
pürieren. Nach und nach Parmesan
und das restliche Öl hinzufügen und
das Ganze mit Salz abschmecken.

▶ **Kinderportion:**
Dünn aufs Brot streichen

▶ **Variation:**
Statt Basilikum ein dickes Bund
glatte Petersilie verwenden und die
Pinienkerne gegen Mandeln oder
Walnüsse austauschen. Dieses Pesto
schmeckt besonders gut auf Brot
mit Möhren-Apfel-Raspeln oder
Kohlrabi-Möhren-Raspeln.

Möhren-Quark-Dip

Pumuckl könnte sich bestimmt dafür begeistern

▶ **Für den Vorrat**

3 Möhren · 1 Bund Schnittlauch · 250 g Magerquark
100 g Joghurt · 1 EL Rapsöl · ¼ TL Jodsalz · weißer Pfeffer

- Die Möhren waschen und putzen, dann auf der Gemüse-
  raspel raspeln.
- Den Schnittlauch waschen, trocken tupfen und in feine
  Röllchen schneiden.
- Die fein gehackten Zutaten mit Quark, Joghurt und Rapsöl
  verrühren. Mit Salz und Pfeffer abschmecken.

▶ **Kinderportion:**

1 – 2 Esslöffel aufs Brot streichen

Lachspaste

Ziemlich mild und wenig fischig

▶ **Für den Vorrat**

100 g Räucherlachs · 1 EL Zitronensaft · 100 g Magerquark
3 EL Crème fraîche · 1 TL Tomatenmark · ¼ TL Jodsalz
1 Prise weißer Pfeffer

- Den Räucherlachs in Streifen schneiden.
- Zusammen mit Zitronensaft, Quark, Crème fraîche und
  Tomatenmark pürieren.
- Die Paste mit Salz und Pfeffer abschmecken, kühl stellen
  und innerhalb von zwei Tagen verzehren.

▶ **Kinderportion:**

Dünn aufs Brot streichen

Salate

Salate sind heute weit mehr als nur eine Vorspeise oder Beilage. Zu Recht wurden sie als eigenständige Speise entdeckt und spielen immer öfter die Hauptrolle einer Mahlzeit. Vor 50 Jahren hatte der Kopfsalat beinahe eine Monopolstellung in Deutschland, heute können wir unter mehr als 50 verschiedenen Salatsorten wählen. Der Kopfsalat musste übrigens seine Favoritenstellung an den Eisbergsalat abgeben.

Ölwechsel in der Küche

Rapsöl ist eines der besten Öle: Mit 65 % ist der Gehalt an den wichtigen einfach ungesättigten Fettsäuren besonders hoch. Von den mehrfach ungesättigten Fettsäuren enthalten 100 g Rapsöl insgesamt 29 g. Hier ist der Anteil der Omega-3-Fettsäure alpha-Linolensäure mit 9 g pro 100 g auffällig hoch. Rapsöl lässt sich raffiniert und kalt gepresst kaufen. Die raffinierten Rapsöle sind geschmacksneutral, die kalt gepressten haben ein leicht nussiges Aroma. Letztere eignen sich ideal für die kalte Küche, z. B. für Salatdressings oder auch Dips. Raffiniertes Rapsöl hingegen lässt sich sehr gut zum Kochen und Backen verwenden, da es bis zu einer Temperatur von 175 °C erhitzbar ist.

Olivenöl ist gesund. Es hat möglicherweise maßgeblichen Anteil daran, dass Herz-Kreislauf-Erkrankungen in den Mittelmeerländern deutlich seltener sind als bei uns. Erklärt wird der hohe gesundheitliche Wert mit dem hohen Anteil von 80 % an einfach ungesättigten Fettsäuren und durch sekundäre Pflanzenstoffe, die in nativem Olivenöl zu finden sind. Ideal ist Olivenöl der Güteklasse »nativ extra« für die kalte Küche. Hier kann sich der typische, arteigene Geschmack am besten entfalten. Doch es gilt als überholt, dass kalt gepresstes Öl nicht erhitzt werden darf. Tatsächlich besitzt Olivenöl die ideale Fettzusammensetzung fürs Dünsten, Schmoren und Braten.

Sonnenblumenöl hat einen hohen Anteil an mehrfach ungesättigten Fettsäuren, aber dabei nur einen sehr kleinen Anteil an Omega-3-Fettsäuren. Diese Fettsäure bietet aber einen besonderen gesundheitlichen Schutz. So verliert Sonnenblumenöl immer mehr seine einstige Vormachtstellung.

Distelöl galt vor 20 Jahren aufgrund seines hohen Anteils an mehrfach ungesättigten Fettsäuren insbesondere in Bezug auf Herz-Kreislauf-Erkrankungen als besonders gesund. Da es aber ebenfalls relativ wenig Omega-3-Fettsäuren enthält, hat es sein gesundes Image zugunsten von Olivenöl und Rapsöl abgeben müssen.

Haselnuss-, Walnuss- oder Traubenkernöl sowie Kürbiskernöl oder Sesamöl haben alle in Salatdressings ebenfalls ihre Berechtigung. Sie schmecken nussig und haben jeweils den typischen Geschmack ihres Ausgangsproduktes. Sie können solo ins Salatdressing gerührt werden oder auch mit neutralem Öl gemischt werden.

Auch mit hippen Ölen wie Arganöl oder Hanföl können Sie Salatdressings herstellen. Sinnvoll ist es, Raps- und Olivenöl im Vorrat zu haben – und wer neugierig und experimentierfreudig ist, testet mal das eine oder andere Öl.

Lagerung

Öl hält sich am besten gut verschlossen an einem dunklen Ort bei etwa 10 bis 15 °C. In einer warmen Küche ist der Kühlschrank der richtige Platz. Hier flockt Olivenöl zwar aus und wird trübe, doch das beeinträchtigt seine Qualität nicht. Bei Zimmertemperatur klärt es sich nach kurzer Zeit wieder. Leinöl, hergestellt aus Leinsamen, muss nach dem Öffnen auf jeden Fall in den Kühlschrank, denn seine Haltbarkeit ist aufgrund des hohen Anteils an mehrfach ungesättigten Fettsäuren nur auf wenige Wochen begrenzt. Alle anderen Öle sollten spätestens sechs bis neun Monate nach dem Öffnen der Flasche verbraucht sein, denn mit der Zeit werden Öle ranzig. Je höher der Anteil an mehrfach ungesättigten Fettsäuren, desto eher passiert dies. Olivenöl hält somit am längsten!

Essig für jedermann

Essig hat gemeinhin den Ruf, sehr sauer zu sein. Doch zwischen verschiedenen Essigsorten gibt es geschmackliche Unterschiede und so finden sich auch milde Essigsorten, die in der Regel von Kindern bevorzugt werden. Essig wird grundsätzlich aus Alkohol hergestellt, jedoch ist der Alkohol im Essig vergoren, sodass Sie sich auch bei einem Weinessig keine Gedanken über den Restalkoholgehalt machen müssen. Übrigens: Obstessig wird aus Obstwein, vorzugsweise Apfelwein, hergestellt.

Balsamessig bzw. Aceto Balsamico hat mit dem legendären Aceto Balsamico Tradizionale di Modena bis auf die dunkle Farbe und den süßlich-sauren Geschmack wenig gemeinsam. Balsamessig wird aus Traubenmostkonzentrat, Weinessig, Karamell, Zucker und Aromastoffen hergestellt. Das Original aus Modena lagert mindestens zwölf Jahre in Holzfässern. Dieser Aufwand wird mit 100 Euro pro 100 ml bezahlt. Da dieser stolze Preis für die meisten Menschen nicht alltagstauglich ist, reicht die Kopie, die vielen Menschen im Vergleich zum klassischen Essig geschmacklich sehr entgegenkommt.

Rotwein- bzw. Weißweinessig werden ausschließlich aus dem jeweiligen Wein hergestellt. Sie haben eine aromatische Säure und der Weißweinessig ist in der Regel milder.

Apfelessig zählt ebenfalls zu den milden Sorten. Ein leicht fruchtiges Aroma ist häufig noch zu erkennen und somit ist er für milde Salatsoßen geeignet.

Lagerung
Essig ist bei richtiger Lagerung nahezu unbegrenzt haltbar. Wichtig ist, dass er kühl und dunkel gelagert wird. Er sollte

in der Originalverpackung und verschlossen aufbewahrt werden. Essig niemals länger in metallischen Gefäßen aufbewahren.

Blätterkunde
Salat sollte immer im Gemüsefach des Kühlschranks lagern. Verpacken Sie ihn dazu in einen Gefrierbeutel oder wickeln Sie ihn in Frischhaltefolie oder ein feuchtes Tuch. Auch bereits geputzte und zerteilte Salatblätter lassen sich, gut verschlossen in einem Gefrierbeutel, ein bis zwei Tage im Kühlschrank lagern.

Bataviasalat hat gelblichgrüne Blätter. Er ist robuster als Kopfsalat und fällt daher nicht so schnell zusammen. Frische Exemplare erkennen Sie an den glatten Außenblättern und einem geschlossenen Herzen. Er kann problemlos zwei bis drei Tage gelagert werden.

Eichblattsalat verdankt seinen Namen der Blattform, die an Eichenlaub erinnert. Er hat ein leicht nussiges Aroma und es gibt rötliche und grüne Sorten. Die Blätter sollten glatt und fest sein. Er lässt sich ein bis zwei Tage im Gemüsefach des Kühlschranks lagern.

Eisbergsalat hält sich am längsten – und zwar bis zu fünf Tage im Gemüsefach des Kühlschranks. Er hat einen runden Kopf mit festen, hell- und dunkelgrünen Blättern. Beim Einkaufen sollten Sie auf einen festen Kopf und eine weiße Schnittfläche am Strunk achten.

Endiviensalat hat breite, gezahnte Blätter und wirkt im Gegensatz zu den anderen Salatköpfen eher platt und breit. Er hat einen leicht bitteren Geschmack. Beim Einkauf achten Sie auf dunkelgrüne feste Außenblätter und hellgelbe Innenblätter. Endiviensalat ist relativ robust und hält sich einige Tage im Gemüsefach.

Feldsalat findet aufgrund seines nussigen, leicht würzigen Aromas immer größeren Anklang. Beim Kauf auf dem Wochenmarkt kann er sehr sandig sein und muss dann gründlich gewaschen, geputzt und geschleudert werden. Länger als zwei Tage lässt er sich meist nicht lagern. Neben der grünen Variante gibt es auch eine bräunlich-violette.

Kopfsalat ist ein empfindlicher Bursche und überlebt meist nur einen Tag im Gemüsefach. Beim Einkauf sollten Sie darauf achten, dass der Kopf geschlossen ist und die Blätter knackig sind.

Lollo rosso und Lollo bionda sind die krausen Vertreter der Blattsalate. Der Lollo rosso lässt sich durch die dunkelgrünen bis leicht bräunlich-violetten Blätter von seinem »Bruder« mit den hellgrünen Blättern unterscheiden. Beide haben einen würzig-aromatischen, leicht nussigen Geschmack und lassen sich zwei Tage im Gemüsefach lagern.

Radicchio fällt durch seine kräftigen, rot-weiß geäderten Blätter auf. Die Blätter sind fest zu einem Kopf geschlossen, der meist faustgroß angeboten wird. Im Geschmack ist er bitter bis fast herb. Als alleinige Blattsalatzutat ist er vielen zu herb, doch zu einem kleinen Anteil unter andere Blattsalate gemischt, findet er bei allen Familienmitgliedern meist großen Anklang. Sein großer Vorteil ist eine längere Lagerung von mehreren Tagen im Kühlschrank.

Römischer Salat, auch Romana genannt, hat einen lang gezogenen Kopf, mit locker aufrecht stehenden, meist saftig grünen Blättern. Beim Einkauf sollten Sie darauf achten, dass der Kopf geschlossen und die Schnittstelle am Strunk weiß ist. Er lässt sich zwei bis drei Tage im Gemüsefach lagern und ist im Geschmack eher mild.

Salatsoßen

▶ **Kräuter-Essig-Öl-Dressing**

3 EL Weißweinessig, 20 g frisch gehackte Kräuter, z. B. Schnittlauch, Petersilie, Zitronenmelisse, Zucker, Salz, Pfeffer, 4–6 EL Oliven-, Raps-, Sonnenblumen- oder Distelöl

▶ **Kräuter-Joghurt-Dressing**

150 g Vollmilch-Joghurt, 20 g frisch gehackte Kräuter, z. B. Petersilie, Schnittlauch und Basilikum, Salz, Pfeffer, 2 EL Oliven-, Raps-, Sonnenblumen- oder Distelöl

▶ **Senf-Essig-Öl-Dressing**

3 EL Weißweinessig, 1 EL Dijonsenf, eventuell 1 El frisch gehackter Estragon, Zucker, Salz, Pfeffer, 4 EL Oliven-, Raps-, Sonnenblumen- oder Distelöl

▶ **Cocktail-Dressing**

150 g Vollmilch-Joghurt, 2 EL Tomatenmark, 1 fein gehackte Knoblauchzehe, Zucker, Salz, Pfeffer, 2 EL Oliven-, Raps-, Sonnenblumen- oder Distelöl

▶ **Aceto-Balsamico-Dressing**

3 EL Aceto Balsamico, eventuell 10 g fein gehackte Walnüsse, Zucker, Salz, Pfeffer, 4 EL Oliven-, Walnuss- oder Distelöl

▶ **Asia-Dressing**

2 EL fein gehackter Ingwer, 3 EL Zitronensaft, 2 EL fein gehackter Koriander, eventuell 1 fein gehackte Chilischote, Zucker, Salz, 4 EL Sojaöl

▶ **Curry-Schmand-Dressing**

150 g Vollmilch-Joghurt, 1 EL Curry, 1 fein gehackte Knoblauchzehe, Salz, Pfeffer, 3 EL Oliven-, Raps-, Sonnenblumen- oder Distelöl

Alle Zutaten eines Dressings in ein Schraubglas geben. Es sollte stets nur zu einem Viertel gefüllt sein. Dann kräftig schütteln. Ihre aktuelle Lieblingsmelodie dabei summen und schon ist das Dressing fertig. Salate sollen heute nicht mehr in der Soße schwimmen. Daher bitte kein Wasser zufügen. Es lässt sich problemlos im Kühlschrank ein paar Tage aufbewahren. Warum also Fertigsoße kaufen!

Passende Salatzutaten

Blattsalat – gezupft. Ob Kopfsalat, Eisbergsalat oder Feldsalat – den jeweiligen Salat waschen, putzen und in mundgerechte Stücke zupfen. Anschließend trocken schleudern und fertig ist die Salatzutat Nummer 1!

Gemüse – geraspelt. Möhren, Radieschen, Rettich, Paprika und Gurke lassen sich auf der Gemüseraspel schnell für den Salat zerkleinern. Geraspeltes muss nicht unter sich bleiben, sondern kann mit Blattsalat durchaus gemischt werden.

Gemüse – geschnitten. Tomate verträgt sich nicht nur mit Mozzarella: Ebenso wie Gurke und Paprika lässt sie sich roh in mundgerechte Stücke geschnitten unter den Salat mischen.

Gemüsesalat

Knackig – als Hasensalat beliebt bei den Kleinsten

▶ **Für 4 Portionen**

1 mittelgroße Zucchini · 250 g Möhren · 4 Stangen Stauden-
sellerie · 1 Banane · 200 g Joghurt · 2 EL Rapsöl · 2 EL
Zitronensaft · 4 EL fein gehackte Zitronenmelisse · etwas
Zucker · etwas Jodsalz · 1 Prise weißer Pfeffer

– Zucchini und Möhren waschen. Die Möhren schälen. Beides in feine Stifte hobeln oder raspeln. Die Selleriestangen
waschen, Enden und Blätter entfernen und in feine Scheiben schneiden.
– Die Banane schälen und mit einer Gabel zerdrücken. Sie
mit Joghurt, Öl und Zitronensaft zu einem Dressing verrühren und mit Zitronenmelisse, Zucker, Salz und Pfeffer
abschmecken.
– Das Dressing mit den Salatzutaten mischen und im Kühlschrank durchziehen lassen.

▶ **Kinderportion:**

3 gehäufte Esslöffel

Tipp

**Das Filet von zwei Orangen gibt diesem Salat eine
fruchtige Note. Wie Sie Orangen ganz einfach filettieren,
lesen Sie auf Seite 49.**

Süßer Chinakohlsalat

Fast so gut wie ein Dessert

▶ **Für 4 Portionen**

500 g Chinakohl · 1 Dose Mandarinen (175 g Abtropfgewicht)
100 g süße Sahne · Saft einer ½ Zitrone · 1 EL Zucker · 1 Prise
Jodsalz

– Den Chinakohl putzen und in sehr feine Streifen schneiden. Diese auf einem Sieb abbrausen und trocken schleudern. Die Mandarinen in ein Sieb geben, den Saft dabei
auffangen.
– Die Sahne anschlagen, sodass sie halbfest ist. Nun die
Sahne mit etwas Mandarinensaft und dem Zitronensaft
vermengen und mit Zucker und Salz abschmecken. Man-
darinenfilets mit den Chinakohlstreifen und der süßen
Salatsoße in eine Schüssel geben und vermengen. Sofort
servieren.

▶ **Kinderportion:**

4 gehäufte Esslöffel

▶ **Eltern-Extra:**

Mit fein gehackten Walnüssen und einem gewürfelten
Apfel lässt sich der Salat erweitern.

Kichererbsensalat

Hier kann man auf den Geschmack kommen!

▶ **Für 4 Portionen**

1 Zwiebel · 1 Knoblauchzehe · 1 kleine Aubergine · 4 EL Olivenöl · 1 rote Paprikaschote · 4 Frühlingszwiebeln · 1 Dose Kichererbsen (450 g Abtropfgewicht) · 6 Zweige Zitronenthymian · 1 Limette · 2 EL Weißweinessig · 1 EL Tomatenmark Salz · ½ TL Zucker

▬ Die Zwiebel und den Knoblauch abziehen und mit einem großen Küchenmesser fein hacken. Die Aubergine waschen, trocken reiben und den Stielansatz entfernen, längs halbieren und in ½ cm dicke Scheiben schneiden.
▬ Das Öl in einer Pfanne erhitzen, Zwiebel, Knoblauch und Aubergine hinzufügen und etwa 2 Minuten dünsten.
▬ Inzwischen die Paprika waschen, halbieren, Trennwände und Kerne herauslösen und das Fruchtfleisch würfeln. Die Frühlingszwiebeln waschen, Wurzeln und das verwelkte äußere Grün abtrennen und in hauchdünne Ringe schneiden. Die Kichererbsen in ein Sieb geben, mit kaltem Wasser abspülen und abtropfen lassen.
▬ Den Thymian waschen, trocken tupfen, die Blättchen von den Zweigen zupfen und mit den anderen Zutaten in eine große Salatschüssel geben.
▬ Für die Marinade die Limette halbieren und auspressen. Den Saft mit dem Weinessig und dem Tomatenmark verschlagen. Mit Zucker und Salz abschmecken. Die Marinade über den Salat geben und alles gründlich vermengen.

▶ **Kinderportion:**

3 gehäufte Esslöffel (Vorsicht bei noch wenig geübten Schluckern!)

Dazu passt am besten Fladenbrot. Mit gebratenen Hähnchenbruststreifen oder Lammlachsen sowie Radicchiostreifen (roh oder gebraten) lässt sich der Salat erweitern.

Grüner-Spargel-Salat

Spargel mal ganz anders!

▶ **Für 4 Portionen**

400 g grüner Spargel · 100 g getrocknete Tomaten · 1 Schuss Weißweinessig · 40 g Pinienkerne · 60 g Brunnenkresse · 60 g Chicoree · 250 g weiße Bohnen aus der Dose (Abtropfgewicht) · 1 Zitrone · 1–2 EL Pesto (Rezept S. 56) · 3 EL Olivenöl · Salz · Pfeffer

▬ Den Spargel im unteren Drittel schälen und die Enden abschneiden. Anschließend in ausreichend Salzwasser 5–10 Minuten bissfest garen und danach abgießen. Den Spargel in ca. 3 cm lange Stücke schneiden; einige Spitzen für die Dekoration auf die Seite legen.
▬ Die getrockneten Tomaten in einem kleinen Topf mit kochendem Wasser, versetzt mit einem Schuss Weißweinessig, ca. 5 Minuten kochen, dann abgießen und in kleine Würfel schneiden. Die Pinienkerne ohne Zugabe von Fett in einer beschichteten Pfanne unter Rühren rösten, dann auf einen Teller geben und auskühlen lassen.
▬ Brunnenkresse und Chicoree waschen, in einer Salatschleuder trocken schleudern und in mundgerechte Stücke schneiden. Die Bohnen in einem Sieb unter kaltem Wasser abspülen und abtropfen lassen.
▬ Die Zitrone auspressen. Den Saft mit Pesto und Olivenöl verrühren. Mit Salz und Pfeffer abschmecken. Alle Zutaten in eine Schüssel geben, mit dem Dressing vermischen und 15 Minuten ziehen lassen. Dann den Salat auf vier Tellern anrichten und mit den Spargelspitzen garnieren.

▶ **Kinderportion:**

3 gehäufte Esslöffel (Vorsicht bei noch wenig geübten Schluckern!)

▶ **Eltern-Extra:**

Dieser Salat schmeckt auch ohne Bohnen/dafür können Sie in Öl gebratene Garnelen ergänzen – sehr edel!

Griechischer Bauernsalat

Diesen Salat mögen alle

▶ **Für 4 Portionen**

1 Salatgurke · 2 gelbe Paprikaschoten · 500 g Tomaten
2 Frühlingszwiebeln · 120 g schwarze Oliven · 200 g Feta
½ Bund glatte Petersilie · 6 Zweige Thymian · 1 Knoblauchzehe · 4 EL Weißweinessig · 6 EL Olivenöl · Salz · schwarzer
Pfeffer

- Die Gurke waschen, schälen und längs halbieren. Gurke
  in ½ cm dicke Stücke schneiden. Die Paprika waschen,
  halbieren, Trennwände und Kerne herauslösen und das
  Fruchtfleisch würfeln. Die Tomaten waschen, halbieren,
  von Stielansätzen befreien und achteln.
- Die Frühlingszwiebeln waschen, Wurzeln und das verwelkte äußere Grün abtrennen und in hauchdünne Ringe
  schneiden. Oliven abtropfen lassen und Feta mit den Händen zerkümmeln. Petersilie waschen und trocken tupfen.
  Die Blättchen von den Stielen zupfen und fein hacken.
  Alle vorbereiteten Zutaten in einer großen Salatschüssel
  mischen.
- Für das Dressing den Thymian waschen und trocken tupfen. Die Blättchen von den Stielen streifen. Den Knoblauch
  abziehen und mit einem großen Küchenmesser sehr fein
  hacken. Essig, Öl, Thymian und Knoblauch verrühren. Mit
  Salz und Pfeffer abschmecken. Über die Salatmischung
  geben.

▶ **Kinderportion:**

4 gehäufte Esslöffel (Vorsicht bei den noch wenig geübten
Schluckern!)

▶ **Variationen:**

Dazu passt Fladenbrot. Oder vierteln Sie das Fladenbrot
und schneiden eine Tasche in die Faldenbrotviertel, in
die ein Teil des Salats gefüllt wird. Das ist der ultimative
griechische Vegi-Burger.

Taboulé

Dieser Salat erfrischt an heißen Sommertagen

▶ **Für 4 Portionen**

200 g Bulgur · 400 ml Gemüsebrühe · 1 Bund Frühlingszwiebeln · 1 Salatgurke · 750 g Tomaten · 2 Bund glatte Petersilie
½ Bund Minze · 1 Zitrone · 5 EL Olivenöl · Salz · schwarzer
Pfeffer

- Den Bulgur mit kochender Brühe übergießen und quellen
  lassen. Die Schüssel dabei abdecken. Die Frühlingszwiebeln waschen, Wurzeln und das verwelkte äußere Grün
  entfernen und in hauchdünne Ringe schneiden.
- Die Gurke waschen, schälen, längs halbieren, entkernen, in
  1 cm große Würfel schneiden. Die Tomaten waschen, halbieren, von Stielansätzen befreien und würfeln. Gemüse
  mit dem ausgekühlten Bulgur mischen und in eine Salatschüssel geben.
- Die Kräuter waschen und trocken tupfen, die Blättchen
  von den Stielen zupfen und grob hacken. Alles unter den
  Salat mengen. Die Zitrone quer halbieren und auspressen.
  Den Zitronensaft mit dem Öl verschlagen. Mit Salz und
  Pfeffer würzen und unter den Salat mischen. Taboulé etwa
  eine Stunde ziehen lassen.

▶ **Kinderportion:**

4 gehäufte Esslöffel

▶ **Eltern-Extra:**

Mit gebratenen Hähnchenbruststreifen lässt sich der Salat
erweitern. Dazu passt am besten Fladenbrot.

Gemüse

Das Angebot an frischem Gemüse ist heute nahezu unerschöpflich. Beim Einkauf von Gemüse sollte man auf Frische und regionale saisonale Ware achten, denn umso mehr Vitamine enthält das Gemüse und umso besser ist es im Geschmack. Damit Ihr Vorsatz, mehr Gemüse zu verzehren, nicht in der Umsetzung scheitert, finden Sie hier ein paar hilfreiche Tipps.

Einkauf

Auch wenn vieles ganzjährig angeboten wird, so ist einheimisches Gemüse, das gerade Saison hat, der Importware vorzuziehen. Nehmen Sie sich beim Einkaufen etwas Zeit und achten Sie darauf, dass das Gemüse frisch und knackig aussieht. Es sollte frei von Druckstellen und Schimmelstellen sein. Wer in Eile einkauft, ärgert sich später beim Auspacken oder Aufschneiden, insbesondere dann, wenn er nach Rezept genau eingekauft hat.

Auberginen

Sie gehören zur Familie der Nachtschattengewächse und enthalten Solanin. Roh dürfen Auberginen daher nicht gegessen werden. Frische Früchte erkennen Sie an einer prallen, festen Haut. Im Gemüsefach sind sie bis zu einer Woche haltbar.
Auberginen waschen Sie kurz und schneiden den Stielansatz ab. Früher war es üblich, die Auberginen nach dem Schneiden zu salzen, um ihnen die Bitterstoffe zu entziehen. Das ist heute überflüssig, denn in modernen Züchtungen sind die Bitterstoffe nicht mehr vorhanden. Gut zu wissen: Auberginen brauchen beim Anbraten sehr viel Fett! Bratzeit: ca. 5 – 10 Minuten.

Blumenkohl

Frischekriterien sind ein saftiger Strunk und knackige Blätter. Im Gemüsefach des Kühlschranks oder im kühlen, dunklen Keller lässt sich Blumenkohl bis zu drei Tage lagern. Vor dem Lagern sollte man die Blätter entfernen. Für die Zubereitung den Strunk dicht unter der Blume abschneiden. Den Kohl waschen und in Röschen teilen.
Blumenkohl wird in wenig Wasser gegart. Es reicht, den Topf 2 cm hoch mit Wasser zu füllen. Ein wenig Salz für den Geschmack und eine Viertelstunde Geduld – dann ist der Blumenkohl perfekt.

Brokkoli

Brokkoli hält sich in Folie verpackt zwei bis drei Tage im Gemüsefach. Den Brokkoli im Ganzen waschen. Strunk abschneiden, dünn mit dem Sparschäler schälen und in mundgerechte Stücke schneiden. Röschen teilen. Eventuell vorhandene Blätter entfernen. Die Blanchierzeit beträgt ca. 3 Minuten, bissfest gedämpft ist er in etwa 12 Minuten.

Fenchel

In feuchten Küchenkrepp eingeschlagen hält er sich ein paar Tage im Gemüsefach. Für die Zubereitung den Fenchel waschen, Stiele mit Blättchen wegschneiden, halbieren, Strunk entfernen und in Streifen schneiden. In wenig Salzwasser ca. 3 Minuten blanchieren oder ca. 10 Minuten dünsten.

Frühlingszwiebeln

Beim Einkauf sollte das Grün unbeschädigt sein und die Blätter knackig und fest. Im Gemüsefach bleiben sie bis zu vier Tage frisch. Frühlingszwiebeln waschen, Wurzelende und welkes Grün abschneiden und in Ringe oder mundgerechte Streifen schneiden.

Gurken

Prall und wenig elastisch – so muss eine frische Gurke sein. Im Gemüsefach halten sich Gurken etwa fünf Tage. Gurken waschen, Enden abschneiden und mit einem Sparschäler schälen. Als Schmorgemüse längs halbieren und mit einem Löffel die Kerne heraushöhlen. In fingerdicke Scheiben schneiden und 7 Minuten dünsten.

Knollensellerie

Knollensellerie lässt sich gut lagern, bis zu zwei Wochen bleibt er im Gemüsefach des Kühlschranks frisch. Sellerie waschen, mit einem kleinen Küchenmesser schälen, dann würfeln. Blanchiert ist er in 6 Minuten, gedünstet in 20 Minuten.

Kohlrabi

Sind die Blätter saftig und knackig, dann ist die Knolle noch frisch. Die Blätter entfernen, dann kann Kohlrabi drei Tage im Gemüsefach des Kühlschranks lagern. Für die Zubereitung den Kohlrabi waschen und schälen, dann würfeln. Zum Blanchieren benötigt er ca. 5 Minuten und zum Dünsten ca. 12 Minuten.

Kürbis

Ein gesunder Kürbis hat eine feste und glatte Schale und er ist frei von Druckstellen und Rissen. Im Ganzen lässt sich der Kürbis im dunklen und kühlen Keller mehrere Wochen lagern. Aufgeschnitten lagert er am besten im Gemüsefach des Kühlschranks und sollte dann innerhalb der nächsten drei Tage verbraucht werden. In Stücke teilen, schälen (beim Hokkaido kann die Schale mitgegessen werden), entkernen und klein schneiden und ca. 15 Minuten dünsten. Wer den leicht mehligen Geschmack von Kürbis nicht mag, sollte den Butternut-Kübis unbedingt mal probieren.

Lauch oder Porree

Unbeschädigte, feste Blätter sind das Kennzeichen für eine frische Lauchstange. Im Kühlschrank oder Keller lässt sie sich nahezu eine Woche frisch halten. Vor der Zubereitung die harten Außenblätter entfernen. Wurzelende und das obere Drittel des Grüns wegschneiden. Stangen gründlich waschen, dazu den oberen Teil halbieren. In Ringe oder Streifen schneiden. In 2 Minuten blanchieren und in 10 Minuten dünsten.

Möhren

Wer Bundmöhren kauft, darf nicht vergessen, das Grün vor dem Lagern zu entfernen, sonst sind die Möhren schon nach zwei Tagen weich. Auch ohne Grün lassen sich Bundmöhren nicht länger als eine Woche lagern. Herbst- und Wintermöhren ohne Grün halten es durchaus länger im Gemüsefach aus.

▲ Ein ganzer Korb voll knackigem Gemüse – da heißt es zugreifen!

Die Möhren waschen, Wurzelende und Grünansatz abschneiden, Möhren mit einem Sparschäler schälen und in Scheiben schneiden oder würfeln. Blanchiert sind sie in ca. 5 Minuten, gedünstet in 15–20 Minuten.

Paprika

Eine glänzende und glatte Haut ist das Merkmal für Frische bei der Paprika. Im Gemüsefach des Kühlschranks lässt sie sich bis zu fünf Tage frisch halten. Die Schote waschen, halbieren, Stielansatz, weiße Scheidewände und Kerne entfernen. In Streifen oder mundgerechte Stücke schneiden. In 8 Minuten dünsten.

Pilze

Pilze sollten nicht länger als zwei Tage, in Küchenkrepp eingeschlagen, im Gemüsefach des Kühlschranks lagern. Sie saugen wie Schwämme das Wasser auf und sollten daher nicht gewaschen werden. Den Schmutz an den Pilzen mit Küchenpapier abreiben, die Pilze halbieren, vierteln oder in Scheiben schneiden. In wenig Öl ca. 5 Minuten anbraten.

Spargel

Die Schnittstelle verrät, wie frisch der Spargel ist. In einem feuchten Tuch eingewickelt, lässt sich Spargel zwei Tage im Gemüsefach lagern. Weißen Spargel waschen und dünn mit dem Sparschäler schälen, das untere angetrocknete Ende ein wenig wegschneiden, in viel Wasser etwa 18–20 Minuten garen. Bei grünem Spargel nur das untere Drittel schälen und das untere angetrocknete Ende wegschneiden, dann in viel Wasser in 15 Minuten garen.

Spinat

Frühlingsspinat mit seinen zarten Blättern sollte man gar nicht lagern, Winterspinat mit seinen robusteren Blättern hält es im Gefrierbeutel verpackt etwa zwei Tage im Gemüsefach des Kühlschranks aus. Den Spinat gründlich im Waschbecken waschen, welke Blätter entfernen, bei großen Blättern die harten Stiele herausschneiden. Blätter klein hacken. In 2 Minuten blanchieren und 5 Minuten dünsten.

Stangenbohnen

Frische Bohnen sind frei von braunen Stellen und haben ein knackiges Aussehen. Im Gemüsefach des Kühlschranks lassen sie sich drei Tage lagern. Ungekocht sind grüne Bohnen ungenießbar, sie enthalten den Giftstoff Phasin, der durchs Kochen zerstört wird. Bohnen in stehendem Wasser gründlich waschen. Beide Enden abschneiden. Je nach Verwendung und Bohne in mundgerechte Stücke schneiden. In wenig Salzwasser ca. 5 Minuten blanchieren oder 10–15 Minuten dünsten.

Tomaten

Tomaten verlieren im Kühlschrank ihr Aroma, legen Sie die roten Früchte daher nach dem Einkauf auf einen Teller an einen kühlen und dunklen Ort. Zum Nachreifen auch gerne in die Sonne. Waschen, halbieren, Stielansatz entfernen und klein würfeln oder in Scheiben schneiden. In ca. 5 Minuten dünsten.

Wirsing

Knackige, abstehende Außenblätter versprechen einen frischen Wirsing. Im Gemüsefach lässt er sich nicht länger als fünf Tage lagern. Harte Außenblätter und dicke Blattrippen entfernen. Kohl vierteln, waschen und in Streifen schneiden. Ca. 3 Minuten blanchieren oder 10–12 Minuten dünsten.

Weißkohl/Rotkohl

Frischer Kohl hat einen festen, geschlossenen Kopf und glatte, glänzende Blätter. Im Keller lässt er sich lange lagern, doch im Gemüsefach des Kühlschranks sollte er nicht länger als eine Woche frisch gehalten werden. Außenblätter, Strunk und dicke Blattrippen entfernen, Kohlkopf vierteln, waschen und in feine Streifen schneiden. In 15 Minuten dünsten.

Zucchini

Die Schale glänzt und ist frei von Druckstellen, so lassen sich Zucchini problemlos fünf Tage im Gemüsefach lagern. Da das Aroma direkt unter der Schale liegt, ist Schälen unsinnig. Waschen, Enden entfernen und würfeln oder in Scheiben schneiden. In ca. 5 Minuten dünsten.

Küchenlatein

Blanchieren bedeutet: Das Gemüse wird nur angekocht, ist aber noch nicht gar. So kann es eingefroren werden oder mit anderen Zutaten im Gericht weitergekocht werden.

Beim Dämpfen wird das Gemüse in etwas Wasser bzw. im Wasserdampf gegart. Danach ist es bissfest und verzehrsfertig.

Beim Dünsten ist immer etwas Fett im Spiel. In Butter oder Öl wird das Gemüse angedünstet, danach kommt etwas Flüssigkeit dazu und das Gemüse wird weiter gegart, bis es gar und bissfest ist.

Spinat »asiatisch«

Mal ohne Blubb

▶ Für 2 – 3 Portionen

500 g Spinat · 1 Knoblauchzehe
1 Stück Ingwer (2 cm) · 1 EL Olivenöl
etwas Salz · schwarzer Pfeffer · etwas
gemahlener Kreuzkümmel

- Den Spinat gründlich waschen,
putzen und die Stiele von großen
Blättern entfernen. Den Spinat grob
hacken. Den Knoblauch und den
Ingwer schälen und fein hacken.
- Das Öl in einem Topf erhitzen. Den
gehackten Spinat, Ingwer und
Knoblauch hineingeben. Den Topf
verschließen und das Gemüse etwa
5 Minuten dünsten.
- Den Spinat mit Salz, Pfeffer und
Kreuzkümmel würzen.

▶ Kinderportion:
3 gehäufte Esslöffel

TiPP

Diese Beilage passt gut zu kurz ge-
bratenem Fleisch oder Fisch. Oder
450 g Kichererbsen (aus der Dose)
und 200 g gewürfelten Feta unter
den Spinat geben und darin erwärmen. Fertig ist ein sättigendes
vegetarisches Hauptgericht.

Möhren-Kohlrabi-Gemüse

So schmeckt Kohlrabi auch ohne
helle Soße

▶ Für 3 Portionen

250 g Möhren · 1 Kohlrabi · 1 EL Olivenöl · 100 ml Gemüsebrühe · 4 EL
frische Gartenkräuter (z. B. Petersilie,
Schnittlauch, Basilikum, Kerbel)
etwas Salz · schwarzer Pfeffer

- Die Möhren und den Kohlrabi putzen, schälen und in mundgerechte
Stücke schneiden. Das Öl in einem
Topf erhitzen.
- Das Gemüse unter ständigem Wenden darin kurz anbraten. Die Gemüsebrühe angießen und das Ganze etwa 15 Minuten bei geschlossenem Deckel dünsten.
- Zum Schluss die Kräuter untermischen und das Gemüse mit Salz und
Pfeffer würzen.

▶ Kinderportion:
4 gehäufte Esslöffel

TiPP

Passt gut zum Sonntagsbraten mit
viel Soße und Salzkartoffeln. Mit
Resten von diesem Gemüse lässt
sich schnell eine Grünkernsuppe
kochen. Zwei Esslöffel Grünkernschrot in 1 Esslöffel Olivenöl andünsten. Mit 500 ml Gemüsebrühe
ablöschen, 10 Minuten köcheln
lassen. Gemüsereste zufügen,
pürieren und mit Salz, Pfeffer und
frischen Kräutern abschmecken.

Indischer Blumenkohl

Überzeugt auch viele
Blumenkohlmuffel

▶ 4 Portionen

1 Blumenkohl · 2 Tomaten · 1 EL
Rapsöl · 1 EL Curry · etwas Salz
etwas Kreuzkümmel · schwarzer
Pfeffer

- Den Blumenkohl waschen, putzen
und in Röschen zerteilen. Diese in
leicht gesalzenem Wasser etwa
15 Minuten garen. Das Kochwasser
abgießen und die Blumenkohlröschen abschrecken.
- Inzwischen die Tomaten waschen,
vierteln, Stielansätze entfernen und
grob würfeln. Das Öl in einer beschichteten Pfanne erhitzen, den
Blumenkohl zusammen mit dem
Curry hinein geben und unter
Wenden anbraten. Die Tomaten-
würfel hinzugeben und das Ganze
5 Minuten braten. Mit Salz, Kreuzkümmel, Pfeffer und Curry würzen.

▶ Kinderportion:
3 gehäufte Esslöffel

▶ Variation:
Sie können auch anstelle des
Blumenkohls auch eine Gemüsemischung aus Blumenkohl, Brokkoli
und Möhren verwenden.

Ratatouille

Urlaubsgrüße aus dem sonnigen Südfrankreich

▶ **Für 3 Portionen**

1 Aubergine
1 Zucchini
1 Paprikaschote
1 EL Olivenöl
1 kleine Dose Tomaten
1 EL Kräuter der Provence
etwas Salz
schwarzer Pfeffer

- Aubergine und Zucchini putzen, waschen, längs halbieren und in Scheiben schneiden. Die Paprika waschen, putzen und in mundgerechte Würfel schneiden.
- Das Olivenöl in einem Topf erhitzen und das geschnittene Gemüse darin andünsten. Die Tomaten zerkleinern, zusammen mit dem Saft dazugeben. Die Kräuter hinzufügen und das Ganze etwa 10 Minuten einkochen lassen. Zum Schluss mit Salz und Pfeffer würzen.

▶ **Kinderportion:**
5 gehäufte Esslöffel

Tipp

Diese Beilage verträgt sich weniger mit Kartoffeln, aber dafür mit Reis und Nudeln umso besser. Kurzgebratenes Lamm- oder Rindfleisch passen sehr gut!

Ofengemüse mit Kartoffeln

Diese Kombination ist so unschlagbar gut wie einfach

▶ **Für 4 Portionen**

800 g Kartoffeln · 200 g Champignons · 2–3 rote Gemüsepaprika 1 Bund Frühlingszwiebeln · 4 EL Olivenöl · Salz · Pfeffer · 1–2 EL getrockneter Thymian

— Den Backofen auf 180 °C vorheizen. Die Kartoffeln waschen, schälen und in 2 bis 3 cm große Würfel schneiden. Die Champignons mit einem Küchenkrepp abreiben und vierteln. Gemüsepaprika und Frühlingszwiebeln waschen, putzen und in mundgerechte Stücke schneiden.

— Alles auf ein Blech geben, mit dem Öl begießen und mit Salz, Pfeffer und Thymian würzen. Gut durchmischen und gleichmäßig auf dem Blech verteilen. Die Ofenkartoffeln auf mittlerer Schiene etwa 40 Minuten garen. Nach der Hälfte der Garzeit einmal wenden.

▶ **Kinderportion:**

5 gehäufte Esslöffel Ofenkartoffeln

Tipp

Wer unbedingt Fleisch möchte, brät dazu ein Steak, ein Kalbsschnitzel oder ein Stück Putenbrust. Die Ofenkartoffeln sind aber auch so eine komplette Mahlzeit!

Sommerliches Ofengemüse

Lässt sich gut vorbereiten

▶ **Für 4 Portionen**

1–2 Zucchini · je 1 rote und 1 gelbe Paprikaschote · 4 Möhren · Jodsalz Pfeffer · 3 EL Olivenöl · ½ Bund Petersilie

— Den Backofen auf 180 °C vorheizen. Zucchini, Paprika und Möhren waschen, putzen und in mundgerechte Stücke schneiden.

— Gemüse auf ein Blech geben, mit dem Öl begießen und mit Salz und Pfeffer würzen. Alles gut durchmischen und gleichmäßig verteilen. Das Ofengemüse auf mittlerer Schiene etwa 30 Minuten garen. Nach der Hälfte der Garzeit einmal wenden.

— Die Petersilie waschen, trocken tupfen und die Blättchen von den Stielen zupfen und fein hacken. Die Petersilie über das fertige Gemüse geben.

▶ **Kinderportion:**

3 gehäufte Esslöffel Ofenkartoffeln

▶ **Variationen:**

Im Herbst kann man das Ofengemüse mit Kürbis und Pilzen zubereiten. Auch mit Süßkartoffeln oder Steckrüben schmeckt der Auflauf wunderbar.

Kürbisauflauf

So verwöhnt uns der Herbst

▶ **Für 4 Portionen**

1 kg Butterkürbis · 2 EL Olivenöl 150 g Emmentaler · Jodsalz · schwarzer Pfeffer · geriebene Muskatnuss 2 Eier · 125 g süße Sahne

— Den Kürbis schälen, Kerne entfernen und grob raspeln. Das Öl in einer beschichteten Pfanne erhitzen und die Kürbisraspeln darin 2 bis 3 Minuten anbraten. Den Backofen auf 200 °C vorheizen.

— Den Käse reiben. Kürbisraspeln und Käse in eine Auflaufform schichten. Jede Schicht mit Salz, Pfeffer und Muskat würzen. Die Eier mit der Sahne verquirlen und über die Kürbis- und Käseraspeln gießen. Das Ganze für 20 Minuten backen.

▶ **Kinderportion:**

4 gehäufte Esslöffel Auflauf

▶ **Variation:**

Als Sommergericht können Sie anstelle von Kürbis auch Zucchini verwenden.

Gebackenes Blumenkohlschnitzel
Mittlerweile ein Klassiker in der Gemüseküche

▶ **Für 4 Portionen**
1 kleiner Kopf Blumenkohl (ca. 1 kg) · Salz · 80 g Paniermehl
evtl. ¼ TL Kümmelsamen · 2 Eier · 2–3 EL Milch · 2–3 EL
Mehl · 6 EL Rapsöl

▬ Vom Blumenkohl die grünen Blätter und die Stiele entfernen. Den Kopf im Ganzen mit kaltem Wasser überbrausen. In einem großen Topf etwas Salzwasser erhitzen und den Blumenkohl darin bei geschlossenem Deckel etwa 20 Minuten vorgaren.

▬ Den Blumenkohl auf einem Sieb abtropfen und abkühlen lassen, danach in etwa 1 cm breite Scheiben schneiden. Paniermehl auf einen flachen Teller geben. Eventuell den Kümmel untermischen. Eier mit Milch in einem tiefen Teller verquirlen. Mehl auf einen flachen Teller geben. Die Blumenkohlscheiben in dem Mehl wenden, dann durch die Eimasse ziehen und zum Schluss im Paniermehl wenden.

▬ Das Öl in einer großen Pfanne erhitzen und die Blumenkohlschnitzel von beiden Seiten jeweils ca. 1 Minute goldgelb braten. Bereits fertig gebratene Schnitzel im Ofen bei 50 °C warm halten.

▶ **Kinderportion:**
1-mal die Handfläche

▶ **Variation:**
Anstelle von Blumenkohl können Sie auch Kohlrabi oder Sellerieknolle nehmen. Die Zubereitung ist identisch, nur mit dem Unterschied, dass Sie die Knollen schon vor dem Garen in Scheiben schneiden. Bereits nach 10 Minuten Kochzeit haben sie den perfekten Biss.

Sommerlicher Gemüseauflauf
Ruckzuck – wenn Kartoffeln vom Vortag verwendet werden

▶ **Für 4 Portionen**
700 g Kartoffeln (vorwiegend festkochend) · Salz · 2 Zucchini
200 g Champignons · 2 Zwiebeln · 3 EL Rapsöl · 100 g
Kirschtomaten · 4 Eier · 250 ml Milch · Pfeffer · 1 TL Paprikapulver edelsüß · 50 g Gouda · Petersilie zum Bestreuen

▬ Die Kartoffeln gründlich waschen und in Salzwasser 20 bis 25 Minuten kochen. Abgießen und etwas abkühlen lassen.

▬ Währenddessen die Zucchini waschen, putzen und in Scheiben schneiden. Champignons putzen und halbieren. Zwiebeln pellen und in Ringe schneiden.

▬ 1 Esslöffel Rapsöl in einer Pfanne erhitzen. Zwiebeln darin anbraten und aus der Pfanne nehmen. 1 Esslöffel Rapsöl in die Pfanne geben, erhitzen, die Zucchini darin kurz anbraten und ebenfalls aus der Pfanne nehmen. Restliches Rapsöl in der Pfanne erhitzen und die Champignons darin 1 bis 2 Minuten scharf anbraten.

▬ Kirschtomaten abspülen. Die Eier mit Milch verquirlen und mit Salz, Pfeffer und Paprikapulver würzen.

▬ Kartoffeln pellen und in Scheiben schneiden. Eine Auflaufform mit Rapsöl einfetten. Kartoffeln, Zwiebeln, Zucchini, Champignons und Kirschtomaten darin schichten. Die Eiermilch darüber gießen. Gouda darüber reiben. Im vorgeheizten Backofen bei 200 °C etwa 40 Minuten backen. Mit Petersilie bestreut servieren.

▶ **Kinderportion:**
4 gehäufte Esslöffel Auflauf

▶ **Variation:**
Anstelle der Kartoffeln können Sie auch 200 g Hirse nach Packungsanleitung garen und mit dem Gemüse und der Eiermilch als Auflauf backen.

Ofengemüse »italienisch«

So wird auch Ihre Familie ein Fan von Fenchel

- Den Backofen auf 180 °C vorheizen. Den Fenchel putzen, waschen, Strunk entfernen und in mundgerechte Streifen schneiden. Die Zwiebeln abziehen und in Spalten schneiden. Die Tomaten waschen, trocken reiben und halbieren.
- Gemüse auf ein Blech geben, mit dem Öl begießen und mit Salz und Pfeffer würzen. Das Ganze gut durchmischen und gleichmäßig auf dem Blech verteilen. Das Ofengemüse auf mittlerer Schiene etwa 30 Minuten garen. Nach der Hälfte der Garzeit einmal wenden.

▶ **Kinderportion:**

3 gehäufte Esslöffel Ofengemüse

▶ **Variation:**

Gratinieren Sie das Gemüse mit Mozzarella: Mozzarella in Scheiben schneiden, das Gemüse kurz vor Ende der Garzeit auf dem Blech zusammenschieben, Mozzarella darauf verteilen und kurz überbacken.

▶ Für 4 Portionen
2 Fenchelknollen
4 kleine Zwiebeln
250 g Cocktailtomaten
Jodsalz
Pfeffer
3 EL Olivenöl

SO WIRD'S GEMACHT

Fenchel zubereiten

Entfernen Sie die Stiele ❶ und halbieren Sie die Knolle ❷. Schneiden Sie den Keil unten heraus ❸. Hacken Sie die Blätter in Stücke und kochen Sie sie ❹.

Tipp: Fenchel kennen viele nur als Rohkost. Gekocht hat er einen angenehm milden Geschmack. Viele mögen seinen Geruch nicht; doch gekocht hat er die meisten überzeugt.

Maisauflauf mit Fenchel und Tomaten

Gemüse unterm Brei versteckt

▶ **Für 4 Portionen**

400 ml Milch · 400 ml Gemüsebrühe · 150 g Maisgrieß
2 Fenchelknollen · 4 Tomaten · 2 EL Rapsöl · 100 g frisch
geriebener Parmesan · Jodsalz · Pfeffer · 2 Eiweiß
100 g geschlagene Sahne

- Die Milch zusammen mit der Gemüsebrühe zum Kochen
  bringen. Den Maisgrieß einstreuen und bei niedriger
  Temperatur mit geschlossenem Deckel etwa 30 Minuten
  quellen lassen, dabei regelmäßig umrühren.
- Inzwischen den Fenchel waschen, putzen und in Spalten
  schneiden (siehe S. 71). Ihn in etwas leicht gesalzenem
  Wasser etwa 5 Minuten dünsten.
- Die Tomaten waschen, halbieren, von den Stielansätzen
  befreien und in Spalten schneiden.
- Den Backofen auf 200 °C vorheizen. In die fertig gequollene, heiße Maismasse das Rapsöl und den Parmesan ein-
  rühren. Mit Salz und Pfeffer kräftig würzen. Die Eiweiße
  steif schlagen und unter die abgekühlte Maismasse heben.
- Eine Auflaufform einfetten, Maismasse, Fenchel und
  Tomaten einschichten. Mit Maismasse abschließen. Die
  geschlagene Sahne auf den Auflauf streichen und das
  Ganze etwa 30 Minuten auf mittlerer Schiene backen.

▶ **Kinderportion:**

4 gehäufte Esslöffel Auflauf

Tipp

**Wenn es schnell gehen muss, können Sie auch eine tief-
gekühlte Gemüsemischung nehmen – etwa 500 g Gemüsemischung, z. B. Möhre, Blumenkohl und Brokkoli
oder auch Erbsen mit Möhren.**

Hirse-Möhren-Auflauf

Ritter aßen nicht nur Fleisch, sondern auch Hirse

▶ **Für 4 Personen**

150 g Hirse · 2 EL Rapsöl · 400 ml Gemüsebrühe · 2 Zwiebeln
300 g Möhren · 300 g Brokkoli · ½ Bund Petersilie · Salz
schwarzer Pfeffer · etwas Muskat · 250 g Quark · 4 Eier
20 g Butter · 50 g Parmesan

- Die Hirse abspülen, abtropfen lassen und in 1 Esslöffel Öl
  andünsten. Die Gemüsebrühe angießen. Aufkochen und
  im geschlossenen Topf bei geringer Hitze etwa 10 Minuten
  garen. Dann etwa 20 Minuten ohne Hitzezufuhr ausquellen lassen.
- Den Backofen auf 200 °C vorheizen. Die Zwiebeln abziehen
  und fein würfeln. Die Möhren waschen, putzen, schälen
  und grob raspeln. Den Brokkoli putzen. Die Röschen waschen und die Stiele schälen. Die Röschen in kleinere Seg-
  mente zerteilen und die Stiele in feine Würfel schneiden.
- Die Petersilie waschen und trocken tupfen. Die Blättchen
  von den Stielen zupfen und fein hacken. Das restliche Öl in
  einer beschichteten Pfanne erhitzen, die Zwiebeln darin
  glasig dünsten. Das Gemüse hinzufügen und andünsten.
  Mit Salz, Pfeffer und Muskat würzen.
- Die gequollene Hirse mit Quark und Eiern verrühren. Die
  Hälfte der Petersilie untermengen und mit Salz, Pfeffer
  und Muskat abschmecken.
- Eine flache Auflaufform mit etwas Butter einfetten. Die
  Hirsemasse und das zerkleinerte Gemüse abwechselnd
  einschichten. Die letzte Schicht mit Parmesan bestreuen
  und die übrige Butter in Flöckchen auf dem Auflauf ver-
  teilen. Den Auflauf etwa 20 Minuten auf der mittleren
  Schiene backen. Vor dem Servieren mit der restlichen
  Petersilie bestreuen.

▶ **Kinderportion:**

4 gehäufte Esslöffel Auflauf

Suppen und Eintöpfe

Ob als Vorspeise, als kleiner Imbiss zwischendurch oder als sättigendes Hauptgericht, sie sind beliebt bei Jung und Alt. Deftig oder leicht, klar oder gebunden – Suppen und Eintöpfe gehören auf den Familientisch. Denn sie sind schnell zubereitet und die Zutaten lassen sich prima variieren, sodass die ganze Familie unter Berücksichtigung aller Wünsche gemeinsam »aus einem Topf« essen kann.

Grundrezepte für Brühe

Eine selbst gemachte Brühe lässt sich leicht zubereiten. Was Sie mitbringen müssen, ist ein wenig Zeit. Für Ungeduldige kann der Schnellkochtopf eine Alternative sein. Mit ihm lässt sich die Suppe auch in 30 Minuten zubreiten. Als Basis für eine kräftige Fleischbrühe braucht man Knochen. Wichtig ist, dass Sie die Zutaten kalt aufsetzen und gleich genug Gewürze und Salz hinzugeben, damit die Suppe Aroma bekommt.

Fleischbrühe (Fond)
► **Für ca. 2 l**

2 Zwiebeln · 1 große Möhre · 1 Petersilienwurzel · 150 g Knollensellerie (oder 2 Stangen Staudensellerie) 1 Zweig Thymian · 1 dicke Stange Lauch · 1,5 kg Rinderknochen (in Stücke gehackt) · 2 EL Butter 2 Lorbeerblätter · 1 EL Jodsalz 5 schwarze Pfefferkörner

- Die Zwiebel, die Möhre, den Sellerie und die Petersilienwurzel schälen und in etwa 2 cm große Stücke schneiden. Den Lauch putzen, waschen und ebenfalls in kleine Stücke schneiden. Den Thymian waschen und trocken schütteln.
- Die Knochen waschen. Die Butter in einem großen Topf schmelzen lassen, die Knochen und das Gemüse darin anschwitzen, sodass es etwas Farbe annimmt.
- Dann etwa 3 l kaltes Wasser dazugeben und das Ganze zum Kochen bringen. Den Thymianzweig, die Gewürze und das Salz hinzufügen.
- Die Brühe zugedeckt etwa 2 Stunden bei geringer Hitze kochen lassen und den entstehenden Schaum abschöpfen.
- Zum Schluss den Fond durch ein Sieb gießen und weiterverwenden.

Hühnerbrühe

Für eine Hühnerbrühe wird anstelle von Rinderknochen ein Suppenhuhn mit kaltem Wasser und dem oben angegebenen Suppengemüse 2 Stunden geköchelt. Die Haut und das Hühnchenfleisch lassen sich danach einfach vom Knochen lösen. Das Fleisch kann klein geschnitten in die Suppe gegeben werden. So entsteht die ideale Wintersuppe für kalte Tage und bei aufkommender Erkältung.

Gemüsebrühe
► **Für ca. 2 l**

1 Petersilienwurzel · 2 Zwiebeln 3 große Möhren · 2 Stangen Staudensellerie (oder 150 g Knollensellerie) · 1 Stange Lauch · 1 Fleischtomate · 4 Champignons · 1 Zweig Thymian · 2 EL Butter · 2 Lorbeerblätter 5 schwarze Pfefferkörner · 1 EL Salz

- Die Petersilienwurzel, die Zwiebeln und die Möhren schälen und in etwa 2 cm große Stücke schneiden. Den Sellerie und Lauch waschen und in 1 cm große Stücke schneiden.
- Die Tomate waschen, den Stielansatz entfernen. Die Champignons mit einem Küchenkrepp abreiben und fein würfeln. Den Thymian waschen und trocken schütteln.
- Die Butter in einem großen Topf schmelzen lassen, das Gemüse darin andünsten und alles mit etwa 2,5 l kaltem Wasser ablöschen.
- Den Thymian und die anderen Gewürze sowie das Salz hinzugeben und das Ganze bei geringer Hitze zugedeckt etwa 1 Stunde leise köcheln lassen.
- Die Suppe etwas abkühlen lassen und dann durch ein Haarsieb gießen.

Suppeneinlagen
Nudeln

Kinder sind sich da einig, auch wenn sie noch gar nicht lesen können: Buchstabennudeln sind das Beste. Aber auch andere Nudeln wie Sternchen oder Hörnchen finden Anklang. Maultauschen und Spätzle haben ebenfalls einen immer größeren Verbreitungsgrad. Werden die Nudeln nur warm gemacht, ist die Brühe dafür bestens geeignet. Werden die Nudeln gekocht, dann sollte dies separat in leicht gesalzenem Wasser geschehen – so bleibt die Brühe klar.

Gemüsestreifen (Julienne)

Eine gesunde Suppeneinlage ist streichholzdünn geschnittenes Gemüse. Möhre, Sellerie, Kohlrabi und Zucchini eignen sich dafür. Für die Streifen wird das Gemüse zuerst gewaschen und geputzt, dann in feine Scheiben geschnitten und anschließend zu feinen Streifen geschnitten. Ein großes Gemüsemesser erleichtert das Schneiden. Die streichholzdünn geschnittenen Gemüsestreifen können direkt in der Suppe gegart werden und sind meist schon nach einer Minute gar.

Alternativ: Gemüsefigürchen

Mit Miniplätzchenausstechern kann man ebenfalls dünne Gemüsescheiben, insbesondere aus dicken Möhren oder Kohlrabi, ausstechen und dann 3 Minuten in der Suppe garen. Das finden Kinder natürlich viel interessanter als langweilige Streifen.

Flädle

Pfannkuchen nach Grundrezept auf Seite 86 zubereiten und in Streifen geschnitten in der Suppe erwärmen. Besonders praktisch, wenn noch Pfannkuchen als Rest vom Vortag übrig sind.

Zwiebackklößchen
▶ Für 24 Stück

40 g Semmelbrösel · 1 EL Butter
1 frisches Ei · Salz · schwarzer Pfeffer

Die Semmelbrösel in eine Schüssel geben. Butter und Ei dazugeben und aus den Zutaten einen Teig kneten. Eventuell noch 1 Esslöffel Wasser hinzufügen. Mit Salz und Pfeffer abschmecken. Aus der Masse etwa 24 kirschgroße Klößchen formen. Diese in leicht siedendem Salzwasser gar ziehen.

Eierstich
▶ Für 4 Portionen?

2 frische Eier · 4 EL süße Sahne · Salz schwarzer Pfeffer · 1 Msp. Muskat

Eier mit Sahne, Salz, Pfeffer und Muskat verquirlen. In einen Gefrierbeutel geben und diesen in heißem, aber nicht kochendem Wasser stocken lassen. Den Eierstich in Würfel schneiden. Alternativ: In eine kleine Form geben und im Mikrowellengerät bei 600 Watt etwa 4 Minuten garen.

Grundrezept für gebundene Gemüsesuppe
▶ Für 4 Portionen

500 g Gemüse (z. B. Möhren, Blumenkohl, Brokkoli, Fenchel, Paprika, Lauch) · 2 Kartoffeln · 1 Zwiebel · 1 EL Rapsöl · 1 l Gemüsebrühe · 100 g Crème fraîche · Jodsalz · Pfeffer · Muskat · frische fein gehackte Kräuter (z. B. Petersilie, Schnittlauch, Estragon, Majoran)

- Das Gemüse waschen und putzen. Die Kartoffeln waschen und schälen. Alles in Stücke schneiden. Die Zwiebel abziehen und fein hacken.
- Rapsöl in einem Topf erhitzen, Zwiebel darin glasig dünsten, Gemüse und Kartoffeln hinzufügen und mitdünsten. Die Brühe aufgießen und alles einmal aufkochen lassen.
- Die Temperatur reduzieren, das Gemüse etwa 20 Minuten kochen und anschließend pürieren. Crème fraîche unterziehen und mit Salz, Pfeffer und Muskat sowie frischen, fein gehackten Kräutern würzen.

Was ist zu tun, wenn …

… die Suppe oder der Eintopf zu dünn ist?

- Gebundene Suppen, wie Creme- oder Sahnesuppen können Sie mit Eigelb und Sahne legieren. Dazu wird ein Eigelb mit etwa 4 Esslöffeln Sahne verquirlt. Unter dieses rührt man dann ein paar Esslöffel warme Suppe. Dann gibt man die Mischung unter Rühren in die heiße, aber nicht mehr kochende Suppe.
- Ein wenig Grieß in die Suppe oder den Eintopf rühren und unter Rühren ausquellen lassen.
- 1 bis 2 Esslöffel Kartoffelflocken (für Fertig-Kartoffelpüree) in die heiße Suppe oder den Eintopf rühren oder eine geschälte Kartoffel in die heiße Suppe oder den Eintopf reiben.
- Etwa 2 Esslöffel Mehl mit 2 Esslöffeln Butter verkneten und damit eine gebundene Suppe andicken. Dann muss die Suppe nochmals kochen, damit sich der Mehlgeschmack verliert.

- 2 Esslöffel Speisestärke mit etwas kaltem Wasser anrühren und in die Suppe einrühren und einmal aufkochen lassen.

... die Suppe bzw. der Eintopf zu dick ist?

- Mit einer selbst gemachten Brühe aus frischen Zutaten oder etwas Instantbrühe verdünnen. Dann mit den im Rezept verwendeten Gewürzen nochmals abschmecken.

Aufbewahren und Erwärmen

Eintöpfe und Suppen lassen sich gut aufbewahren, denn einmal aufgewärmt verlieren sie kaum an Geschmack und Konsistenz. Manch einer behauptet sogar, die Suppe bzw. der Eintopf vom Vortag schmecke erst richtig lecker. Reste von Suppen und Eintöpfen sollten auskühlen und dann im Kühlschrank gelagert werden. In einem gut

verschlossenen Behältnis können sie dort 1 bis 2 Tage aufbewahrt werden. Suppen und Eintöpfe lassen sich auch prima einfrieren. Sinnvoll kann es sein, Suppen und Eintöpfe in 1 oder 2 Portionsgrößen einzufrieren, so lässt sich das Ganze individuell nach Anzahl der Familienmitglieder am Tisch oder auch nach Vorlieben wieder erwärmen.

▼ Suppen gehören auf den Familientisch!

Petersilien-Kartoffel-Suppe

Diese Suppe kocht bestimmt auch die kleine Hexe

▶ **Für 4 Portionen**

500 g Petersilienwurzel · 400 g Kartoffeln · 2 Knoblauchzehen · 2 EL Rapsöl · 100 ml Apfelsaft · 1 l Gemüsebrühe · 50 g fein gehackte Petersilie · 100 g saure Sahne · Salz · Pfeffer

- Die Petersilienwurzeln und Kartoffeln waschen, schälen und in 2 cm große Würfel schneiden. Den Knoblauch abziehen und fein hacken.
- Das Rapsöl in einem Topf erhitzen und die Gemüsewürfel hinzugeben und andünsten. Den Knoblauch kurz mitbraten und dann mit Apfelsaft und Brühe ablöschen. Das Ganze 15 Minuten köcheln lassen. Anschließend pürieren. In die nicht mehr kochende Suppe saure Sahne und Petersilie einrühren und mit Salz und Pfeffer abschmecken.

▶ **Kinderportion:**

1 Kaffeetasse voll Suppe

▶ **Eltern-Extra:**

Toasten Sie dazu Vollkorntoastbrot, schneiden Sie dieses in Würfel und geben es auf die Suppe.

Möhren-Blumenkohl-Suppe

Schmeckt immer

▶ **Für 4 Portionen**

1 Zwiebel · 300 g Möhren · 1 kleiner Kopf Blumenkohl · 1 EL Rapsöl 800 ml Gemüsebrühe · 100 g Doppelrahmfrischkäse · Jodsalz · Pfeffer Muskat

- Die Zwiebel schälen und fein hacken. Die Möhren waschen, putzen und fein würfeln. Den Blumenkohl putzen, waschen und in kleine Röschen zerteilen.
- In einem Topf das Öl erhitzen, die Zwiebel darin glasig dünsten. Blumenkohl und Möhren hinzufügen und kurz mitdünsten, dann mit der Gemüsebrühe ablöschen und etwa 20 Minuten köcheln lassen. Anschließend pürieren und den Frischkäse hineinrühren. Mit Salz, Pfeffer und Muskat abschmecken.

▶ **Kinderportion:**

1 Kaffeetasse voll Suppe

▶ **Eltern-Extra:**

Schmecken Sie die Suppe mit Meerrettich aus dem Glas oder frischem Meerrettich ab!

Kohlrabi-Schnittlauch-Suppe

Besonders lecker an verregneten Apriltagen

▶ **Für 4 Portionen**

2 Kohlrabiknollen · 2 große Kartoffeln 1 Bund Frühlingszwiebeln · 1 EL Rapsöl · 800 ml Gemüsebrühe · 100 g Gorgonzola · 1 Bund Schnittlauch Jodsalz · schwarzer Pfeffer · Saft von 1 Zitrone

- Kohlrabi und Kartoffeln waschen, schälen und in Würfel schneiden. Die Frühlingszwiebeln waschen, putzen und in feine Ringe schneiden.
- Das Öl in einem Topf erhitzen, Kohlrabi- und Kartoffelwürfel darin andünsten. Die Frühlingszwiebel kurz mit andünsten und dann die Gemüsebrühe angießen. Etwa 20 Minuten köcheln lassen.
- Den Schnittlauch waschen, trocken tupfen und in Röllchen schneiden. Den Gorgonzola mit einer Gabel zerpflücken.
- Die Suppe pürieren und den Gorgonzola unterrühren. Mit Salz, Pfeffer und Zitronensaft abschmecken. Vor dem Servieren die Schnittlauchröllchen unterrühren.

▶ **Kinderportion:**

1 Kaffeetasse voll Suppe

▶ **Eltern-Extra:**

Mit etwas Calvados lässt sich die Suppe nach dem Abnehmen der Kinderportion abschmecken.

Champignoncreme-suppe

Nicht nur im Herbst beliebt

▶ **Für 4 Portionen**

1 Zwiebel · 250 g Champignons · 2 EL Rapsöl · 50 g Speckwürfel · 2 EL Mehl 800 ml Fleischbrühe · 1 Zweig Thymian · Jodsalz · schwarzer Pfeffer 1 Prise Muskatnuss

- Die Zwiebel abziehen und fein hacken. Die Champignons putzen und in Scheiben schneiden. Das Öl in einem Topf erhitzen und die Speckwürfel darin knusprig braten. Die Würfel herausnehmen und beiseite stellen.
- Die Zwiebelstücke im übrigen Fett glasig dünsten. Die Champignons anbraten, dann mit Mehl bestäuben und kurz anschwitzen. Die Brühe angießen, den Thymianzweig hinzufügen und das Ganze 20 Minuten köcheln lassen.
- Den Thymianzweig entfernen und die Suppe pürieren. Mit Salz, Pfeffer und Muskat abschmecken. Die Suppe portionieren und die Speckwürfel darauf verteilen.

▶ **Kinderportion:**
1 Kaffeetasse voll Suppe

▶ **Eltern-Extra:**
Diese Suppe lässt sich auch mit würzigeren Pilzen wie Pfifferlingen oder Steinpilzen zubereiten.

Basilikum-Spinat-Suppe

Bob der Baumeister isst sie auch

▶ **Für 4 Portionen**

300 g TK-Rahmspinat · 2 Bund Basilikum · 2 Zwiebeln · 2 Knoblauchzehen 2 EL Olivenöl · 1 EL Mehl · ¾ l Gemüsebrühe · 100 g süße Sahne · Jodsalz schwarzer Pfeffer · Muskat

- Den Spinat auftauen. Das Basilikum waschen, trocken schütteln und vier schöne Zweigspitzen beiseite legen. Vom restlichen Basilikum die Blätter von den Stielen zupfen und klein schneiden.
- Zwiebeln und Knoblauch schälen und fein hacken. Das Öl in einem großen Topf erhitzen, Zwiebeln und Knoblauch darin andünsten. Mit dem Mehl bestäuben und die Brühe angießen.
- Basilikum und Rahmspinat dazugeben und zum Kochen bringen.
- Die Suppe mit einem Pürierstab zu einer homogenen Masse pürieren. Die Sahne unterrühren und die Suppe mit Salz, Pfeffer und Muskat abschmecken.

▶ **Kinderportion:**
1 Kaffeetasse voll Suppe

▶ **Eltern-Extra:**
Nach dem Servieren etwas gewürfelten Gorgonzola in die Suppentassen geben. Gibt der Suppe eine pikante Note.

Schnelle Kartoffel-suppe

Kann es ruhig jede Woche geben

▶ **Für 4 Portionen**

600 g Kartoffeln · 200 g Möhren 1 dicke Stange Lauch · 150 g Knollensellerie · 1¼ l Gemüsebrühe ½ TL Jodsalz · 2 EL getrockneter Thymian · schwarzer Pfeffer · 1 Msp. Muskat · 4 EL glattblättrige Petersilie

- Die Kartoffeln schälen, waschen und in mundgerechte Stücke schneiden. Das Gemüse waschen. Die Möhren putzen und in etwa ½ cm dicke Scheiben schneiden. Den Lauch putzen und in Ringe schneiden. Den Knollensellerie schälen und in kleine Würfel schneiden.
- Die Kartoffel- und Gemüsestücke zusammen mit der Brühe in einen großen Topf geben und zum Kochen bringen. Mit Thymian würzen und etwa 20 Minuten bei mittlerer Hitze kochen.
- Die Suppe mit einem Pürierstab zu einer homogenen Masse pürieren. Mit Salz, Pfeffer, Muskat und der gehackten Petersilie würzen und servieren.

▶ **Das passt dazu:**
In diese Suppe gehören Wiener Würstchen. Am besten schneidet man sie gleich in Scheiben, damit auch Suppe gegessen wird.

▶ **Kinderportion:**
1 Kaffeetasse voll Suppe und ½ Wiener Würstchen

Süße Tomatensuppe

Kommt gleich hinter Ketchup

▶ Für 4 Portionen

1 kleine Zwiebel · 2 mittelgroße Möhren · 1 EL Rapsöl
1 Dose Tomaten (400 g) · ⅛ l Gemüsebrühe · ½ TL Thymian
2 Zweige frisches Basilikum · 4 EL süße Sahne · etwas Salz
schwarzer Pfeffer · 1 TL Zucker

- Die Zwiebel schälen und fein hacken. Die Möhren waschen, putzen und fein würfeln. Das Öl in einem Topf erhitzen, die Zwiebel mit den Möhrenwürfeln darin andünsten.
- Die Tomaten zusammen mit der Brühe dazugeben. Mit dem Thymian würzen, das Ganze zum Kochen bringen und in etwa 15 Minuten gar kochen.
- Die Basilikumzweige waschen, trocken tupfen, die Blättchen von den Stielen zupfen und fein hacken. Die Suppe mit einem Pürierstab zu einer homogen Masse pürieren. Mit Sahne, Salz, Pfeffer und Zucker abschmecken. Mit dem Basilikum garnieren.

▶ Kinderportion:

1 Kaffeetasse voll Suppe

▶ Eltern-Extra:

Reichen Sie dazu einen Garnelenspieß. Drei Garnelen auf einen Schaschlikspieß pieksen und in Olivenöl von beiden Seiten 2 Minuten braten. Etwas Knoblauch mitbraten, salzen und pfeffern und zum Schluss mit frisch gehackter Petersilie bestreuen. Wenn Ihr Kind Interesse zeigt, lassen Sie es eine Garnele probieren!

Chinesische Nudelsuppe

So abwechslungsreich wie das Lied »Drei Chinesen mit dem Kontrabass«

▶ Für 4 Portionen

30 g getrocknete Shiitakepilze · 1 Zwiebel · 2 rote Paprikaschoten · 250 g Hühnerbrustfilet · 2 EL Sojaöl · 1¼ l Hühnerbrühe · 4 EL Sojasoße · Jodsalz · schwarzer Pfeffer · Paprikapulver edelsüß · 250 g asiatische Weizenmehlnudeln

- Die Shiitakepilze mit heißem Wasser übergießen und etwa 15 Minuten quellen lassen. Die Pilze aus dem Einweichwasser nehmen und in etwa ½ cm dünne Streifen schneiden.
- Die Zwiebel schälen und fein hacken. Die Paprikaschoten waschen, putzen und in mundgerechte Streifen schneiden. Die Hühnerbrust gründlich unter fließendem Wasser waschen, trocken tupfen und in dünne Streifen schneiden.
- Das Öl in einem großen Topf erhitzen. Die Zwiebeln darin glasig dünsten. Die Paprika- und Pilzstreifen dazugeben, dann die Gemüsebrühe und das Einweichwasser der Pilze angießen.
- Die Suppe zum Kochen bringen, das Fleisch dazugeben und mit Sojasoße, Salz, Pfeffer und Paprika kräftig abschmecken. Die Suppe etwa 20 Minuten köcheln lassen. Etwa 5 Minuten vor Ende der Garzeit die Nudeln hinzugeben und gar kochen lassen. Zum Schluss die Nudeln mit einer Gabel auseinanderziehen.
- Nochmals mit den Gewürzen und der Sojasoße abschmecken und auf vier tiefen Tellern verteilen.

▶ Kinderportion:

1 Suppenteller

▶ Variation:

Mit frischen Shiitakepilzen schmeckt die Suppe noch besser. 250–300 g Pilze entsprechen der getrockneten Menge.

Rote Linsensuppe

Der Renner bei den Kleinen

► **Für 4 Portionen**

1 Zwiebel · 2 rote Paprikaschoten · 1 EL Rapsöl · 1 TL Curry
150 g rote Linsen · 750 ml Gemüsebrühe · 200 ml Kokosmilch
½ TL Jodsalz · weißer Pfeffer · Saft von ½ Zitrone

■ Die Zwiebel abziehen und fein würfeln. Die Paprikaschoten
waschen, putzen und grob zerkleinern.

■ Das Rapsöl erhitzen, die Zwiebel glasig dünsten. Paprikaschoten anbraten und Linsen hinzufügen. Dann mit dem
Curry bestäuben und kurz andünsten. Mit der Brühe ablöschen und alles etwa 20 Minuten köcheln lassen.

■ Die Suppe pürieren. Die Kokosmilch unterrühren und mit
Salz, Pfeffer und Zitronensaft abschmecken.

► **Das passt dazu:**

Braten Sie dazu Lammstielkoteletts! Mit Fladenbrot
serviert, haben Sie eine komplette Mahlzeit.

► **Kinderportion:**

1 Kaffeetasse voll Suppe, 2 Streifen Lammfleisch
(1 cm breit) und 1 Scheibe Brot (Handfläche des Kindes)

Bohneneintopf mit Fleischbällchen

Schmeckt immer

▶ **Für 4 Portionen**

450 g Prinzessbohnen (TK) · 1 Zwiebel · 500 g Kartoffeln
3 EL Olivenöl · 1 TL Thymian · 1 Dose geschälte Tomaten
(800 g) · 500 ml Gemüsebrühe (Instant) · Salz · Pfeffer
Zucker · 4 Zweige Basilikum · 1 Grundrezept Frikadellen
(S. 113) · 4 EL frisch geriebener Parmesan

- Die Bohnen antauen lassen. Die Zwiebel abziehen und in Streifen schneiden. Die Kartoffeln waschen, schälen und in mundgerechte Stifte schneiden.
- Das Öl in einem Topf erhitzen, die Zwiebeln darin glasig dünsten. Die Kartoffeln und den Thymian hinzufügen und kurz anbraten. Die Dosentomaten mit dem Saft und die Brühe hinzufügen. Mit Salz, Pfeffer und Zucker abschmecken und etwa 10 Minuten köcheln lassen.
- Inzwischen Basilikumblättchen von den Stielen zupfen und mit einer Küchenschere in Streifen schneiden. Die Bohnen in mundgerechte Stücke schneiden, in die Suppe geben und weitere 5 Minuten garen.
- Aus dem Grundrezept Frikadellen walnussgroße Hackbällchen formen und in einer Pfanne in heißem Öl bei mittlerer Hitze braten. Die Suppe mit Salz, Pfeffer und Zucker abschmecken und zum Schluss die Hackbällchen hinzufügen. Dann in tiefe Teller geben und mit Parmesan und Basilikumstreifen bestreuen.

▶ **Das passt dazu:**

Dazu passt am besten Baguette.

▶ **Kinderportion:**

1 kleiner tiefer Kinderteller mit 1 oder 2 Hackbällchen,
1 Scheibe Baguette.

▶ **Variation:**

Geben Sie anstelle von Parmesan gewürfelten Feta unter
die Bohnensuppe.

Frühlingseintopf mit Grießklößchen

So freut man sich auf den Sommer

▶ **Für 6 Portionen**

½ l Vollmilch · ½ TL Salz · 150 g Grieß · 2 frische Eier
3 EL geriebener Parmesan · 1 Msp. Muskat · 400 g Möhren
2 Kohlrabiknollen · 1½ l Gemüsebrühe · 300 g feine Erbsen
(tiefgekühlt) · 3 EL gehackte krausblättrige Petersilie
3 – 4 EL Worcestersoße · schwarzer Pfeffer · Salz

- Die Milch mit dem Salz zum Kochen bringen. Unter Rühren den Grieß einstreuen und einen sehr dicken Brei kochen. Den Brei etwas abkühlen lassen, dann die Eier und den Parmesan unterrühren und die Masse mit Salz und Muskat abschmecken.
- Salzwasser zum Sieden bringen. Mit zwei Esslöffeln Grießklößchen aus der Masse stechen und diese im Wasser etwa 10 Minuten gar ziehen lassen.
- Möhren und Kohlrabi putzen und waschen. Die Möhren in dünne Scheiben schneiden, den Kohlrabi in etwa ½ cm breite und 2 cm lange Stifte schneiden.
- Die Brühe zum Kochen bringen, das vorbereitete Gemüse und die Erbsen hineingeben und das Ganze zugedeckt bei mittlerer Hitze etwa 15 Minuten kochen lassen.
- Zum Schluss den Eintopf mit Worcestersoße, Salz, Pfeffer und der gehackten Petersilie würzen. Die Grießklößchen in die Suppenteller geben und mit dem Eintopf begießen.

▶ **Kinderportion:**

1 Suppenteller mit 3 – 4 Klößchen

▶ **Eltern-Extra:**

Anstelle von Kohlrabi oder auch zusätzlich können Sie
Spargel – in mundgerechte Stücke geschnitten – in der
Suppe garen.

Chili con Carne
Viva Mexiko … ideal für Partys

▶ **Für 4 Portionen**

2 Zwiebeln · 2 Knoblauchzehen · 2 Paprikaschoten · 1 Dose
Tomaten (800 g) · 1 Dose Mais (340 g) · 1 Dose Kidneybohnen (480 g) · 2 EL Rapsöl · 400 g Rinderhackfleisch
Salz · schwarzer Pfeffer · 1 TL Paprikapulver edelsüß
2 EL Tomatenmark · 1 TL gem. Kreuzkümmel · 1 Prise Zucker
4 – 6 Spritzer Tabasco

- Die Zwiebeln und den Knoblauch schälen und fein hacken.
  Die Paprikaschoten waschen, putzen und in mundgerechte Stücke schneiden.
- Die Tomaten aus der Dose abgießen, den Saft auffangen
  und die Tomaten in mundgerechte Stücke schneiden.
  Den Mais und die Kidneybohnen auf einem Sieb abtropfen
  lassen.
- Das Öl in einem großen Topf erhitzen, die Zwiebeln und
  den Knoblauch darin glasig dünsten. Das Hackfleisch hin-
  zufügen und krümelig braten. Dann mit Salz, Pfeffer,
  Paprika und Tomatenmark würzen.
- Dosentomaten inklusive Saft sowie Mais und Kidneyboh-
  nen hinzufügen. Mit Kreuzkümmel würzen. Das Chili con
  Carne zum Kochen bringen und etwa 20 Minuten bei ge-
  ringer Hitze köcheln lassen. Zum Schluss mit einer Prise
  Zucker sowie Tabasco würzen. Eventuell mit den anderen
  Gewürzen nochmals abschmecken.

▶ **Kinderportion:**

1 Suppenteller (Vorsicht bei noch wenig geübten
Schluckern!)

▶ **Variation:**

Lässt sich auch mit Gulaschfleisch zubereiten. Alternativ
schmeckt es auch ohne Fleisch; die vegetarische Variante
kann mit Tofu- oder Fetawürfeln erweitert werden.

Linseneintopf
Gab es schon bei Mutti

▶ **Für 4 Portionen**

250 g Tellerlinsen · 400 g Kartoffeln · 300 g Möhren
1 Stange Lauch · 1 l Brühe · 4 westfälische Mettenden
2 EL Senf · Salz · schwarzer Pfeffer

- Die Linsen über Nacht – besser einen Tag lang – in einer
  Schüssel mit reichlich Wasser bedeckt einweichen. Das
  Einweichwasser abgießen und die Linsen in etwa 1 l Was-
  ser etwa 30 Minuten bei mittlerer Hitze garen, eventuell
  zwischendurch abschäumen. Dann auf einem Sieb ab-
  tropfen lassen.
- Die Kartoffeln waschen, schälen und in 2 cm große Stücke
  schneiden. Das restliche Gemüse waschen und putzen. Die
  Möhren eventuell längs halbieren und in ½ cm dicke
  Scheiben schneiden. Den Lauch in feine Ringe schneiden.
- Die Kartoffeln, das Gemüse und die Linsen in einen Topf
  geben, die Brühe dazugießen. Zum Kochen bringen und in
  30 Minuten gar kochen.
- Inzwischen die Mettenden in Scheiben schneiden. Zum
  Eintopf geben. Den Linseneintopf mit Senf, Salz und Pfeffer
  abschmecken.

▶ **Kinderportion:**

1 Suppenteller (Vorsicht bei noch wenig geübten
Schluckern!)

▶ **Variation:**

Anstelle von Mettenden können Sie auch Kassler Aufschnitt, in Würfel geschnitten, unter den Eintopf geben.

Eier

Das Ei ist gesünder als sein Ruf! Der hohe Cholesteringehalt hat das Ei in Verruf gebracht, doch heute weiß man, dass das Cholesterin im Essen gar nicht so wichtig ist für eine cholesterinbewusste Ernährung. Einmal pro Woche darf ein Eiergericht ohne Bedenken auf den Familientisch kommen.

Eier bewusst einkaufen!

Ein umfassendes Kennzeichnungssystem gibt detailliert Auskunft über die Haltung der Hühner und die Herkunft der Eier. In der gesamten Europäischen Union müssen Eier mit einem Erzeugercode gestempelt werden. Die Kennzeichnung setzt sich aus drei Zeichenfolgen zusammen, wie z.B. 1-DE-1 234 501. Die erste Zahl steht für die Haltungsform: 0 = Biohaltung, 1 = Freilandhaltung, 2 = Bodenhaltung und 3 = Käfighaltung. Die Buchstabenkombination gibt Auskunft über das Herkunftsland und die nachfolgende Zahlkombination ist der Betriebscode, aus dem sich auch das Bundesland entnehmen lässt. Eier haben ein Mindesthaltbarkeitsdatum und sollten nach dem Einkauf direkt im Kühlschrank aufbewahrt werden.

Sind Bio-Eier gesünder?

Da es keine direkte Untersuchung über den Gesundheitswert von Bio-Eiern gibt, lässt sich die Frage nicht eindeutig beantworten. Doch wer aktiv etwas für den Tierschutz tun will, sollte Bio-Eier kaufen, da die Legehennen nicht in Käfigen gehalten werden dürfen. Vorgeschrieben ist ein Drittel fester Boden als Scharrfläche im Stall. Bei ökologischer Haltung wird ein Auslauf von mindestens 4 m² je Tier verlangt, Tageslicht und Hähne in den Herden sind Pflicht. Im Stall teilen sich maximal sechs Hennen 1 m² Fläche. Zwischenböden bei der Volierenhaltung und Wintergärten dürfen dazugerechnet werden. Auch wenn diese Hühner nicht idyllisch auf der grünen Wiese laufen, so haben sie doch im Vergleich zu konventionell gehaltenen Hennen ein artgerechtes Leben. Der Kauf ist also trotz des höheren Preises zu empfehlen!

Der Frischetest bei Eiern

Wer wissen möchte, wie frisch Eier sind, kann die Größe der Luftkammer im Ei überprüfen. Bei einem frisch gelegten Ei ist sie noch klein, je älter das Ei, umso größer wird die Luftkammer. Die Größe der Luftkammer lässt sich durch eine Schwimmprobe feststellen: Frisch gelegte Eier sinken im Wasser zu Boden. Bei etwa eine Woche alten Eiern ist der Auftrieb so groß, dass sich das Ei aufrichtet. Nach zwei bis drei Wochen steht es nur noch auf der Spitze und danach fängt an zu schwimmen. Eier, die an die Oberfläche schwimmen, sollten nicht mehr verwendet werden.

Bei aufgeschlagenen frischen Eiern ist das Dotter kugelförmig und das Eiweiß bildet einen deutlich erkennbaren Ring um das Eigelb. Je älter das Ei wird, umso abgeflachter ist das Dotter; das Eiweiß wird immer dünnflüssiger.

Spiegelei

Wenn es schnell gehen muss

▶ **Für 4 Portionen**

1 EL Rapsöl · 1 EL Butter · 4 Eier
Jodsalz

- Das Öl zusammen mit der Butter in einer großen beschichteten Pfanne erhitzen. Die Temperatur etwas reduzieren.
- Die Eier einzeln in einer Tasse aufschlagen und nebeneinander vorsichtig in die Pfanne gleiten lassen. Auf die Eier eine Prise Salz geben.
- Die Eier bei mittlerer Hitze ohne Deckel braten, bis das Eiweiß vollständig gestockt ist. Wer auch das Eigelb fest haben möchte, brät weiter. Die Eier mit einem Pfannenwender voneinander trennen und auf Tellern verteilen.

▶ **Kinderportion:**

½–1 Spiegelei

▶ **Variationen:**

- Durchwachsenen Speck in dünnen Scheiben mit den Eiern oder vor den Spiegeleiern in der Pfanne braten.
- Die Spiegeleier mit Käse überbacken, dafür eine Scheibe Käse aufs Ei legen und mit geschlossenem Deckel braten, bis der Käse geschmolzen ist.
- Beidseitiges Braten: Viele mögen es nur so. Einfach das Spiegelei umdrehen und von der anderen Seite 1 Minute braten.

Gekochtes Ei

Vielleicht von Petterssons Hühnern?

▶ **Für 4 Portionen**

4 Eier

- Die rohen Eier sollten möglichst nicht direkt aus dem Kühlschrank kommen, sondern schon Zimmertemperatur haben. Die Schale an den runden Enden der Eier mit einem Eierpiekser, einem spitzen Messer oder einer Nadel anstechen. So wird verhindert, dass das Ei platzt.
- Etwa 1 Liter Wasser zum Kochen bringen. Falls das Wasser zu sehr kocht, geben Sie noch eine halbe Tasse Wasser hinzu, um das Platzen der Eier zu verhindern. Die Eier nacheinander mit einem Esslöffel ins Wasser legen. Nun unbedingt die Eieruhr stellen und die Temperatur ein wenig reduzieren. Nach Belieben die Eier 3 bis 10 Minuten kochen, dann das Wasser abgießen und die Eier unter fließendem kalten Wasser abschrecken.

▶ **Kochzeit:**

weiche Eier: 3–4 Minuten,
wachsweiche Eier: 5–6 Minuten,
hart gekochte Eier: 8–10 Minuten.

▶ **Kinderportion:**

½–1 Ei

Strammer Max

Ein beliebtes Abendessen

▶ **Für 4 Portionen**

4 Scheiben Mischbrot · 2 EL Butter
4 Scheiben Schinken · 4 Spiegeleier
4 Tomaten · Jodsalz · 4 Essiggurken

- Die Brotscheiben mit Butter bestreichen und mit Schinken belegen. Die Spiegeleier nach nebenstehendem Rezept zubereiten und je ein Spiegelei auf ein Schinkenbrot legen.
- Die Tomaten waschen, trocken reiben und in Viertel schneiden, dabei den Stielansatz entfernen und zusammen mit der Essiggurke zum Brot reichen.

▶ **Kinderportion:**

½ Brot reicht

▶ **Eltern-Extra:**

Sie können das Gericht aufpeppen, indem Sie ein paar kleine Nordseekrabben, in der Pfanne leicht erwärmt, dazu reichen. Auch Anchovis werden zum Strammen Max gegessen.

Rührei

Einfach und beliebt!

▶ **Für 4 Portionen**
8 Eier · 4 EL Milch · ½ TL Jodsalz · weißer Pfeffer · 1 EL Rapsöl
1 EL Butter

— Die Eier aufschlagen und in einer Schüssel mit einem Schneebesen kräftig verquirlen. Die Milch unterrühren und mit Salz und Pfeffer würzen.
— Öl und Butter in einer beschichteten Pfanne erhitzen, die Temperatur etwas reduzieren und die Eier hineingießen. Die Eimasse ein wenig stocken lassen und dann immer wieder mit einem Pfannenwender die Eimasse hin und her schieben. Ist die Eimasse komplett gestockt und keine flüssige Eimasse mehr vorhanden, das Rührei auf vier Teller verteilen.

▶ **Kinderportion:**
Menge von ½ – 1 Ei bzw. 2 –3 Esslöffel Rührei

▶ **Variationen:**
Rührei lässt sich vielseitig aufpeppen:
— **Kräuterrührei:** 2 –4 Esslöffel frische Kräuter wie Schnittlauch/Petersilie oder auch Kerbel unter die Eimasse geben.
— **Rührei mit Schinken:** 2 –4 Scheiben gekochten Schinken klein würfeln und vor der Zugabe der Eier leicht anbraten.
— **Rührei mit Pilzen:** 4 –8 Champignons putzen und blättrig schneiden. Vor der Zugabe der Eier leicht anbraten und mit dem Rührei weiter braten.
— **Rührei mit Räucherlachs oder Nordseekrabben:**
100 –150 g Lachs in Streifen schneiden und in die halb gestockte Eimasse geben und fortfahren. Mit den Nordseekrabben ebenso verfahren. Vor dem Servieren mit Dill bestreuen. Keine Angst, schmeckt auch schon Kleinkindern.

Bauernfrühstück

Das Frühstück, das auch mittags und abends schmeckt

▶ **Für 4 Portionen**
1 Zwiebel · 700 g Salzkartoffeln (s. S. 89) · 80 g durchwachsener Speck · 4 Essiggurken · Rühreimasse (siehe links)
3 EL Rapsöl · 2 EL Butter

— Die Zwiebel schälen und fein hacken. Die Kartoffeln in Scheiben schneiden. Den Speck und die Essiggurken fein würfeln. Die Rühreimasse wie nebenstehend beschrieben vorbereiten.
— Nun die Hälfte des Öls und der Butter erhitzen und den Speck darin auslassen. Die Hitze reduzieren und die Kartoffelscheiben anbraten. Dabei immer wieder wenden. Mit Salz und Pfeffer leicht würzen. Wenn die Kartoffeln Farbe angenommen haben, das restliche Fett zugeben und die Rühreimasse und die Essiggurken hinzufügen. Unter Wenden die Eimasse stocken lassen und dann auf Tellern verteilen.

▶ **Kinderportion:**
3 –4 Esslöffel

▶ **Eltern-Extra:**
Als »Fischerfrühstück« schmeckt mir dieses Gericht besonders gut. Mit dem Ei gebe ich mit einer Gabel zerpflückten geräucherten Heilbutt oder Forellenfilets hinzu.

Spinatfrittata

So braten die Italiener ihre Eier

▶ **Für 4 Portionen**

250 g Spinat · 1 Zwiebel · 1 Knoblauchzehe
3 – 4 EL Olivenöl · 5 Eier · 5 EL Milch · Jodsalz
schwarzer Pfeffer · 1 Prise Muskatnuss

- Den Spinat waschen, verlesen, trocken schleudern, harte Stiele entfernen und die Blätter in
Streifen hacken. Die Zwiebel und den Knoblauch schälen und fein hacken.
- Nun 2 Esslöffel Olivenöl in einer Pfanne mit ca.
24 cm Durchmesser erhitzen und den Spinat
tropfnass bei geschlossenem Deckel etwa
3 Minuten bei niedriger Temperatur dünsten.
Wenn der Spinat zusammengefallen ist, Zwiebel und Knoblauch hinzufügen und anbraten.
- Inzwischen die Eier in einer Schüssel aufschlagen, die Milch unterrühren und mit Salz,
Pfeffer und Muskatnuss kräftig würzen. Die
Eier über den Spinat geben und in Ruhe stocken lassen.
- Nach 3 bis 4 Minuten bildet sich eine Kruste
und die Frittata muss gewendet werden. Hier-
für einen ausreichend großen Teller über die
Pfanne legen und festhalten. Mit der anderen
Hand die Pfanne wenden, sodass die Frittata auf
dem Teller liegt. Die Pfanne abheben, wieder
auf den Herd stellen, 1 Esslöffel Olivenöl hineingeben und wieder erhitzen. Die Frittata
nun vorsichtig mit der noch nicht gebratenen
Seite vom Teller in die Pfanne gleiten lassen.
Eventuell mit dem Pfannenwender vorsichtig
nachschieben. Die Fritatta wieder 3 bis 4 Minuten braten, bis sie gar ist.

▶ Kinderportion:

1-mal die Handfläche

Pfannkuchen

Schön dünn

▶ **Für 4 Portionen**
250 g Mehl · 300 ml Milch · 4 Eier
1 Prise Jodsalz · 1 EL Rapsöl · 1 EL Butter

- Das Mehl und eine Prise Salz in eine Schüssel geben. Milch und Eier nach und nach dazugeben und mit den Schneebesen eines Handrührgerätes zu einem glatten und zähflüssigen Teig verrühren. Den Teig mindestens 20 Minuten quellen lassen.
- In eine beschichtete Pfanne möglichst wenig Fett geben. Eine Portion Teig hineingeben. Die Pfanne schwenken, damit sich der Teig gleichmäßig verteilt. Den Pfannkuchen bei mittlerer Hitze von beiden Seiten 2 Minuten backen.
- Danach wieder ein wenig Fett in die Pfanne geben und die nächste Portion Teig backen.
- Wenn Sie die Pfannkuchen gemeinsam essen möchten, dann heizen Sie den Backofen auf 100 °C vor und halten sie dort warm.

▶ **Kinderportion:**
½ – 1 Pfannkuchen

▶ **Pikante Variationen:**
Mit Kräutern:
Kräuterpfannkuchen erfreuen den pikanten Genießer. Rühren Sie unter den Teig 4 Esslöffel frisch gehackte Kräuter. Hier darf es etwas mehr Salz sein.
Mit Buchweizenmehl und Schinkenspeckwürfeln:
Die Hälfte des Weizenmehls durch Buchweizenmehl ersetzen und 50 g fein gehackte Schinkenspeckwürfel unter den Teig mischen.
Mit Pilzen:
Pilze blättrig schneiden, auf den Pfannenboden verteilen und mit Pfannkuchenteig umgießen.

▶ **Süße Variationen:**
Mit Apfel oder Blaubeeren:
Süße Klassiker sind das Einbacken von Apfelspalten oder auch von Blaubeeren. Wenn der Teig in der Pfanne ist und zu backen beginnt, legen Sie ein paar Apfelspalten oder auch Blaubeeren auf den Pfannkuchenteig. Das Wenden ist jetzt schwieriger, aber mit der beim Frittata-Rezept beschriebenen Methode lässt es sich bewerkstelligen (siehe Seite 85).
Mit Banane und Kontrast:
Geben Sie unter den Pfannkuchenteig 1 Esslöffel Kochkakao und 2 Esslöffel Zucker. Banane in Scheiben in die Pfanne geben und mit Pfannkuchenteig umgießen. Von beiden Seiten backen/dabei ebenfalls die Frittata-Methode anwenden.
Mit Ananas und Kokosflocken:
Unter den Pfannkuchenteig 2 Esslöffel Kokosflocken rühren. Ananas in mundgerechte Stückchen schneiden, in die Pfanne geben und mit Pfannkuchenteig umgießen. Von beiden Seiten backen.
Nusspfannkuchen:
Bis zur Hälfte des Mehls durch gemahlene Mandeln oder Haselnüsse ersetzen. Vorsicht beim Braten, beides kann schnell bitter werden, wenn die Temperatur zu hoch ist oder zu lange gebacken wird.

Blini

Ein Kindergericht aus Russland

▶ **Für 4 Portionen**

½ Päckchen Trockenhefe · 250 ml lauwarme Milch
200 g Buchweizenmehl · 2 Eier · 2 EL Butter · 1 EL Zucker
1 Prise Jodsalz · 100 g Mehl · 2 EL Rapsöl

- Die Hefe mit der Milch und 100 g Buchweizenmehl
  vermengen und 30 Minuten gehen lassen.
- Die Eier trennen. Das Eiweiß kalt stellen. Die Butter
  schmelzen. Alle weiteren Zutaten bis auf die Eiweiße und
  das Öl zu einem glatten Teig verrühren. Den Teig etwa
  45 Minuten an einem warmen Ort ruhen lassen.
- Die Eiweiße steif schlagen und unter den Teig heben. Das
  Öl in einer beschichteten Pfanne erhitzen und den Teig
  esslöffelweise ins heiße Fett geben. Die kleinen Pfannkuchen von beiden Seiten ausbacken.

▶ **Das passt dazu:**

Obstkompott, Apfelmus, Marmelade oder auch frische
Beerenfrüchte.

▶ **Kinderportion:**

3–4 Stück

▶ **Eltern-Extra:**

Schwarze Johannisbeermarmelade und geschlagene
Sahne, mit Eierlikör verfeinert, sind ein Gedicht zu Blini.

Kaiserschmarrn

Eine süße Variante aus Österreich

▶ **Für 4 Portionen**

40 g Rosinen · 3 EL Apfelsaft · 4 Eier · 4 EL Zucker · 1 Prise
Salz · 120 g Mehl · 250 ml Milch · 30 g Butter · 50 g Mandelstifte · Puderzucker zum Bestäuben

- Die Rosinen in den Apfelsaft legen. Die Eier trennen. Die
  Eigelbe mit Zucker, Salz, Mehl und Milch verrühren. Dann
  die Eiweiße steif schlagen.
- Die Rosinen zusammen mit dem Apfelsaft unter die Masse
  rühren und die Eiweiße unterheben. Die Butter in einer
  beschichteten Pfanne zerlassen. Den Teig in die Pfanne
  geben und bei geringer Hitze stocken lassen.
- Dann den Teig mit zwei Gabeln zerreißen, die Mandelstifte
  hinzufügen und unter mehrmaligem Wenden den
  Schmarrn von allen Seiten goldgelb backen.
- Den Kaiserschmarrn auf Tellern anrichten, mit Puderzucker bestäuben und sofort servieren.

▶ **Kinderportion:**

3–4 gehäufte Esslöffel

▶ **Variation:**

Sie können auch einen geraspelten Apfel unter den Teig
mengen.

▶ **Eltern-Extra:**

Legen Sie die Rosinen in Rum statt in Apfelsaft ein – das
ist der Klassiker und schmeckt besonders lecker.

Kartoffeln

Die Vielseitigkeit der Kartoffel in der Küche ist einfach unschlagbar. Auch wenn die braunen Knollen altmodische Namen tragen, so sind sie doch familienfreundlich. Gekocht, gebraten oder aus dem Backofen – in irgendeiner Form finden sie immer den Weg auf den Familientisch.

Auf den Typ kommt es an!

Für das Gelingen der verschiedenen Kartoffelgerichte ist die richtige Wahl des Kochtyps entscheidend. Denn die Kartoffelsorten unterscheiden sich in ihrem Stärkegehalt, der jeder Kartoffelsorte ihre individuellen Kocheigenschaften verleiht. Gegliedert werden diese in Deutschland in drei Kochtypen: festkochend, vorwiegend festkochend und mehligkochend.

Die **festkochenden Kartoffelsorten** behalten beim Kochen, Braten und Backen ihre Form. Sie sind daher für Salz-, Pell- und Bratkartoffeln, Kartoffelsalate sowie Gratins und Aufläufe bestens geeignet. Ihre Kocheigenschaft lässt sich durch den geringen Stärkegehalt erklären. Zu den bekanntesten Sorten dieses Kochtyps gehören Cilena, Linda, Nicola, Princess und Selma.

Das Spektrum der **vorwiegend festkochenden Kartoffeln** reicht je nach Sorte und Stärkegehalt von eher festkochenden bis zu eher mehligkochenden Vertretern. Sie sind die Beliebtesten im Reigen der drei Kocheigenschaften, da sie universell einsetzbar sind. Aus Kartoffeln dieses Kochtyps lassen sich sowohl Salz- und Pellkartoffeln, Aufläufe und Gratins als auch Eintöpfe, Rösti und Pommes frites kreieren. Die Namen dieser Kartoffelsorten lauten Agria, Arkula, Berber, Christa, Gronala, Laura, Leyla, Marebel, Quarta, Rosara, Satina, Secura und Solara.

Typisch für die **mehligkochenden Sorten** ist der durch den hohen Stärkegehalt eher trockene Charakter. Sie brechen beim Garen auf und verbinden sich gerne mit allen Arten von Flüssigkeiten. Für Soßenfans sind mehligkochende Kartoffeln zum Sonntagsbraten unumgänglich. Sie eignen sich hervorragend für Suppen, Eintöpfe, Pürees und Klöße. Für Folienkartoffen sind die mehligkochenden Sorten ein Muss! Adretta, Afra und Likaria sind die Bekanntesten.

Kartoffeln richtig lagern!

Unter optimalen Bedingungen lassen sich Kartoffeln sogar über Wochen und Monate »einkellern« – doch wer hat schon noch solch einen Keller. Die Lagertemperatur liegt im Optimalfall zwischen 4 und 6 °C. Bei Temperaturen unter 4 °C baut die Knolle die Stärke zu Zucker ab und es entwickelt sich ein unangenehm süßlicher Geschmack. Kartoffeln sollten deshalb nicht im Kühlschrank lagern! Bei zu hohen Temperaturen neigen die Kartoffeln zum Auskeimen. Da den meisten Haushalten der optimal temperierte Kartoffelkeller fehlt, ist es sinnvoll, Kartoffeln in kleinen Mengen einzukaufen und sie innerhalb von 2 bis 3 Wochen zu verbrauchen.

Nach dem Einkauf sollten Sie die Kartoffeln aus der Folienverpackung nehmen, denn so verhindern Sie das Schwitzen und frühzeitige Faulen der Kartoffeln. Füllen Sie die braunen Knollen in einen Leinenbeutel oder Jutesack um, so ist für eine gute Belüftung und Dunkelheit gesorgt. Unter Lichteinfluss werden sie grün und keimen schneller. Auch in kleinen Mengen eingekauft, sollten sie möglichst nicht in der Küche lagern, sondern im kältesten und trockensten Raum der Wohnung. Meiden Sie das Lagern von Kartoffeln zusammen mit Äpfeln oder Birnen. Diese Früchte geben das Reifungsgas Ethylen ab, das die Kartoffeln schneller verderben lässt.

Salzkartoffeln
Typisch deutsch

▶ **Für 4 Portionen**
800 g Kartoffeln · ½ TL Jodsalz

- Die Kartoffeln waschen und schälen. Erneut waschen und in gleich große Stücke schneiden, damit sie gleichzeitig gar werden. Die Kartoffeln in einen Topf geben und so viel Wasser zufügen, dass die Kartoffeln gerade bedeckt sind. Das Salz hinzufügen.
- Das Wasser zugedeckt aufkochen lassen. Dann die Temperatur auf mittlere Hitze zurückschalten und etwa 20 Minuten – je nach Sorte und Größe – zugedeckt kochen.
- Am Ende der Garzeit eine Garprobe machen, dafür mit einer Gabel oder einem Messer in eine Kartoffel stechen. Geht dies einfach, dann sind die Kartoffeln gar. Spüren Sie jedoch einen Widerstand, dann müssen die Kartoffeln noch etwas länger garen.
- Für das Abgießen des Wassers den Deckel schräg auf den Topf setzen. Dann das Wasser durch die Spalt abgießen. Den Topf noch einmal kurz auf den Herd stellen und das restliche Wasser abdampfen lassen.

▶ **Das passt dazu:**
Geben Sie über die gekochten Kartoffeln 2 Esslöffel Butter und 4 Esslöffel fein gehackte Petersilie.

▶ **Kinderportion:**
1 – 2 kleine Kartoffeln

Stampfkartoffeln
Hilft, vom Brei zur Kartoffel
zu kommen

▶ **Für 4 Portionen**
800 g Kartoffeln · 4 EL Butter · Jodsalz
1 Msp. Muskat

- Die Kartoffeln wie Salzkartoffeln kochen und noch heiß mit einem Kartoffelstampfer zerdrücken. Dabei die Butter hinzufügen und mit Salz und wenig Muskat würzen.

▶ **Das passt dazu:**
Natürlich können Sie Kräuter unter die Stampfkartoffeln rühren und selbst auf Ketchup kommen die findigen Kleinen. Aber auch Pesto (Rezept S. 56) oder etwas Frischkäse passt dazu.

▶ **Kinderportion:**
4 – 5 Esslöffel

▶ **Variation:**
Stampfkartoffeln lassen sch auch mit Süßkartoffeln zubereiten. Das ist bei kleinen KIndern sehr beliebt, für Große jedoch oft gewöhnungsbedürftig.

Pellkartoffeln
Gesund und immer beliebter

▶ **Für 4 Portionen**
800 g Kartoffeln · ½ TL Jodsalz

- Zuvor darauf achten, dass die Kartoffeln ähnliche Größe haben. Dann die Kartoffeln gründlich waschen und in einem Topf wie die Salzkartoffeln etwa 20 Minuten garen.
- Abgießen und heiß pellen.

▶ **Das passt dazu:**
Dazu passen verschiedenste Dips oder auch nur ein Stück Kräuterbutter. Kurzgebratener Fisch oder Fleisch machen daraus eine komplette Mahlzeit.

▶ **Kinderportion:**
1 – 2 kleine Kartoffeln

Kartoffelpüree

So gut wie der beliebte Brei aus Babyzeiten

▶ **Für 4 Portionen**
800 g Kartoffeln · Jodsalz · 250 ml Milch · 2 EL Butter
1 Msp. geriebener Muskat

■ Die Kartoffeln wie Salz- oder Pellkartoffeln kochen.
Dann die Kartoffeln noch heiß mit dem Kartoffel-
stampfer zerdrücken.
■ Die Milch lauwarm machen und zusammen mit der
Butter, etwa 1 TL Jodsalz und dem Muskat unter die
Kartoffelmasse heben.

▶ **Das passt dazu:**
Zum Kartoffelbrei passt Rahmspinat und Spiegelei.
Auch Kartoffelbrei mit Pesto findet seine Fangemeinde.
Mit Erbsenpüree ist er ebenfalls lecker: 300 g tief
gekühlte Erbsen in ¼ l Gemüsebrühe etwa 5 Minuten
garen, pürieren, mit Salz und weißem Pfeffer abschmecken und zum Kartoffelbrei servieren.

▶ **Kinderportion:**
4 – 5 Esslöffel.

▶ **Variationen:**
Unter Kartoffelpüree lassen sich nicht nur Kräuter
rühren, auch frisch gehobelter Parmesan und Majoran
sowie Tomatenstückchen sind prima Alternativen.

▶ **Eltern-Extra:**
Mischen Sie Zwiebelringe unter den Kartoffelbrei, die
Sie vorher in etwas Butter angebraten haben.

Kartoffeltaler

So lässt sich Kartoffelbrei
wunderbar verwerten

▶ **Für 4 Portionen**
Kartoffelpüree (siehe links) · 3 Eigelbe · 100 g Mehl · Salz · 4 EL Rapsöl

- Das Kartoffelpüree frisch zubereiten und auskühlen lassen. Unter das
  Kartoffelpüree die Eigelbe und das
  Mehl kneten. Aus dem Teig flache,
  etwa 8 cm große Taler formen.
- Das Öl in einer großen beschichteten Pfanne erhitzen und die Taler
  von beiden Seiten auf mittlerer
  Stufe goldbraun braten.

▶ **Kinderportion:**
1 Taler

▶ **Variationen:**
Unter den Kartoffelteig können Sie
Kräuter, aber auch Frischkäse mengen. Oder Sie geben fein gehackten
Feta und einen kleinen Spinatrest
unter den Kartoffelteig. Auch mit
Parmesan und Paprikawürfelchen
oder fein gehackten getrockneten
Tomaten lassen sich die Taler verfeinern. Verfeinert kann man sie
auch kalt essen und als Snack in
Folie verpackt in die Kindergartentasche packen.

Kartoffelpuffer

Nicht nur im Rheinland beliebt

▶ **Für 4 Portionen**
800 g Kartoffeln · 2 Eier · 1 EL Stärke
Salz · 4 EL Rapsöl

- Die Kartoffeln waschen, schälen,
  nochmals waschen und auf einer
  Gemüsereibe fein reiben. Die
  Kartoffeln stehen lassen und das
  Kartoffelwasser ohne die Stärke
  abgießen.
- Eier und Stärke unter die Kartoffelmasse mischen und salzen.
- Das Öl in einer großen beschichteten Pfanne erhitzen und kleine
  Teigportionen in die Pfanne setzen
  und dünn verstreichen. Bei mittlerer Hitze die Kartoffelpuffer von
  beiden Seiten etwa 10 Minuten
  goldbraun braten.

▶ **Das passt dazu:**
Mit Räucherlachs und Kräuter-
Crème-fraîche haben Kartoffelpuffer Gourmetstatus bekommen;
doch mit Apfelkompott (siehe
S. 142) oder Apfelmus sind sie uns
genauso lieb.

▶ **Kinderportion:**
1–2 Puffer

▶ **Variationen:**
Sie können auch ein Viertel der
Kartoffelmenge gegen Zucchini
oder Möhren austauschen.

Ofenkartoffeln

Wenig Arbeit, aber langes Warten

▶ **Für 4 Portionen**
8 mittelgroße Kartoffeln

- Den Backofen auf 200 °C (Umluft
  180 °C) vorheizen. Darauf achten,
  dass die Kartoffeln eine ähnliche
  Größe haben. Dann die Kartoffeln
  gründlich waschen und trocken
  reiben. Mit einer Gabel mehrmals
  einstechen.
- Die Kartoffeln auf einem Gitter auf
  der mittleren Schiene etwa 1 Stunde backen. Die Kartoffeln oben über
  Kreuz einschneiden und die Öff-
  nung etwas auseinander drücken.

▶ **Das passt dazu:**
Möhren-Quark-Dip (S. 57) oder
Zaziki (S. 56).

▶ **Kinderportion:**
1 Kartoffel

▶ **Variationen:**
Sie können die Kartoffeln auch
10 Minuten vorkochen, dann verkürzt sich die Backzeit um die Häl-
te und das Ergebnis ist ähnlich gut.
Beim Grillen können Sie die Kartoffeln mit Alufolie umwickelt in die
Glut legen und backen. Nach etwa
20 Minuten stechen Sie mit einem
Messer durch die Folie: Fühlt sich
die Kartoffel weich an, so ist sie gar.

Blechkartoffeln
Schwer zu widerstehen

▶ Für 4 Portionen

800 g Kartoffeln · ½ TL Rapsöl
Jodsalz

- Den Backofen auf 200 °C (Umluft 180 °C) vorheizen. Die Kartoffeln gründlich waschen und trocken reiben, dann längs halbieren.
- Ein Backblech mit dem Öl einpinseln und salzen, die Kartoffeln mit der Schnittseite auf das Blech legen. Auf der mittleren Schiene etwa 30 Minuten backen.

▶ Kinderportion:

2 – 3 Kartoffelhälften
(Schale entfernen!)

▶ Variationen:

Sie können zusätzlich zum Salz auch Sesam, Mohn oder Kümmel auf das Blech streuen.

Rosmarinkartoffeln
Lassen sich super vorbereiten

▶ Für 4 Portionen

800 g Kartoffeln · 2 – 3 Zweige
Rosmarin · 4 EL Olivenöl · Jodsalz

- Den Backofen auf 200 °C (Umluft 180 °C) vorheizen. Die Kartoffeln waschen und schälen. Erneut waschen und in 1 bis 1,5 cm große Würfel schneiden.
- Rosmarin waschen, trocken schütteln und die Nadeln von den Zweigen zupfen, dann grob hacken. Kartoffelwürfel in einer Schüssel mit Rosmarin, Olivenöl und Salz vermengen, dann auf einem Backblech verteilen und auf der mittleren Schiene etwa 30 Minuten backen.

▶ Kinderportion:

4 Esslöffel

▶ Variation:

Sie können auch Thymian oder Zitronenthymian zusammen mit dem Rosmarin oder alleine verwenden.

Bouillonkartoffeln
Ein typisches Wochentagsgericht

▶ Für 4 Portionen

1 Möhre · 100 g Sellerie · ½ Stange
Lauch · 800 g Kartoffeln · 2 EL Rapsöl
1 l Rinderbrühe (siehe S. 87) · 1 Lorbeerblatt

- Möhre und Sellerie waschen, putzen, schälen und sehr fein würfeln. Den Lauch waschen, putzen und in feine Streifen schneiden.
- Die Kartoffeln waschen, schälen, erneut waschen und in 1 cm große Würfel schneiden.
- Das Öl in einem Topf erhitzen, das Suppengemüse und die Kartoffeln darin andünsten und mit der Brühe ablöschen. Ein Lorbeerblatt hinzufügen und das Ganze 15 bis 20 Minuten bei mittlerer Hitze garen. Das Lorbeerblatt entfernen und die Bouillonkartoffeln servieren.

▶ Kinderportion:

1 Suppenteller

▶ Variationen:

Rühren Sie etwas Frischkäse in die Bouillon ein oder bestreuen Sie die Bouillonkartoffeln mit Parmesan oder frischen Kräutern. Auch fein gewürfelte Fleischwurst kann man unter die Bouillonkartoffeln mengen.

Brühkartoffeln mediterran
Bitte Nachschlag

▶ Für 4 Portionen
400 g frischer Blattspinat · Salz · 6 Tomaten · 1 Knoblauchzehe · 800 g Kartoffeln · 2 EL Olivenöl · 2 TL getrockneter
Oregano · 1 l Hühnerbrühe (Instant) · etwas schwarzer Pfeffer
2 EL Zitronensaft

- Den Spinat gründlich waschen und putzen. Ihn in wenig
Salzwasser etwa 2 Minuten blanchieren, bis die Blätter
zusammengefallen sind. Den Spinat gut ausdrücken und
grob hacken.
- Die Tomaten überbrühen, abschrecken und häuten. Tomaten vierteln und ohne Kerne und Stielansätze würfeln. Den
Knoblauch schälen und würfeln. Die Kartoffeln gründlich
waschen, schälen und in 1 cm große Würfel schneiden.
- Das Öl in einem Topf erhitzen. Den Knoblauch darin glasig
dünsten. Dann die Kartoffeln und die Brühe dazugeben
und mit Oregano würzen. Alles etwa 15 Minuten kochen
lassen, bis die Kartoffeln bissfest sind.
- Spinat und Tomaten darin 3 Minuten mitkochen lassen
und die Brühkartoffeln mit Salz, Pfeffer und Zitronensaft
abschmecken.

▶ Kinderportion:
1 Suppenteller

▶ Variation:
Bei großem Hunger lassen sich auch noch 200 g Feta
unterheben.

▶ Eltern-Extra:
Gratinieren Sie Ihre Brühkartoffeln: In feuerfeste Suppentassen geben, mit einer Scheibe Emmentaler belegen und
im Backofen auf höchster Grillstufe 3 bis 5 Minuten überbacken.

Kartoffelgratin
Auch als Hauptgericht lecker

▶ Für 6 Portionen
1 kg Kartoffeln · 1 Zwiebel · 1 Knoblauchzehe · 1 EL Butter
Salz · schwarzer Pfeffer aus der Mühle · 150 g geriebener
Appenzeller · 200 ml Milch · 200 g süße Sahne

- Die Kartoffeln waschen, schälen und in ganz feine Scheiben hobeln. Wenn Sie eine Küchenmaschine haben, sollten Sie diese dafür einsetzen.
- Die Zwiebel und den Knoblauch schälen. Die Zwiebel in
ganz dünne Ringe schneiden. Den Backofen auf 180 °C
vorheizen und eine flache Gratinform (etwa 30 cm ⌀) mit
der Butter einfetten.
- Etwa die Hälfte der Kartoffelscheiben in die Gratinform
legen. Salzen und pfeffern. Den Knoblauch durch eine
Presse drücken oder ganz fein hacken und auf die Kartoffelscheiben geben. Mit der Hälfte des Käses bestreuen.
- Die restlichen Kartoffeln ebenfalls in die Gratinform
schichten, nochmals würzen und die Zwiebelringe auf
dem Gratin verteilen.
- Milch und Sahne miteinander verrühren, mit Salz und
Pfeffer würzen und über das Kartoffelgratin gießen.
Auf mittlerer Schiene etwa 50 Minuten backen.
- Etwa 10 Minuten vor Ende der Backzeit mit dem rest-
lichen Käse bestreuen und goldgelb überbacken.

▶ Kinderportion:
4 Esslöffel

TIPP

Fürs Gratin eignen sich mehligkochende Kartoffeln.
Entscheidend für die Länge der Backzeit sind die Dicke
der Kartoffelscheiben und die Höhe des Gratins. Das
Gratin sollte nicht höher als etwa 3 cm geschichtet werden und die Kartoffelscheiben sollten 1 bis 2 Millimeter
dünn sein.

Kartoffelsalat mit Mayonnaise

Hmmm … Erinnerung an die eigene Kindheit

▶ **Für 4 Portionen**

800 g festkochende Kartoffeln · Jodsalz · 4 Eier · 1 Glas Cornichons (330 g Abtropfgewicht) · 250 ml Salatmayonnaise 150 g Joghurt · 2 TL Senf · schwarzer Pfeffer

- Die Kartoffeln wie im Rezept Pellkartoffeln (S. 89) zubereiten und dann in Scheiben schneiden. Die Eier als hart gekochte Eier (Rezept S. 83) kochen. Nach dem Abschrecken pellen und in Scheiben schneiden.
- Die Cornichons abgießen, dabei das Gurkenwasser auffangen. Die Cornichons in Scheiben schneiden.
- Für die Soße die Mayonnaise mit Joghurt und Senf verrühren. Mit Salz und Pfeffer würzen. Alle Zutaten in eine große Salatschüssel geben und miteinander vermengen. Den Salat mindestens 1 Stunde durchziehen lassen.
- Vor dem Servieren den Salat erneut mit Salz und Pfeffer abschmecken und Gurkenwasser angießen, damit der Salat nicht zu trocken ist, da die Soße zum Teil von den Kartoffeln aufgesogen wurde.

▶ **Das passt dazu:**

Wiener Würstchen

▶ **Kinderportion:**

4 Esslöffel

▶ **Eltern-Extra:**

Mit Kapern oder fein gehackten roten Zwiebeln kann man den Salat prima erweitern. Auch gewürfelter gekochter Schinken lässt sich unterheben – dann kann auf die Würstchen verzichtet werden.

Kartoffel-Tomaten-Salat mit Pesto

Eine willkommene Abwechslung mit italienischer Note

▶ **Für 4 Portionen**

800 g kleine neue Kartoffeln · etwas Salz · 1 Zwiebel 1 Knoblauchzehe · 50 g entsteinte schwarze Oliven · 5 EL Kräuteressig · 2 EL Pesto · schwarzer Pfeffer · 4 EL Olivenöl 300 g Cocktailtomaten · ½ Bund Basilikum · 100 g Joghurt 50 g Quark

- Die Kartoffeln wie im Rezept Pellkartoffeln (S. 89) zubereiten und dann halbieren. Zwiebel und Knoblauch schälen und fein hacken. Die Oliven in feine Scheiben schneiden.
- Essig mit 4 Esslöffeln Wasser, Pesto, Salz, Pfeffer und Olivenöl zu einer Marinade aufschlagen. Die Kartoffeln noch warm mit den Oliven und der Pestomarinade vermengen. Alles etwa 1 Stunde durchziehen lassen.
- Die Tomaten waschen, halbieren und die Stielansätze entfernen. Das Basilikum waschen und trocken schütteln. Die Blätter von den Stielen zupfen, einige schöne zur Dekoration zurücklegen, den Rest fein hacken.
- Den Joghurt mit dem Quark glatt rühren und zusammen mit den Tomaten und dem fein gehackten Basilikum unter den Kartoffelsalat mengen. Eventuell nochmals abschmecken und mit den zurückgelegten Basilikumblättchen garnieren.

▶ **Kinderportion:**

4 Esslöffel

▶ **Eltern-Extra:**

Geben Sie in Streifen geschnittene junge Spinatblätter unter den Salat.

▶ Kartoffel-Tomaten-Salat.

Nudeln

Die Vielfalt an Nudeln kennt keine Grenzen. Es gibt sie in allen möglichen Formen, Farben und Varianten. Auf der Beliebtheitsskala nehmen Nudeln die vorderen Plätze ein, denn sie lassen sich schnell und bequem zubereiten und es gibt kaum ein Kind, das keine Nudeln mag.

Nudelvielfalt

Spaghetti, Rigatone, Fusilli oder Fettuccine – alles Nudeltypen, deren Namen sich auf die Form beziehen. Sind die Italiener nun besonders kreativ oder haben die verschiedenen Nudeltypen auch einen tieferen Sinn? Die Antwort lautet: Es gibt regional in Italien und auch weltweit unterschiedliche Vorlieben für die Nudeltypen, doch in erster Linie entscheidet die Nudelform über das Aufnehmen von Soßen.

- Röhrennudeln wie Makkaroni und Penne nehmen besonders gut dicke Soßen auf.
- Lange und auch flache Nudeln wie Spaghetti und Fettuccine sind die idealen Partner von dünnen und glatten Soßen.

Weiterhin lässt der italienische Name von Nudeln auch Rückschlüsse auf die Beschaffenheit zu. Nudeln, die mit Zweitnamen Rigate heißen, z.B. Pipe Rigate, sind stets geriffelt. Ist der Zweitname Lisce, wie z.B. Penne Lisce, dann haben sie eine glatte Oberfläche. Die Endung -ine bedeutet übrigens, dass es sich um kleinere oder dünnere Vertreter der großen Schwester handelt: z.B. Spaghettini bei Spaghetti.

Probieren Sie nach Lust und Laune die verschiedenen Sorten aus. Die Nudeln nehmen es Ihnen nicht übel, wenn Sie sie so kombinieren, wie es Ihnen gefällt.

1 × 1 des Nudelkochens

Auch wenn Nudeln kochen ganz einfach ist, gibt es natürlich ein paar Tipps, wie sie am besten gelingen.

- In einem großen Topf viel Wasser zum Kochen bringen, dabei den Deckel auf dem Topf lassen. Das spart Energie und geht schneller.
- Die Nudeln in das kochende Wasser geben, dabei das Salzen nicht vergessen.
- Manche Köche geben 1 Esslöffel Öl oder etwas Butter ins Kochwasser, damit die Nudeln nicht zusammenkleben. Das hilft, wenn zu wenig Kochwasser im Verhältnis zu den Nudeln im Topf ist. Fett muss aber nicht sein.
- Kurz den Deckel auf den Topf setzen, um das Wasser so schnell wie möglich zum Kochen zu bringen. Wenn das Wasser kocht, den Deckel abnehmen und die Temperatur herunterregulieren. So spart man sich das mühsame Putzen des Herdes nach dem Überkochen von Nudeln!

- Perfekte Nudeln sind »al dente«, also bissfest gekocht. Doch wer weiche Nudeln lieber mag, der lässt sie länger als in der Packungsanweisung angegeben im Topf.
- Die Nudeln in einem Sieb abgießen und abtropfen lassen.
- Sofort auf den Tisch bringen. Sind die Nudeln eher fertig als die Soße, dann kann durch das Unterrühren von 1 Esslöffel Olivenöl oder Butter das Zusammenkleben der Nudeln verhindert werden.

Was steckt in Nudeln?

Wasser, Weizenmehl und Salz – daraus werden original italienische Nudeln hergestellt. Deutsche Nudeln enthalten bei traditioneller Herstellung zusätzlich noch Ei. Achten Sie auf die Zutatenliste auf der Verpackung, da sich das heute nicht mehr so generell sagen lässt. Wer es gesünder haben möchte, sollte anstelle der hellen Nudeln nach den dunkleren aus Weizenvollkornmehl greifen. Farbige Nudeln entstehen durch die Zugabe von Spinat, roter Bete, Safran oder Tomatenmark. Nudeln aus Dinkelmehl findet man insbesondere in der Bioecke und asiatische Nudeln haben als Grundlage Reismehl oder auch das Mehl von Hülsenfrüchten wie Sojabohne oder Mungobohne. Suppennudeln, Woknudeln und Co. sind Spezialnudeln für bestimmte Zubereitungsarten. Suppennudeln behalten Biss, auch wenn sie lange in der Suppe schwimmen. Woknudeln habe eine ideale Länge zum Rühren in der Pfanne und behalten beim Braten ihre Konsistenz.

Nudeln kochen

Gelingt ganz einfach

► **Für 4 Portionen**

Salz · 350–400 g Nudeln
(z. B. Spaghetti, Tagliatelle,
Penne, Farfalle oder Fusilli)

- In einem großen Topf mindestens
  3 Liter Wasser mit 1 TL Salz zum
  Kochen bringen. Nudeln hineingeben und lange Nudeln wie Spaghetti oder Makkaroni mit einem Kochlöffel unter die Wasseroberfläche
  drücken.
- Ganz wichtig: ohne Deckel in der
  auf der Verpackung angegebenen
  Zeit (8–12 Minuten) kochen. Darauf
  achten, dass das Wasser immer
  leicht sprudelt. Durch Umrühren
  verhindern, dass die Nudeln zusammenkleben.
- Einzelne Nudeln mit einer Gabel
  herausfischen und probieren. Sind
  die Nudeln angenehm bissfest, sie
  in einem Sieb abgießen und sofort
  servieren.

► **Kinderportion:**

2–3 Kinderhände voll

Penne mit milder Tomatensoße

Als Piratensoße schmeckt
das Ganze noch besser.

► **Für 4 Portionen**

1 Zwiebel · 2 EL Rapsöl · 600 g Tomatenstückchen aus der Dose · 4 Zweige Basilikum · Jodsalz · Pfeffer · Zucker · 150 g Frischkäse · 350 g Penne

- Die Zwiebel abziehen und fein hacken. Das Öl in einer tiefen Pfanne
  erhitzen, die Zwiebel darin glasig
  dünsten.
- Tomatenstücke hinzufügen und
  10 Minuten köcheln lassen. Basilikum waschen, trocken tupfen und
  die Blätter von den Stielen zupfen
  und streifig schneiden.
- Die Soße mit Salz, Pfeffer und
  Zucker würzen und den Frischkäse
  unterrühren.
- Inzwischen die Penne nach dem
  obigen Rezept »Nudeln kochen«
  zubereiten und sofort mit der Tomatensoße mischen. Zum Schluss
  die Basilikumstreifen untermengen.

► **Kinderportion:**

3 Kinderhände voll Penne mit
Tomatensoße

► **Eltern-Extra:**

Geben Sie unter die Soße ein paar
Garnelen, die Sie zuvor in Olivenöl
und Knoblauch angebraten haben.

Fusilli mit italienischer Tomatensoße

Als Pinocchios Lieblingssoße
schmeckt sie erst richtig gut.

► **Für 4 Portionen**

1 Zwiebel · 1 Knoblauchzehe
2 Möhren · 1 Stange Staudensellerie
2 EL Olivenöl · 400 g Tomatenstückchen aus der Dose · Jodsalz · Pfeffer
Zucker · 80 g schwarze Oliven (ent-
steint) · 4 EL Parmesan · 350 g Fusilli

- Zwiebel und Knoblauch schälen
  und fein hacken. Die Möhren waschen, schälen und fein würfeln.
  Den Sellerie waschen, putzen und
  in Streifen schneiden.
- Das Öl in einer tiefen Pfanne erhit-
  zen, Zwiebel, Knoblauch, Möhre
  und Sellerie darin andünsten.
  Tomaten hinzufügen und mit Salz,
  Pfeffer und Zucker würzen. In etwa
  10 Minuten weich kochen.
- Die Oliven abtropfen lassen und in
  Ringe schneiden bzw. grob hacken.
- Inzwischen die Fusilli nach dem
  Rezept »Nudeln kochen« zubereiten
  und sofort mit der Tomatensoße
  und den Oliven vermischen. Mit
  Parmesan bestreuen.

► **Kinderportion:**

3 Kinderhände voll Fusilli mit
Tomatensoße

► **Eltern-Extra:**

Geben Sie statt der Oliven 3 Esslöffel
abgetropfte Kapern und 3 fein gehackte Anchovisfilets in die Soße.

NUDELGERICHTE

Rigatoni mit griechischer Gemüsesoße

Überzeugt die ganze Familie

▶ **Für 4 Portionen**

1 Zwiebel · 1 Knoblauchzehe · 1 Zucchino · 1 Aubergine · 4 EL Olivenöl 400 g Tomatenstückchen aus der Dose · Jodsalz · Pfeffer · Zucker 150 g Feta · 350 g Rigatoni

- Zwiebel und Knoblauch abziehen und fein hacken. Zucchini und Aubergine waschen, Stiel- und Blütenansätze abschneiden und würfeln.
- Das Öl in einer tiefen Pfanne erhitzen, Zwiebel, Knoblauch, Zucchini und Aubergine darin andünsten. Tomaten hinzufügen und mit Salz, Pfeffer und Zucker würzen. 10 Minuten köcheln lassen. Den Feta würfeln.
- Inzwischen die Rigatoni nach dem Rezept »Nudeln kochen« zubereiten und sofort mit der Gemüsesoße und dem Feta vermischen.

▶ **Kinderportion:**

3 Kinderhände voll Rigatoni mit Soße

▶ **Eltern-Extra:**

Anstelle von Schafskäse können Sie auch eine Dose Thunfisch im eigenen Saft unter die Soße mischen.

Penne mit Pilz-Erbsen-Ragout

Beliebt bei Groß und Klein

▶ **Für 4 Portionen**

1 Zwiebel · 200 g Champignons 150 g gekochter Schinken in Scheiben · 2 EL Olivenöl · Jodsalz · Pfeffer 1 EL Mehl · 100 ml Brühe · 200 g Sahne · 200 g tiefgekühlte Erbsen ½ Bund Petersilie

- Die Zwiebel abziehen und fein hacken. Champignons putzen und in Scheiben schneiden.
- Den Schinken würfeln. Das Öl erhitzen, Zwiebel und Champignons darin dünsten. Mit Salz und Pfeffer würzen. Mit dem Mehl bestäuben und die Brühe und die Sahne angießen, dann aufkochen.
- Die Erbsen in der Soße etwa 5 Minuten köcheln. Die Petersilie waschen und trocken tupfen. Die Blättchen von den Stielen zupfen und fein hacken. Die Schinkenwürfel in die Soße geben und kurz erwärmen.
- Inzwischen die Penne nach dem Rezept »Nudeln kochen« zubereiten und mit dem Ragout und der Petersilie vermischen.

▶ **Kinderportion:**

3 Kinderhände voll Penne mit Ragout

▶ **Variation:**

In diese Soße kann man anstelle des Schinkens auch kleine Hackfleischbällchen geben.

Spätzle mit Champignons

Nicht nur im Schwabenland beliebt

▶ **Für 4 Portionen**

500 g Champignons · 4 Zwiebeln 1 Bund Petersilie · 2 EL Butter · Jodsalz · Pfeffer · 600 g Spätzle (aus dem Kühlregal) · 100 g geriebener Emmentaler

- Die Champignons putzen und blättrig schneiden. Die Zwiebeln abziehen, eine fein hacken, die anderen in Ringe schneiden. Petersilie waschen, trocken tupfen, die Blättchen von den Stielen zupfen und fein hacken.
- Den Backofen auf 200 °C vorheizen. Einen Esslöffel Butter in einer Pfanne erhitzen, die Zwiebelwürfel mit den Champignons darin anbraten. Salzen und pfeffern. Mit Spätzle, Käse und Petersilie in eine Auflaufform geben, verrühren und das Ganze für 10 Minuten im Backofen gratinieren.
- Inzwischen die restliche Butter zerlassen und darin die Zwiebelringe braten. Mit Salz und Pfeffer würzen.
- Die Röstzwiebeln über die Spätzle verteilen und sofort servieren.

▶ **Kinderportion:**

2 Kinderhände Spätzle mit Champignons

Spaghetti in Paprika-Putensoße

Da sind die Teller schnell leer gegessen

- Die Paprikaschoten waschen, entkernen und die Stielansätze sowie die weißen Trennwände herausschneiden. Das Fruchtfleisch in kleine Würfel schneiden. Die Zwiebel abziehen und fein hacken.
- Die Putenbrust unter kaltem Wasser waschen, gründlich trocken tupfen und in feine Streifen schneiden.
- Das Öl in einer Pfanne erhitzen. Die Zwiebelwürfel darin glasig dünsten. Die Putenbrust und die Paprikawürfel dazugeben und beides unter Rühren kurz braten. Das Currypulver hinzufügen und umrühren.
- Hühnerbrühe und Sahne zur Paprika-Fleisch-Mischung geben und 8–10 Minuten zugedeckt köcheln lassen. Die Soße mit Zitronensaft, Sojasoße, Salz und Pfeffer abschmecken und weitere 5 Minuten köcheln lassen.
- In der Zwischenzeit die Spaghetti nach dem Rezept »Nudeln kochen« zubereiten und sofort mit der Soße mischen.

▶ Für 4 Portionen

1 gelbe Paprikaschote · 1 rote Paprikaschote · 1 Zwiebel · 400 g Putenbrust · 1 EL Rapsöl · 2 EL Currypulver ⅛ l Hühnerbrühe (Instant) · 200 g süße Sahne · 2 EL Zitronensaft · 2 EL helle Sojasoße · etwas Jodsalz · weißer Pfeffer aus der Mühle · 350 g Spaghetti

▶ Kinderportion:

3 Kinderhände voll Spaghetti mit Soße, etwa 4 Streifen Putenfleisch

▶ Variation:

Anstelle von Sahne schmeckt die Paprika-Putensoße auch sehr lecker mit Kokosmilch bzw. Kokoscreme.

Spaghetti Bolognese
Ein echter Klassiker

▶ **Für 4 Portionen**
1 Zwiebel · 1 Knoblauchzehe · 1 Möhre · 100 g Sellerie
2 EL Olivenöl · 400 g Hackfleisch · 1 Dose geschälte Tomaten
(400 g) · 3 EL Tomatenmark · 1 TL italienische Gewürze · Jodsalz · Pfeffer · 400 g Spaghetti

– Zwiebeln und Knoblauch abziehen und fein hacken. Die
Möhre und den Sellerie waschen, schälen und fein würfeln.
Das Öl erhitzen und Zwiebel, Knoblauch und Gemüse darin
anbraten.
– Das Hackfleisch hinzufügen und mit einem Pfannenwender
immer wieder zerteilen und krümelig braten. Die Tomaten
mit dem Saft hinzufügen. Die Tomaten leicht zerdrücken.
Tomatenmark hinzufügen und mit italienischen Gewürzen,
Salz und Pfeffer würzen und bei schwacher Hitze etwas
einköcheln lassen.
– Inzwischen die Spaghetti nach dem Rezept »Nudeln ko-
chen« zubereiten und sofort mit der Bolognese vermischen.

▶ **Kinderportion:**
3 Kinderhände voll

▶ **Eltern-Extra:**
Nach dem Originalrezept wird Bolognese mit einem Glas
Rotwein gekocht; dabei lässt man die Soße bis zu 3 Stunden
köcheln. Da der Alkohol während des Kochens verdampft,
ist diese Variante auch für Kinder geeignet.

Rigatoni mit Linsen-Bolognese
Auch vegetarisch findet diese Soße viele Fans

▶ **Für 4 Portionen**
1 Zwiebel · 1 Knoblauchzehe · 1 Möhre · 100 g Sellerie
1 Stange Lauch · 2 EL Olivenöl · 200 g rote Linsen · 400 ml
Gemüsebrühe · 1 Dose geschälte Tomaten (400 g) · 3 EL
Tomatenmark · 1 TL italienische Gewürze · Jodsalz · Pfeffer
400 g Rigatoni

– Zwiebel und Knoblauch abziehen und fein hacken. Die
Möhre und den Sellerie waschen, schälen und fein würfeln.
Den Lauch waschen, putzen und in feine Ringe schneiden.
– Das Öl erhitzen und Zwiebel, Knoblauch und Gemüse darin
anbraten. Die Linsen hinzufügen und kurz anbraten. Dann
mit der Brühe ablöschen und etwa 10 Minuten köcheln
lassen. Dann die Tomaten mit dem Saft hinzufügen. Die
Tomaten leicht zerdrücken.
– Tomatenmark hinzufügen und mit italienischen Gewürzen,
Salz und Pfeffer würzen und bei schwacher Hitze etwas
einköcheln lassen.
– Inzwischen die Rigatoni nach dem Rezept »Nudeln kochen«
zubereiten und sofort mit der Bolognese vermischen.

▶ **Kinderportion:**
3 Kinderhände voll

▶ **Eltern-Extra:**
Die Soße mit Kreuzkümmel und Curry abschmecken –
das gibt dem Gericht einen indischen Touch!

Lasagne
Lässt sich wunderbar vorbereiten

- Die Zwiebel und die Knoblauchzehe schälen. Den Sellerie und die Möhre waschen und schälen. Alles sehr fein würfeln. Den Speck ebenfalls in kleine Würfel schneiden.
- Etwa 1 Esslöffel Olivenöl in einer beschichteten Pfanne erhitzen, darin die Speckwürfel kross braten und das Gemüse dünsten. Hackfleisch dazugeben und unter Rühren krümelig braten. Wein angießen und mit Tomatenmark, Oregano, Salz, Pfeffer und Paprika würzen.
- Für die Béchamelsoße die Butter in einem Topf zerlassen. Das Mehl darin anschwitzen und unter Rühren Milch und Brühe dazugießen. Aufkochen und mit Salz, Pfeffer und Muskat würzen.
- Eine Auflaufform (etwa 30 cm lang) mit Olivenöl einfetten und den Backofen auf 200 °C vorheizen. Den Boden der Auflaufform mit etwas Béchamelsoße bedecken. Dann eine Schicht Nudelplatten und etwas Hackfleischmasse darauf schichten; mit etwas Parmesan bestreuen. Mit der Béchamelsoße erneut beginnen und die Schichten wiederholen, bis alle Zutaten verbraucht sind. Die letzte Schicht mit Béchamelsoße und Parmesan abschließen. Die Lasagne auf mittlerer Schiene etwa 45 Minuten backen.

▶ **Kinderportion:**

1 Stück Lasagne (so groß wie zwei Kinderhände)

▶ **Variation:**

Mit aufgetautem, ausgedrücktem und gehacktem Blattspinat können Sie die Lasagne um eine Gemüsekomponente erweitern.

Tipp

Für Vegetarier lässt sich die Lasagne anstelle von Speck und Hackfleisch mit 100 g grünen Berglinsen (zuvor gegart) und 300 g geraspeltem Kürbisfleisch zubereiten. Lecker – auch für Fleischesser!

▶ **Für 6 Portionen**

- 1 Zwiebel
- 1 Knoblauchzehe
- 100 g Knollensellerie
- 1 Möhre
- 50 g durchwachsener Speck
- 2 EL Olivenöl
- 500 g Hackfleisch (halb und halb)
- 100 ml trockener Weißwein
- 2 EL Tomatenmark
- 1 TL gerebelter Oregano
  - Salz
  - schwarzer Pfeffer aus der Mühle
  - Paprika (rosenscharf)
- 4 EL Butter
- 4 EL Mehl
- ½ l Milch
- ½ l Rinderbrühe (Instant)
- 1 Msp. Muskat
- 250 g grüne Lasagneblätter (ohne Vorkochen)
- 100 g frisch geriebener Parmesan

Fischlasagne mit Krabben und Gemüse

Hein Blöd und die drei Bärchen streiten stets ums letzte Stück

▶ Für 6 Portionen

250 g Schollenfilet
250 g Lachsfilet
100 g geschälte Tiefseegarnelen
     Saft von ½ Zitrone
     Salz
     schwarzer Pfeffer aus der Mühle
100 g feine TK-Erbsen
150 g junge Möhren
   1 Bund Frühlingszwiebeln
  4 EL Butter
  3 EL Mehl
  ¾ l Milch
     Salz
     schwarzer Pfeffer aus der Mühle
     Muskat
  3 EL fein gehackter Dill
  3 EL fein gehackte Petersilie
  1 TL Butter
200 g Lasagneblätter
     (ohne Vorkochen)
 50 g frisch geriebener Parmesan
150 g frisch geriebener Gouda

- Fisch und Krabben unter kaltem Wasser abspülen, mit Küchenkrepp trocken tupfen. Die Schollenfilets in zwei lange Stücke teilen. Den Lachs in mundgerechte Würfel schneiden.
- Alles in eine flache Schale geben, salzen und pfeffern sowie mit Zitronensaft beträufeln. Mit Klarsichtfolie abdecken und in den Kühlschrank stellen.
- Die Erbsen antauen lassen. Die Möhren und die Frühlingszwiebeln waschen und putzen. Die Frühlingszwiebel in ganz feine Ringe schneiden. Die Möhren fein würfeln.
- Einen Esslöffel Butter in einer beschichteten Pfanne erhitzen, das Gemüse etwa 5 Minuten zugedeckt dünsten. Mit Salz und Pfeffer würzen.
- Für die Béchamelsoße 3 Esslöffel Butter in einem Topf zerlassen. Das Mehl darin anschwitzen und unter Rühren die Milch dazugießen. Aufkochen lassen und mit Salz, Pfeffer und Muskat würzen. Zum Schluss die Kräuter unterrühren.
- Eine Auflaufform (etwa 30 cm lang) mit Butter einfetten und den Backofen auf 200 °C vorheizen. Den Boden der Auflaufform mit etwas Béchamelsoße bedecken. Eine Schicht Nudelplatten darauf legen. Auf diese die Schollenfilets schichten und mit etwas Parmesan bestreuen. Dann wieder mit der Béchamelsoße beginnen, etwa drei Viertel des Gemüses dazugeben und mit Parmesan bestreuen. Eine Schicht Nudelplatten darauf legen.
- Nun die Lachswürfel einschichten. Etwas Béchamelsoße und Parmesan darüber geben. Wieder eine Schicht Nudelplatten darauf geben. Den Abschluss bildet der Rest des Gemüses mit den Garnelen sowie Béchamelsoße. Den restlichen Parmesan und den Gouda dick über die letzte Schicht streuen. Die Lasagne auf mittlerer Schiene etwa 40 Minuten backen.

▶ Kinderportion:

1 Stück Lasagne (so groß wie zwei Kinderhände)

Tortellini-Thunfisch-Salat
Super Salat für ein Picknick im Freien

▶ **Für 6 Portionen**

500 g Tortellini (aus dem Kühlregal) · etwas Salz · 1 kleine Zwiebel · ½ Bund Basilikum · 4 Fleischtomaten · 2 gelbe Paprikaschoten · 2 Dosen Thunfisch im eigenen Saft (à 150 g) 4 EL Rotweinessig · 4 EL Olivenöl · schwarzer Pfeffer · Jodsalz

▬ Die Tortellini nach Packungsanweisung in reichlich gesalzenem Wasser garen, abgießen, abschrecken und auskühlen lassen.

▬ Die Zwiebel schälen und fein hacken. Das Basilikum waschen, trocken schütteln, die Blätter von den Stielen zupfen und in feine Streifen schneiden.

▬ Die Tomaten waschen, über Kreuz einritzen, kurz überbrühen und enthäuten, dann in Würfel schneiden. Die Paprikaschoten waschen, putzen und in feine Ringe schneiden.

▬ Den Thunfisch abtropfen lassen und mit einer Gabel zerpflücken. Tortellini, Gemüse, Zwiebeln und Basilikum mit dem Thunfisch in eine Schüssel geben und gut vermengen.

▬ Aus Essig, Öl, schwarzem Pfeffer und Salz ein Dressing herstellen und über die Salatzutaten geben. Den Tortellinisalat etwa 1 Stunde im Kühlschrank durchziehen lassen und dann servieren.

▶ **Kinderportion:**

2 Kinderhände voll Salat

▶ **Variation:**

Anstelle von Thunfisch passt auch fein gewürfelter Mozzarella oder Feta.

Italienischer Nudelsalat
Dieser Salat findet reißenden Absatz

▶ **Für 6 Portionen**

400 g Spaghetti · 4 EL Olivenöl · 2 Zwiebeln · 2 Knoblauchzehen · 2 mittelgroße Zucchini · Jodsalz · schwarzer Pfeffer 100 g getrocknete, in Öl eingelegte Tomaten · 50 g Parmesan 1 Bund glatte Petersilie · ½ Bund Basilikum · 4 EL Olivenöl 8 EL Tomatenketchup · 4 EL Tomatenmark · 4 EL Weißweinessig

▬ Zuerst die Spaghetti nach dem Grundrezept auf S. 97 zubereiten und mit etwas Olivenöl beträufeln, damit sie nicht aneinander kleben. Auf 5 bis 6 cm Länge schneiden.

▬ Zwiebeln und Knoblauch schälen und fein hacken. Zucchini waschen, putzen und in Scheiben schneiden. Das restliche Olivenöl erhitzen und Zwiebel und Knoblauch darin andünsten, Zucchinischeiben hinzufügen und von beiden Seiten goldgelb braten. Mit Salz und Pfeffer würzen.

▬ Das überschüssige Fett von den getrockneten Tomaten mit Küchenkrepp abtupfen und die Tomaten in ganz feine Würfel schneiden. Den Parmesan in große Späne hobeln.

▬ Für das Dressing Petersilie und Basilikum waschen, trocken schütteln, die Blätter von den Stielen zupfen und fein hacken. Olivenöl, Ketchup, Tomatenmark, Weißweinessig, Salz und Pfeffer zu einer Marinade verrühren. Die Kräuter hinzufügen.

▬ Alle Zutaten – außer dem Parmesan – in eine große Salatschüssel geben. Das Dressing darüber verteilen und vermengen. Den Salat etwa 1 Stunde durchziehen lassen. Vor dem Servieren mit den Parmesanspänen garnieren.

▶ **Kinderportion:**

2 Kinderhände voll Salat

▶ **Eltern-Extra:**

Geben Sie noch zwei Handvoll Rucola unter den Salat.

Reis & Getreide

Reis zählt nicht nur zu den ältesten Kulturgütern der Erde, sondern es ist auch das meist-
verzehrte Lebensmittel auf der Welt. Auch wenn wir in Deutschland nur einen winzigen Bruchteil
der 150 000 Reissorten kaufen können, so haben wir doch eine relativ große Auswahl.

Lang oder rund?

Bei Reis unterscheiden wir grundsätzlich Langkorn- und Rundkornreis. Langkornreis findet mehr Anhänger als Rundkornreis.
Doch Rundkornreis kann eine Alternative sein, wenn Kleinkinder den Langkornreis verweigern. Da er weicher ist, lässt er
sich einfacher schlucken.

Die meist verkaufte **Langkornreissorte** in Deutschland ist
der Patnareis. Die langen, schlanken Körner haben einen
trockenen, glasigen Kern. Nach dem Garen sind die Körner
schneeweiß und locker. Seine Kochzeit beträgt in der Regel
20 Minuten.

Aufgrund der Ballaststoffe und B-Vitamine sollte Vollkornreis
dem weißen Reis vorgezogen werden. Naturreis ist im Geschmack kräftiger und hat eine längere Garzeit als weißer Reis.
Bezogen auf den Gesundheitswert liegt der parboiled Reis
zwischen weißem und Vollkornreis. Er wird im Parboiling-Ver-
fahren gewonnen. Unter Einsatz von Druckveränderungen und
Wasserdampf werden Vitamine und Mineralstoffe aus dem
Silberhäutchen, das direkt unter der Schale liegt, in den Reis-
körper gepresst. Nach dem Schälen hat dieser Reis einen
höheren Anteil an B-Vitaminen als herkömmlicher weißer Reis.
Er wird beim Kochen weniger schnell klebrig oder klumpig.
Jasmin- und Basmatireis enthalten weniger Stärke als Patnareis. Sie verströmen beim Kochen einen leichten Duft, sind
zartkörnig und haben eine Garzeit von nur 12 bis 15 Minuten.
Der bekannteste **Rundkornreis** ist bei uns der Milchreis. Der
andere Vertreter dieser Gruppe ist der Risottoreis. Rundkornreis
gibt beim Garen viel Stärke ab, dadurch entsteht eine breiige
bzw. cremige Konsistenz.

Dreimal unterschiedlich Reis kochen

Reis lässt sich nach drei verschiedenen Methoden kochen.
Die einfachste ist die Kochbeutel-Methode, gefolgt von dem
Kochen in viel Wasser und zuletzt der Quellmethode. Letztere
ist zu bevorzugen, denn sie geht schnell und ist ökologisch
gesehen die sinnvollste.

Kochbeutelmethode
Die auf der Packung angegebene Menge Wasser zum Kochen
bringen, salzen und den Kochbeutel (à 125 g Reis) hineinlegen.
Wichtig: Die Temperatur reduzieren, denn der Reis soll bei
milder Hitze in der auf der Packung angegebenen Zeit gegart
werden. Ist die Garzeit um, den Beutel herausnehmen, abtropfen lassen und aufschneiden.

Kochmethode
In einem Topf ein bis zwei Liter Wasser zum Kochen bringen.
Kräftig salzen, dann den Reis (50 g pro Person) hineinschütten.
Auch hier ist es wichtig, die Temperatur zu reduzieren, denn
ansonsten entstehen große Schaumberge (aus dem Eiweiß des
Reises), die überkochen. Den Reis nach Packungsanweisung
zwischen 12 und 20 Minuten garen. Den Reis in ein Sieb ab-
gießen und gut abtropfen lassen.

Quellmethode
Den Reis in einen Messbecher oder eine Tasse geben. 125 g
Reis ergibt 1/8 Liter und diesen mit der doppelten Menge Wasser
(1/4 Liter) zum Kochen bringen. Den Reis nur leicht salzen.
Wichtig: Bleiben Sie beim Ankochen dabei, schalten Sie die
Herdplatte nach dem Ankochen auf eine sehr niedrige Stufe.
Lassen Sie den Reis bei geschlossenem Deckel nach Pa-
ckungsanweisung zwischen 12 und 20 Minuten quellen. Mit

etwas Übung wird der Reis stets die gesamte Wassermenge aufsaugen und kann somit direkt aus dem Topf in eine Servierschüssel umgefüllt werden.

Tipps zum Verfeinern der Quellmethode:
- Anstelle von leicht gesalzenem Wasser verwenden Sie Brühe, so wird der Reis aromatischer.
- Den Reis zuvor in 1 TL Raps- oder Olivenöl glasig dünsten.

Alternativen zum Reis

Auch heimisches Getreide wie die Körner von Weizen, Roggen, Gerste, Hafer und Dinkel lassen sich im Ganzen kochen und quellen und als Beilage wie Reis verzehren. Ebenso eignen sie sich für Suppen oder Bratlinge. In der Vollwertküche spielen sie eine große Rolle. Zurzeit sind Hirse, Bulgur, Couscous und Mais sowie Grünkern die bevorzugten Alternativen zum Reis.

Hirse war im Mittelalter das meist gegessene Getreide in Europa. Auch wenn Hirse ein kleines Comeback erlebt hat, so ist der Verzehr doch verschwindend gering. Hirse ist ein besonders mineralstoffreiches Getreide und zeichnet sich durch einen hohen Anteil an Eisen und Magnesium aus. Hirse lässt sich wie Reis zubereiten und ihre Garzeit liegt je nach Sorte zwischen 30 und 40 Minuten.

Bulgur und Couscous sind geschälte, vorgekochte und wieder getrocknete Weizenkörner. Sie unterscheiden sich in der Körnung. Bulgur ist in der Regel grob und Couscous ist fein zerstoßen. Er lässt sich auf zwei Wegen zubereiten:
- Bulgur oder Couscous in eine Schüssel geben, Gewürze hinzufügen und mit kochend heißem Wasser übergießen. Es sollte so viel Wasser zugefügt werden, dass das Wasser 2 cm hoch über dem Getreide steht. Dann – ganz wichtig: Die Schüssel mit einem Teller verschließen und quellen lassen. Bei mir ist das Korn in 10 Minuten optimal.
- Bulgur oder Cousous mit Wasser aufkochen oder in heißes Wasser streuen und 5 bis 10 Minuten bei reduzierter Hitze garen. Das überschüssige Wasser abgießen.

Mais als Getreide wird in Form von Grieß und Mehl angeboten. Aus ihm wird ein Brei gekocht, der dann erkaltet in Scheiben geschnitten und angebraten wird.

Grünkern hat es geschafft, auch über den Kreis der Körnerfreaks hinaus als ganze bzw. geschrotete Körner wahrgenommen zu werden. Botanisch gesehen handelt es sich um Dinkel, der halbreif geerntet wurde. Sein leicht nussiges Aroma macht ihn geschmacklich attraktiv. Gesundheitlich kann er mit seinem Gehalt an Ballaststoffen, B-Vitaminen und Magnesium punkten.

Richtig lagern!

Damit Reis und Getreideprodukte bis zum Mindesthaltbarkeitsdatum ihre Spitzenqualität behalten, ist beim Lagern auf Folgendes zu achten:
- Dunkel, trocken und bei Zimmertemperatur lagern.
- Waren luftdicht verschlossen in der Originalpackung lagern. Nach dem Öffnen in einer gut verschließbaren Vorratsdose aufbewahren, sodass Lebensmittelmotten keine Chance haben.

Reispfanne Leipziger Art

Erbsen und Möhren sind bei den Kleinen stets beliebt

▶ **Für 4 Portionen**

200 g parboiled Reis · 1 Zwiebel 250 g Champignons · 250 g Möhren ½ Bund Petersilie · 200 g TK-Erbsen 3 EL Rapsöl · 2 EL Crème fraîche · 4 EL frisch geriebener Parmesan · Jodsalz weißer Pfeffer

- Den Reis zubereiten (siehe S. 104) oder 600 g fertig gegarten Reis verwenden.
- Die Zwiebel schälen und fein hacken. Champignons putzen und blättrig schneiden. Die Möhren waschen, schälen und fein würfeln. Die Petersilie waschen und trocken schütteln, die Blättchen von den Stielen zupfen und fein hacken. Die Erbsen antauen lassen.
- Das Öl in einer Pfanne erhitzen, die Zwiebeln zusammen mit den Möhrenwürfeln etwa 10 Minuten dünsten, dann die Pilze hinzufügen und anbraten. Zum Schluss die Erbsen und den Reis unter mehrfachem Wenden 4 Minuten braten. Die Crème fraîche, den Parmesan und die Petersilie unterrühren und mit Salz und Pfeffer abschmecken.

▶ **Kinderportion:**

1 Kaffeetasse voll

▶ **Eltern-Extra:**

300 g geschälte Garnelen hinzufügen.

Brokkoli-Reis-Pfanne

Grüner Blumenkohl findet seine Fans unter den Kids

▶ **Für 4 Portionen**

200 g parboiled Reis · 440 g Brokkoli 1 Zwiebel · 150 g Möhren · ½ Bund Petersilie · 3 EL Rapsöl · 100 g gekochter Schinken · 4 EL Sahne · 1 EL Senf · Jodsalz · weißer Pfeffer

- Den Reis zubereiten (siehe S. 104) oder 600 g fertig gegarten Reis verwenden.
- Den Brokkoli waschen, putzen und in kleine Röschen zerteilen. Fünf Minuten in leicht gesalzenem Wasser garen, dann auf ein Sieb geben und abtropfen lassen.
- Die Zwiebel schälen und fein hacken. Die Möhren waschen, schälen und fein reiben. Die Petersilie waschen und trocken schütteln, die Blättchen von den Stielen zupfen und fein hacken.
- Das Öl in einer Pfanne erhitzen, die Zwiebeln glasig dünsten, Möhrenraspeln und Brokkoli darin 10 Minuten braten. Inzwischen den Schinken fein würfeln oder in Streifen schneiden.
- Den Reis zum Gemüse geben und anbraten. Schinkenwürfel und Petersilie unterheben. Mit Sahne und Senf verfeinern und mit Salz und Pfeffer abschmecken.

▶ **Kinderportion:**

1 Kaffeetasse voll

Gebratener Reis mit Wintergemüse

Schenken Sie dem Wirsing mehr Aufmerksamkeit

▶ **Für 4 Portionen**

200 g parboiled Reis · 2 Möhren 1 Lauchstange · 300 Wirsing · 1 Stück Ingwer · 1 Knoblauchzehe · 3 EL Rapsöl · 2 EL Sojasoße · Salz · weißer Pfeffer

- Den Reis kochen (siehe S. 104) oder 600 g fertig gegarten Reis verwenden.
- Die Möhren waschen, putzen, schälen und in dünne Scheiben schneiden. Den Lauch waschen, putzen und in Ringe schneiden. Den Wirsing waschen, putzen und in feine Streifen schneiden. Ingwer und Knoblauch schälen und fein hacken.
- Das Öl in einer Pfanne erhitzen, Möhren und Lauch darin 5 Minuten anbraten, dann Wirsing, Ingwer und Knoblauch unterrühren und weitere 5 Minuten bei geschlossenem Deckel garen.
- Den Reis unter das Gemüse heben. Mit Sojasoße, Salz und weißem Pfeffer abschmecken.

▶ **Kinderportion:**

1 Kaffeetasse voll

▶ **Eltern-Extra:**

Anstelle von Sojasoße 2 Esslöffel Kapern und den Saft einer halben Zitrone unter das Gericht rühren.

Sommergemüse-Reispfanne

Ein sommerliches Dream-Team

▶ **Für 4 Portionen**

200 g parboiled Reis · 1 Zucchini · 1 rote Paprika · 1 gelbe
Paprika · 2 Knoblauchzehen · ¼ Bund frisches Basilikum
3 EL Rapsöl · 200 g passierte Tomaten · 1 Kugel Mozzarella
2 EL Tomatenmark · Jodsalz · weißer Pfeffer

▬ Den Reis nach einer der auf Seite 104 beschriebenen
Methoden zubereiten oder 600 g fertig gegarten Reis
verwenden.

▬ Zucchini waschen, putzen und in Würfel schneiden.
Die Paprikaschoten halbieren, waschen, putzen und
ebenfalls in Würfel schneiden. Den Knoblauch schälen
und fein hacken. Das Basilikum waschen und trocken
schütteln. Die Blätter von den Stielen zupfen und in
Streifen schneiden.

▬ Das Rapsöl in einer Pfanne erhitzen, die Zucchini- und
Paprikawürfel bei geschlossenem Deckel etwa 5 Minuten
dünsten. Dann den Knoblauch darin anbraten. Den Reis
unterheben und die passierten Tomaten dazu geben.
Das Ganze weitere 5 Minuten braten.

▬ Inzwischen den Mozzarella würfeln. Die Würfel zusammen mit dem Tomatenmark und dem Basilikum untermengen. Mit Salz und Pfeffer abschmecken.

▶ **Kinderportion:**

1 Kaffeetasse voll

▶ **Eltern-Extra:**

Geben Sie 250 g angetaute TK-Meeresfrüchte unter das
Gericht und verleihen Sie ihm mit Sambal Oelek etwas
Schärfe.

Gefüllte Tomaten

Füllungen sorgen immer für Überraschungen

► **Für 4 Portionen**

200 g TK-Blattspinat · 1 Zwiebel · 1 Knoblauchzehe
1 EL Butter · 100 g Bulgur · 200 ml Gemüsebrühe · 8 Fleischtomaten (à 250 g) · 100 g Schafskäse (70% Fett i. Tr.)
etwas Salz · schwarzer Pfeffer aus der Mühle

- Den Spinat auftauen lassen. Zwiebel und Knoblauch schälen und fein hacken. Die Butter in einem kleinen Topf
erhitzen, Zwiebelwürfel und Knoblauch darin andünsten.
Den Bulgur dazugeben und mit der Brühe ablöschen.
Das Ganze bei reduzierter Hitze etwa 10 Minuten quellen
lassen.
- Die Tomaten waschen. Von jeder Tomate einen Deckel
abschneiden. Den Stielansatz aus dem Deckel schneiden.
Die Tomaten mit einem Esslöffel aushöhlen. Das Fruchtfleisch fein würfeln. Den Backofen auf 200°C (Umluft
170°C; Gas Stufe 3) vorheizen.
- Den Spinat ausdrücken und fein hacken. Den Schafskäse
zerbröseln, 4 Teelöffel Schafskäse beiseite stellen. Spinat
und Schafskäse zusammen mit dem Fruchtfleisch der
Tomaten unter den gequollenen Bulgur geben.
- Die Füllung mit Salz und Pfeffer abschmecken und in die
Fleischtomaten füllen. Die Tomaten in eine Auflaufform
setzen. Den Tomatendeckel auf die gefüllten Tomaten
setzen und in die Löcher der Stielansätze den restlichen
Schafskäse füllen.
- Die Tomaten auf mittlerer Schiene etwa 20 Minuten
backen. Dann aus dem Ofen nehmen und heiß servieren.

► **Kinderportion:**
½ Tomate

TiPP

**Achten Sie beim Einkauf des Schafskäses darauf, dass er
einen hohen Fettgehalt hat. Bei einer Fettgehaltsstufe
von 70% Fett in der Trockenmasse (i. Tr.) ist er auch nach
dem Backen noch cremig.**

Vegetarisches Wokgericht

Ganz einfach und wunderbar leicht

► **Für 4 Portionen**

200 g Basmatireis · etwas Jodsalz · 1 rote Paprikaschote
1 grüne Paprikaschote · 4 Stangen Staudensellerie · 2 Chicorée · 1 Stück Ingwer (etwa 4 cm) · 2 EL Rapsöl · 1 TL Curry
etwas Salz · schwarzer Pfeffer aus der Mühle · 4 EL Sojasoße

- Den Reis nach einer der auf Seite 104 beschriebenen
Methoden zubereiten oder 600 g fertig gegarten Reis
verwenden.
- Die Paprikaschoten waschen, putzen, Kerne und weiße
Trennwände entfernen und in mundgerechte Streifen
schneiden. Den Staudensellerie waschen, putzen und in
feine Würfel schneiden. Das Selleriegrün fein hacken und
beiseite stellen.
- Den Chicorée waschen, den Strunk kegelförmig herausschneiden und die Kolben in ½ cm breite Ringe schneiden.
Den Ingwer schälen und mit einem Messer fein hacken
oder raspeln.
- Das Öl in einem Wok erhitzen, das Gemüse ins heiße Öl
geben und unter Rühren anbraten. Mit Ingwer, Curry, Salz
und Pfeffer würzen. Den Reis unterheben. Mit der Sojasoße abschmecken und eventuell noch mal würzen.

► **Kinderportion:**
1 Kaffeetasse voll

TiPP

**Kinder lassen sich noch einfach begeistern. Wenn Sie das
Gericht im Wok auf einem Rechaud am Tisch servieren,
entsteht eine ganz andere Atmosphäre und das Gericht
schmeckt noch mal so gut.**

Mexikanische Pfannkuchen mit Reis-Gemüse-Füllung

Vegetarisch und doch sehr sättigend

- Das Mehl in eine Schüssel geben, Eier, Milch und etwas Salz dazugeben und zu einem glatten Teig rühren. Diesen etwa 30 Minuten quellen lassen.
- Etwa 1 Esslöffel Butter in einer beschichteten Pfanne zerlassen und darin nacheinander etwa sechs Pfannkuchen backen. Nach jedem zweiten Pfannkuchen etwas Butter in die Pfanne geben. Die Pfannkuchen im Ofen warm stellen.
- Den Reis nach einer der auf Seite 104 beschriebenen Methoden zubereiten oder 600 g fertig gegarten Reis verwenden.
- Die Kidneybohnen abtropfen lassen. Die Knoblauchzehe schälen und fein hacken. Zusammen mit der Hälfte der Kidneybohnen in ein hohes Gefäß geben. Die Paste pürieren und mit Salz, Pfeffer, Chilipulver und etwas Limettensaft abschmecken.
- Die Paprikaschoten waschen, putzen und in mundgerechte Stücke schneiden. Die Zwiebel schälen und in feine Ringe scheiden.
- Die Paprikaschoten in derselben Pfanne wie die Pfannkuchen dünsten. Den Reis und die restlichen Kidneybohnen dazugeben. Crème fraîche und den restlichen Limettensaft unterrühren. Mit Salz, Pfeffer, Chilipulver, Tabasco und Petersilie abschmecken.
- Die Pfannkuchen mit der Bohnenpaste bestreichen. Mit der Reis-Gemüse-Mischung füllen, die Pfannkuchen aufrollen oder zusammenklappen. Mit den roten Zwiebelringen, Petersilie und der restlichen Bohnenpaste garnieren.

▶ **Kinderportion:**

½ Pfannkuchen mit Füllung

▶ **Variationen:**

Die Kidneybohnen können Sie ganz oder teilweise durch Mais ersetzen.
Wenn es schnell gehen soll, können Sie diese Pfannkuchen auch asiatisch füllen:
Nehmen Sie eine TK-Packung „Asiatische Gemüsemischung", rühren den Reis
darunter und füllen die Pfannkuchen, ohne Sie zuvor mit Paste bestrichen zu
haben. Die asiatischen Pfannkuchen schmecken Sie mit Sojasoße ab.

▶ **Für 4 Personen**

200 g	Weizenvollkornmehl
2	Eier
400 ml	Milch
	etwas Salz
3 EL	Butter
200 g	parboiled Reis
2	Dosen Kidneybohnen (à 250 g)
1	Knoblauchzehe
	schwarzer Pfeffer aus der Mühle
1 Msp.	Chilipulver
1	Limette, Saft
1	grüne Paprikaschote
1	rote Paprikaschote
1	Gemüsezwiebel
100 g	Crème fraîche
2–3	Spritzer Tabasco
5 EL	glattblättrige Petersilie (fein gehackt)

Möhren-Blumenkohl-Auflauf

Lässt sich bequem vorbereiten

▶ **Für 4 Portionen**

2 Stangen Lauch · 3 große Möhren · 1 Kopf Blumenkohl
1 EL Raps- oder Sonnenblumenöl · 250 g Vollkornreis
2 TL Curry · 500 ml Gemüsebrühe · 1 EL Butter · 5 frische
Eier · 200 g süße Sahne · etwas Salz · schwarzer Pfeffer
aus der Mühle · 150 g mittelalter Gouda

- Den Lauch waschen, putzen und in Ringe schneiden.
  Die Möhren schälen und in Scheiben schneiden. Den
  Blumenkohl putzen, in Röschen zerteilen und waschen.
- Blumenkohlröschen und Möhren in etwas Wasser ca.
  10 Minuten garen. Während der letzten 3 Minuten den
  Lauch zum anderen Gemüse geben und mitdünsten.
  Auf ein Sieb geben und abtropfen lassen.
- Das Öl in einem kleinen Topf erhitzen, den Reis zusam-
  men mit 1 Teelöffel Curry andünsten. Anschließend die
  Gemüsebrühe angießen. Zum Kochen bringen, die Hitze
  reduzieren und etwa 25 Minuten köcheln lassen.
- Den Backofen auf 200 °C (Umluft 170 °C) vorheizen. Eine
  flache Auflaufform (etwa 30 cm lang) mit der Butter
  einfetten. Die Eier mit der Sahne verquirlen und kräftig
  mit Salz, Pfeffer und Curry abschmecken.
- Den Gouda eventuell entrinden und grob reiben. Das
  Gemüse mit dem Reis vermengen und dann in die
  Auflaufform geben. Die Eiersahne über den Gemüse-
  Reis-Auflauf verteilen und mit dem Gouda bestreuen.
- Den Auflauf auf mittlerer Schiene etwa 30 Minuten ba-
  cken. Dann aus dem Ofen nehmen und heiß servieren.

▶ **Kinderportion:**

4–5 Esslöffel

Tipp

Natürlich können Sie diesen Auflauf auch bequem
mit Reis vom Vortag und einer TK-Gemüsemischung
zubereiten, dann haben Sie den Auflauf innerhalb
von 5 Minuten im Ofen.

Reispuffer

So lässt sich der Reis vom Vortag verwerten

▶ **Für 4 Portionen**

200 g parboiled Reis · 3 – 4 frische Eier · 4 EL Speisestärke · 1 TL Worcestersoße · 5 EL gehackte Kräuter Jodsalz · weißer Pfeffer · 4 EL Rapsöl

▬ Den Reis kochen (siehe S. 104) oder 600 g fertig gegarten Reis verwenden.

▬ Unter den abgekühlten Reis die Eier und die Speisestärke mengen. Mit der Worcestersoße, Kräutern, Salz und Pfeffer abschmecken.

▬ Etwa 1 Esslöffel Öl in einer beschichteten Pfanne erhitzen und mit einem Esslöffel die Reismasse als handflächengroße Puffer geformt in die Pfanne geben. Von beiden Seiten bei reduzierter Hitze etwa 5 Minuten goldgelb braten und warm stellen. Dann mit der restlichen Masse so fortfahren, immer etwas Öl nachgießen. Ergibt insgesamt etwa 14 Reispuffer.

▶ **Das passt dazu:**

Lecker schmeckt dazu ein würziger Dip wie der Lachsaufstrich von Seite 57.

▶ **Kinderportion:**

1 Puffer

▶ **Eltern-Extra:**

Unter die Reispuffer können Sie eine Handvoll Erbsen oder Mais geben.

Grünkernbratlinge

Bei Kindern genauso beliebt wie Fleischklößchen

▶ **Für 4 Portionen**

600 ml Gemüsebrühe · 200 g Grünkernschrot · 1 Knoblauchzehe · 5 EL feingehackte Petersilie · 30 g gemahlene, geschälte Mandeln · 2 Eier 2 Eigelbe · Jodsalz · schwarzer Pfeffer 50 g gewürfelter Bergkäse · 3 EL Rapsöl

▬ Gemüsebrühe aufkochen, den Grünkern untermischen und 10 Minuten quellen lassen.

▬ Knoblauch schälen und fein hacken. Zusammen mit der Petersilie und dem Mandelmehl unter den gequollenen Grünkern mischen, den Topf vom Herd nehmen und etwas auskühlen lassen.

▬ Dann Eier und Eigelbe unter die Masse arbeiten und mit Salz und Pfeffer würzen. Aus der Masse kleine Bratlinge formen und diese mit je einem Käsewürfel füllen.

▬ Das Öl in einer Pfanne erhitzen und die Grünkernbratlinge langsam von beiden Seiten goldbraun braten.

▶ **Das passt dazu:**

Dazu passen Dips auf Basis von Quark (Rezepte ab S. 57).

▶ **Kinderportion:**

1 Bratling

▶ **Variation:**

Unter die Bratlinge können Sie 100 g geraspeltes Gemüse mischen.

Haferflockenfrikadellen

Schmecken auch kalt

▶ **Für 4 Portionen**

1 Möhre · ½ Bund Dill · 50 g gekochter Schinken · 150 g Haferflocken 150 g Quark · 2 Eier · Jodsalz · weißer Pfeffer · 50 g Paniermehl · 4 EL Rapsöl

▬ Die Möhre waschen, putzen und raspeln. Den Dill waschen, trocken tupfen und fein hacken. Den Schinken in ganz feine Würfel schneiden. Diese Zutaten mit den Haferflocken und dem Quark in eine Schüssel geben. Die Eier hinzufügen und alle Zutaten zu einem Teig verkneten. Diesen etwa 1 Stunde quellen lassen.

▬ Aus dem Teig kleine Taler formen und diese im Paniermehl wenden. Das Öl in einer Pfanne erhitzen und die Haferflockenfrikadellen bei reduzierter Hitze von beiden Seiten goldgelb braten.

▶ **Kinderportion:**

2 Frikadellen

▶ **Eltern-Extra:**

Anstelle von Schinken schmecken Haferflockenfrikadellen auch gut mit Räucherlachs.

Salbei-Tomaten-Risotto

Für Kaufaule ist Risotto immer eine willkommene Abwechslung

▶ **Für 4 Portionen**

1 Zwiebel · 1 Knoblauchzehe · ½ Bund Salbei · 4 EL Olivenöl 250 g Risottoreis · 150 ml Apfelsaft · 700 ml heiße Gemüsebrühe · 250 g Kirschtomaten · 50 g frisch geriebener Parmesan · Jodsalz und Pfeffer

– Zwiebel und Knoblauch schälen und fein hacken. Salbei waschen und trocken tupfen, die Blättchen von den Stielen zupfen und quer in ½ cm dicke Streifen schneiden.

– 2 Esslöffel Öl in einem breiten Topf erhitzen, Zwiebel, Knoblauch und Salbeistreifen im Öl glasig dünsten. Reis zugeben und unterrühren, bis alle Körner mit Fett überzogen sind. Mit Apfelsaft ablöschen, Flüssigkeit verdampfen lassen. Reis mit heißer Brühe auffüllen, bis er knapp bedeckt ist. Bei mittlerer Hitze 25 Minuten garen, dabei nach und nach die übrige Brühe zugießen und immer wieder umrühren.

– Tomaten waschen und halbieren. In 2 Esslöffel Olivenöl bei mittlerer Hitze 3 Minuten braten. Die Hälfte des Parmesans unter das Risotto heben, salzen und pfeffern. Mit Tomaten und dem restlichen Käse servieren.

▶ **Kinderportion:**

1 Kaffeetasse voll

▶ **Eltern-Extra:**

Braten Sie mit den Tomaten noch zusätzlich grünen Spargel (in mundgerechte Stücke geschnitten) an.

Spinat-Risotto mit Kabeljau

So macht Fischessen Spaß

▶ **Für 4 Portionen**

1 Zwiebel · 1 Knoblauchzehe · 300 g frischer Blattspinat 4 EL Olivenöl · 250 g Risottoreis · 800 ml Gemüsebrühe 300 g frischer Blattspinat · 400 g Kabeljaurückenfilet · 2 EL Sojasoße · Jodsalz · weißer Pfeffer · 4 EL frisch geriebener Parmesan

– Zwiebel und Knoblauch schälen und fein hacken. Den Spinat waschen, verlesen, feste Stiele entfernen und fein hacken.

– 2 Esslöffel Öl in einem breiten Topf erhitzen, Zwiebel und Knoblauch im Öl glasig dünsten. Reis zugeben und unterrühren, bis alle Körner mit Fett überzogen sind. Mit der heißen Brühe auffüllen, bis der Reis knapp bedeckt ist. Bei mittlerer Hitze 25 Minuten garen, dabei nach und nach die restliche Brühe zugießen und immer wieder rühren. Den gehackten Spinat unter den Reis mischen und während der letzten 5 Minuten mitgaren.

– Den Kabeljau waschen und trocken tupfen. Den Fisch in 2 cm breite Streifen schneiden. Mit Sojasoße beträufeln. Salzen und pfeffern. Das restliche Öl in einer Pfanne erhitzen und die Kabeljaustreifen darin von allen Seiten 2 bis 3 Minuten braten.

– Das Risotto mit Salz und Pfeffer würzen, dann auf Tellern anrichten, die Fischstreifen darauf verteilen und mit Parmesan servieren.

▶ **Kinderportion:**

1 Kaffeetasse mit Risotto, 1 Streifen Fisch

▶ **Eltern-Extra:**

Geben Sie eine Handvoll Garnelen unter das Risotto.

Hackfleisch

Hackfleisch ist ein Multitalent in der Küche und beliebt bei Groß und Klein. Mit ihm lassen sich schnelle Fleischsoßen (S. 98) zubereiten, Hackbällchen und Frikadellen formen oder auch Aufläufe oder pikante Kuchen zubereiten (S. 132).

Aufgepasst – in puncto Hygiene!

Aufgrund der stark vergrößerten Oberfläche ist Hackfleisch besonders anfällig für Verderb. In Fleischereien und im Lebensmitteleinzelhandel muss es daher frisch hergestellt werden und darf nur am Tag der Herstellung verkauft werden. Industriell produziertes und verpacktes Hackfleisch darf auch mit längeren Haltbarkeitsfristen angeboten werden. Hack gehört auf dem schnellsten Weg vom Einkauf in den heimischen Kühlschrank, es verträgt keine langen Einkaufswege. An heißen Sommertagen nehmen Sie eine Kühltasche mit, damit sich Ihr Hackfleisch im heißen PKW beim Rücktransport nicht zu stark erwärmt. Am Tag des Einkaufs sollte es auch seine Verwendung finden. Es ist darauf zu achten, dass es stets gut durchgebraten ist. Gegartes Hackfleisch hält sich ein bis zwei Tage im Kühlschrank.

Grundrezept Frikadelle
Ob warm oder kalt – sie schmecken immer.

▶ **Für 4 Portionen**

1 Brötchen vom Vortag · 1 Zwiebel · 1 Knoblauchzehe
400 g gemischtes Hackfleisch · 1 Ei · ½ TL Jodsalz · Pfeffer
2 EL Olivenöl

- Das Brötchen in lauwarmem Wasser einweichen. Die Zwiebel und den Knoblauch abziehen und fein hacken.
- Das Hackfleisch mit dem gut ausgedrückten Brötchen, Zwiebel und Knoblauch sowie Ei, Salz und Pfeffer gründlich verkneten, bis eine gleichmäßige Fleischmasse entsteht. Daraus 6 – 8 flache Frikadellen formen und in heißem Öl bei mittlerer Hitze von jeder Seite etwa 5 Minuten goldbraun braten.

▶ **Kinderportion:**
½ – 1 Frikadelle

Variationen:

- Anstelle von Brötchen kann man auch Paniermehl, Haferflocken, gekochten Reis oder Bulgur sowie rohe oder gekochte geriebene Kartoffel unter das Hackfleisch geben.
- Anstelle von gemischtem Hackfleisch können Sie natürlich auch nur Rinder- oder Kalbshack verwenden. Wer es gerne kräftig mag, verwendet Lammhack.
- Frikadellen vertragen viele Gewürze: Paprika, Curry und Chili – aber auch Kreuzkümmel oder Ingwer sowie eine Prise Zimt schaffen neue Geschmacksnuancen.
- Neben der Zwiebel können Sie auch fein gehackte frische Kräuter wie Petersilie, Rosmarin oder Thymian verwenden. Getrocknete Kräuter stellen auch kein Problem dar.

FLEISCHGERICHTE

Griechische Hackbällchen aus dem Ofen

Lassen sich gut vorbereiten

▶ **Für 4 Portionen**

1 Brötchen vom Vortag · 1 Zwiebel · 1 Knoblauchzehe
400 g gemischtes Hackfleisch · 1 Ei · ½ TL Jodsalz · Pfeffer
2 EL Olivenöl · 100 g Feta · 5 EL frisch gehackte Petersilie

- Den Backofen auf 180 °C vorheizen. Die Hackfleischmasse wie im Grundrezept Frikadellen (S. 113) beschrieben zubereiten. Nun den Feta fein würfeln und zusammen mit der Petersilie unter die Masse kneten.
- Papierförmchen in die Mulden eines Muffinblechs legen und die Hackfleischmasse als Frikadellen geformt auf die 12 Mulden verteilen. Auf der mittleren Schiene etwa 15 Minuten backen lassen.

▶ **Das passt dazu:**

Zu den Hackbällchen schmeckt Kartoffelpüree oder Brot.

▶ **Kinderportion:**

1 Hackbällchen

▶ **Eltern-Extra:**

Wenn Sie die Hackbällchen für Gäste machen, weichen Sie das Brötchen doch mal in Sherry ein.

Als italienische Variante können Sie anstelle des Schafskäses Mais aus der Dose und fein geschnittene Paprikawürfel unter die Hackmasse geben und das Ganze mit Parmesan bestreuen.

Hackbraten mit Oliven

Für Kaufaule und Bequeme

▶ **Für 6 – 8 Portionen**

2 Brötchen vom Vortag · 75 g mit Paprika gefüllte Oliven
1 Zwiebel · 1 Knoblauchzehe · 1 TL Olivenöl · ½ Bund glatte
Petersilie · 6 Zweige Basilikum · 1 Zweig Rosmarin · 3 Zweige
Thymian · 750 g gemischtes Hackfleisch · 2 Eier · 1½ TL Salz
1 TL Paprika, edelsüß · ¼ TL schwarzer Pfeffer

- Den Backofen auf 180 °C vorheizen. Die Brötchen grob zerteilen und in 125 ml Wasser einweichen. Die Oliven auf einem Sieb abtropfen lassen und quer halbieren. Die Zwiebel und den Knoblauch abziehen und fein hacken. Olivenöl in einer beschichteten Pfanne erhitzen und die Zwiebel darin glasig dünsten.
- Danach die Kräuter waschen, trocken tupfen, Blättchen von den Stielen zupfen und fein hacken. Das Hackfleisch mit den eingeweichten und ausgedrückten Brötchen, den Eiern, der angedünsteten Zwiebel, dem Knoblauch, den Oliven und den Kräutern vermengen.
- Mit Salz, Paprika und Pfeffer würzen und aus der Fleischmasse einen länglichen, brotähnlichen Laib formen. Ein Backblech mit etwas Olivenöl einpinseln und den Hackbraten darauf setzen. Im Ofen auf mittlerer Schiene etwa 60 Minuten garen. Den Hackbraten 5 Minuten ruhen lassen, dann in 10 bis 12 Scheiben schneiden.

▶ **Das passt dazu:**

Salzkartoffeln schmecken lecker zu diesem Hackbraten.

▶ **Kinderportion:**

½ Scheibe Hackbraten (Handfläche des Kindes)

Belegen Sie den Hackbraten mit Frühstücksspeck. So wird der Braten schön kross und sehr saftig. Zusätzlich können fein gewürfelte Paprika oder geraspelte Möhren unter die Hackmasse gegeben werden.

Tortilla gefüllt mit Gemüse und Fleischklößchen
Kinder sind auch beim Essen neugierig

- Hackfleisch, Paniermehl und Ei in eine Schüssel geben, kräftig mit Salz, Pfeffer und Paprika sowie Senf würzen und verkneten. Etwa 20 Fleischklößchen daraus formen.
- Die Hälfte des Öls in einer beschichteten Pfanne erhitzen und zehn Hackbällchen in etwa 4 Minuten rundherum braten, dann warm stellen. Danach die übrigen Hackbällchen braten.
- Die Paprikaschoten waschen, putzen und in mundgerechte Stücke schneiden. Den Sellerie waschen, putzen und in 3 mm dünne Scheiben schneiden. Das restliche Öl in einem Topf erhitzen und das Gemüse darin anbraten.
- Mais und Bohnen auf einem Sieb abtropfen lassen. Mit der Gemüsebrühe zum Gemüse geben und einmal aufkochen lassen. Das Ganze mit Tomatenmark, Salz, Pfeffer und etwas Zucker abschmecken.
- Inzwischen die Tortillafladen im Backofen nach Packungsanleitung erwärmen. Die Petersilienblätter von den Stielen zupfen, waschen und fein hacken. Petersilie mit dem Schmand verrühren.
- Je einen Fladen auf einen Teller geben und eine Hälfte mit Hackbällchen, Gemüse und Kräuterschmand belegen. Die andere Hälfte darüber klappen und mit Besteck genießen. Für Ihr Kind sollten Sie den Fladen in Achtel schneiden – so kann er kindgerecht gegessen werden.

▶ **Das passt dazu:**
Dazu passt am besten ein leichter Salat.

▶ **Kinderportion:**
½ Tortillafladen, 1 Fleischklößchen, 3 Esslöffel Gemüse und 1 Teelöffel Kräuterschmand

▶ **Eltern-Extra:**
Nehmen Sie für Ihr Kind eine Portion vom Gemüse ab und würzen Sie Ihr Gemüse mit Tabasco nach.

▶ **Für 4 Portionen**

350 g gemischtes Hackfleisch
3 EL Paniermehl
1 Ei
1 TL Senf
½ TL Jodsalz
Pfeffer
Paprikapulver
2 EL Olivenöl
2 Paprikaschoten
4 Stangen Staudensellerie
1 kleine Dose Mais (220 g)
1 kleine Dose Kidneybohnen (425 g)
100 ml Gemüsebrühe
3 EL Tomatenmark
etwas Zucker
½ Bund glatte Petersilie
200 g Schmand
4 – 6 Tortillafladen

Fleisch

Ein Schnitzel selbst panieren oder einen Sonntagsbraten zubereiten ist viel einfacher, als die meisten jungen Mütter denken. Auch die Zubereitung von Soßen zum Fleisch ist mit ein wenig Übung und Selbstvertrauen ein Kinderspiel.

Einkauf

Der Fleischeinkauf gestaltet sich oft schwierig. Viele wollen keine Massenware kaufen, da sie aufgrund der Fleischskandale fürchten, keine gute Qualität zu bekommen. Andererseits fehlt insbesondere jungen Familien häufig das Geld, um den höheren Preis für Biofleisch zu zahlen, das Vertrauen schafft. Wer hochwertiges Fleisch einkaufen möchte, egal ob biologisch oder konventionell hergestellt, kann sich dabei auf seine Sinne verlassen:

- Fleisch sollte nahezu geruchlos sein.
- Fleisch sieht auch roh appetitlich und ansprechend aus. Es sollte immer einen frischen Glanz haben und nicht matt wirken.
- Die Farbe des Fleisches entspricht dem Alter und der Art des Tieres: je jünger das Tier, desto heller das Fleisch. Schweinefleisch ist grundsätzlich heller als Rindfleisch.
- Auf die Fleischstruktur ist zu achten: Je feiner die Fasern des Fleisches sind, desto zarter ist das Fleisch und desto kürzer ist die Bratzeit. Rindfleisch aus Biohaltung kommt häufig aus der Schlachtung von Rindersorten, die eine gröbere Faser haben. Dieses Fleisch braucht beim Schmoren und Braten im Ganzen länger.
- Marmorierung ist ein Qualitätszeichen: Zarte Fettadern stehen für Saftigkeit und volleren Fleischgeschmack.
- Im Sommer sollten Sie Frischfleisch und auch Fleisch- und Wurstwaren in der Kühltasche transportieren, da die Qualität und Haltbarkeit unter der Wärme stark leidet.

Aufbewahren, aber wie?

Fleisch ist ein empfindliches Lebensmittel und lässt sich nicht lange frisch halten. Wer Fleisch länger als drei Tage lagern will, muss es einfrieren.

Frisches Fleisch sollten Sie immer aus der Metzgertüte nehmen und auf einem Teller mit Frischhaltefolie abgedeckt oder in einem Kunststoffbehältnis in den Kühlschrank stellen. Die kälteste Stelle im Kühlschrank sollte für Frischfleisch reserviert sein.

Ideal ist für das Bratergebnis, wenn das Fleisch eine halbe Stunde vor der Zubereitung aus dem Kühlschrank genommen wird. Fleisch sollte außerdem stets sein eigenes Brett zum Schneiden und Zwischenlagern haben.

Gegartes Fleisch kann im Kühlschrank ebenfalls zwei Tage aufbewahrt werden. Rohes Fleisch, das in Beize wie Essig oder Rotwein liegt, kann etwa fünf Tage im Kühlschrank lagern. Es ist sozusagen doppelt konserviert.

Tiefgekühlt lassen sich große Rohfleischstücke etwa zehn bis zwölf Monate ohne Qualitätsverlust lagern, geschnittenes Fleisch jedoch nur sechs Monate. Gebratenes Fleisch hat nach dem Einfrieren höhere Qualitätsverluste als geschmortes. Einem Gulasch mit ausreichend Soße schadet das Einfrieren wenig. Allerdings sollte gegartes Fleisch nicht länger als drei bis sechs Monate im gefrorenen Zustand lagern.

Richtig braten!

Kurzgebratenes, unpaniertes Fleisch sollte extrem heiß angebraten werden. Dadurch schließen sich die Poren an der Oberfläche des Fleisches. Ein Saftaustritt wird dabei verhindert und so bleibt das Fleischstück saftig. Paniertes Fleisch braucht weniger Hitze als ein Steak, aber dafür mehr Bratfett. Sonst ist die Kruste schnell schwarz und die Hitze dringt nicht zum Fleischkern vor.

Schmorgerichte brauchen eine gleichmäßige Temperatur beim Anbraten, daher sollte beim Gulasch nie mehr Fleisch in den Bräter gegeben werden, als den Boden bedeckt. Das Braten in Portionen zahlt sich bezogen auf die Zartheit des Fleisches aus. Die anschließend zugegebene Garflüssigkeit sollte nicht kalt, sondern heiß sein, damit der Garprozess nicht unterbrochen wird.

Tomatengulasch

Schmeckt immer

- Die Zwiebeln und den Knoblauch abziehen und sehr fein hacken. Das Öl in einem großen Topf erhitzen und das Fleisch in Portionen von allen Seiten anbraten, mit Salz, Pfeffer und Paprika würzen, dann herausnehmen und beiseite stellen.
- Die Zwiebeln mit dem Knoblauch im Bratfett glasig dünsten, dann das Fleisch wieder zufügen. Die Tomatenstückchen und den Rotwein hinzufügen und das Ganze 1½ Stunden bei reduzierter Hitze schmoren lassen.
- Das Mehl mit etwas kaltem Wasser anrühren und unterrühren. Noch einmal aufkochen lassen. Mit Tomatenmark, Zucker, Salz und Pfeffer abschmecken.

► **Das passt dazu:**
Kartoffeln, Makkaroni oder Spätzle.

► **Kinderportion:**
4–5 Esslöffel

► **Variation:**
Mit drei Gemüsepaprikaschoten und einer Fleischtomate lässt sich daraus ein ungarisches Gulasch zubereiten.

► **Für 4–6 Portionen**

4	Zwiebeln
2	Knoblauchzehen
4 EL	Olivenöl
800 g	gemischtes Gulaschfleisch
	Salz
	schwarzer Pfeffer
2–3 TL	Paprikapulver, edelsüß
1	Dose Tomatenstückchen (400 g)
150 ml	trockener Rotwein
2 EL	Mehl
2 EL	Tomatenmark
1 TL	Zucker

Paniertes Schnitzel

Mit Kalbfleisch ein echter Wiener, so aber schonender für den Geldbeutel

▶ **Für 4 Portionen**

4 Schweineschnitzel (à 120 g) · Jodsalz · schwarzer Pfeffer
2 EL Mehl · 2 Eier · 100 g Paniermehl · 4 EL Rapsöl · 2 EL
Butter

━ Die Schnitzel kalt abspülen und trocken tupfen, mit dem Fleischklopfer flach klopfen. Dann mit Salz und Pfeffer von beiden Seiten würzen.

━ Mehl auf einen Teller geben. Eier auf einem zweiten Teller aufschlagen und verquirlen. Paniermehl auf einen dritten Teller geben. Die Schnitzel nacheinander zuerst im Mehl wenden und leicht abklopfen, danach durch die Eier ziehen und zum Schluss im Paniermehl wenden. Das Paniermehl dabei etwas andrücken.

━ Das Öl in einer Pfanne erhitzen, die Butter darin schmelzen und die Schnitzel von beiden Seiten goldbraun anbraten. Je nach Dicke braucht das Fleisch 3 bis 5 Minuten pro Seite.

▶ **Das passt dazu:**

Dazu passt Kartoffelpüree oder auch Kartoffelsalat.

▶ **Kinderportion:**

1-mal die Handfläche des Kindes

▶ **Variationen:**

Anstelle von Schweineschnitzel lässt sich auch Kalbsschnitzel oder Hähnchen- und Putenbrust auf diese Weise braten. Bei größeren Kindern kommen anstelle von Paniermehl auch zerbröselte Cornflakes gut an. Und wenn Sie 2–3 Esslöffel frisch geriebenen Parmesan unter das Paniermehl mischen, bekommt das Schnitzel eine leicht italienische Note.

Parmesanschnitzel aus dem Ofen

Ganz schön sättigend

▶ **Für 4 Portionen**

4 Putenschnitzel à 150 g · Jodsalz · Pfeffer · 2 EL Mehl · 2 Eier
80 g frisch geriebener Parmesan · ½ TL getrockneter Thymian
1 Zwiebel · 1 Knoblauchzehe · 2 EL Olivenöl · 1 Dose stückige
Tomaten (à 400 g) · 1 TL getrocknetes Pizzagewürz · 2 EL Tomatenmark · 1 TL Zucker

━ Den Backofen auf 200 °C vorheizen. Die Schnitzel kalt abspülen und trocken tupfen, mit dem Fleischklopfer flach klopfen. Dann mit Salz und Pfeffer von beiden Seiten würzen.

━ Mehl auf einen Teller geben. Eier mit dem Parmesan und Thymian in einem anderen Teller verquirlen.

━ Schnitzel im Mehl wenden und dann durch die Eier-Parmesan-Mischung ziehen. Eine Auflaufform einfetten und die Schnitzel hineinlegen. 20 Minuten backen.

━ Inzwischen Zwiebel und Knoblauch abziehen und fein hacken. Das Olivenöl in einem Topf erhitzen, Zwiebel und Knoblauch andünsten. Mit den stückigen Tomaten ablöschen. Mit Pizzagewürz und Tomatenmark würzen und etwas einkochen lassen. Zum Schluss mit Zucker, Salz und Pfeffer würzen. Die Soße zu den Parmesanschnitzeln reichen.

▶ **Das passt dazu:**

Lecker zu Spaghetti

▶ **Kinderportion:**

½ Putenschnitzel (1-mal die Handfläche des Kindes),
2–3 Esslöffel Tomatensoße

TIPP

Legen Sie unter die Parmesanschnitzel eine Schicht Zucchinischeiben, die Sie mit Salz und Thymian würzen. So haben Sie gleich eine Gemüsebeilage.

Rinderrouladen

So gut wie bei Muttern

- Die Zwiebeln abziehen und fein hacken. Die Cornichons in kleine Würfel schneiden. Die Rouladen salzen und pfeffern, mit Senf bestreichen, mit jeweils einer Scheibe Schinken belegen, die Hälfte der Zwiebeln und Cornichons darauf verteilen. Die Rouladen aufrollen, mit Küchengarn zusammenbinden oder mit Rouladenklammern feststecken.
- Lauch, Möhren und Sellerie putzen, den Lauch in Ringe schneiden, Möhren und Sellerie würfeln. Das Öl in einem Schmortopf erhitzen, die Rouladen von allen Seiten darin anbraten und herausnehmen. Nun die restlichen Zwiebelwürfel mit dem Gemüse im Bratfett einige Minuten anschwitzen, dann die Rouladen wieder hineinsetzen und mit 1 Esslöffel Mehl bestäuben. Mit der heißen Fleischbrühe und dem Rotwein ablöschen und die Rouladen zugedeckt ca. 1 Stunde schmoren lassen.
- Die Rouladen aus dem Bratensaft nehmen, mit Alufolie abdecken und in einem auf 50°C vorgewärmten Ofen warm halten. Den Bratensatz durch ein feines Sieb streichen. Die Flüssigkeit in einen kleinen Topf geben und etwas einkochen lassen. Dann das restliche Mehl mit etwas kaltem Wasser anrühren und dann in den kochenden Bratenansatz einrühren, aufkochen lassen und mit Salz, Pfeffer und Tomatenmark abschmecken.

▶ **Das passt dazu:**
Salzkartoffeln

▶ **Kinderportion:**
½ Roulade

▶ **Variationen:**
Eine Füllung aus gekochten Schinkenstreifen und Gouda oder aus getrockneten, in Öl eingelegten, fein gehackten Tomaten mit etwas Parmesan und Thymian ist ebenfalls lecker.

▶ **Für 4 Personen**

2	Zwiebeln
4–8	Cornichons
4	Rinderrouladen à 150 g
4	Scheiben roher Schinken
	Salz
	schwarzer Pfeffer
3–4 TL	mittelscharfer Senf
1	Stange Lauch
2	Möhren
¼	Knolle Sellerie
3 EL	Raps- oder Sonnenblumenöl
2 EL	Mehl
300 ml	Fleischbrühe
100 ml	trockener Rotwein
2 EL	Tomatenmark

FLEISCHGERICHTE

Lamm-Gemüse-Spieße
Aufgespießt begeistert Groß und Klein

▶ **Für 4 Portionen**
500 g Lammlachse · 2 kleine Zucchini · 16 Kirschtomaten
2 rote Zwiebeln · 2 EL Olivenöl · Jodsalz · schwarzer Pfeffer
1 EL italienische Kräutermischung

■ Das Fleisch kalt abspülen und trocken tupfen, dann in
Streifen schneiden. Zucchini waschen und in 2 cm dicke
Scheiben schneiden. Tomaten waschen. Zwiebeln ab-
ziehen und in Achtel schneiden.
■ Abwechselnd Fleisch, Zucchini, Tomaten und Zwiebel auf
Spieße stecken. Aus Öl, Salz, Pfeffer und Kräutern eine
Marinade herstellen. Die Spieße mit der Marinade be-
pinseln und eine halbe Stunde durchziehen lassen.
■ Eine beschichtete Grillpfanne mit Öl dünn einpinseln und
die Spieße etwa 10 bis 15 Minuten von allen Seiten braten.

▶ **Das passt dazu:**
Brot oder Kartoffelpüree

▶ **Kinderportion:**
½–1 Spieß (den Spieß bitte entfernen)

▶ **Variation:**
Zusätzlich kann man auch Geflügelleber aufspießen und
mitbraten.

Geflügel

Hähnchen und Pute kommen nicht nur als Nuggets bei Kindern gut an. Die Zubereitung ist heute einfacher denn je. Geflügel wird küchenfertig angeboten und muss weder gerupft noch ausgenommen werden. Sie können wählen zwischen ganzem Federvieh und Teilstücken mit und ohne Haut. So sollte für jeden etwas dabei sein.

Huhn oder Hähnchen – wo ist der Unterschied?

Als Hähnchen werden sowohl weibliche als auch männliche Tiere bezeichnet, die vor der Geschlechtsreife in einem Alter von fünf bis sechs Wochen geschlachtet werden und in der Regel 700 g bis 1,4 kg wiegen. Unter die Verkehrsbezeichnung »Suppenhuhn« fallen Legehennen, die üblicherweise nach 12 bis 15 Legemonaten geschlachtet werden. Sie wiegen durchschnittlich zwischen 1 kg und 1,2 kg und eignen sich vortrefflich zum Kochen von Suppen und für Ragouts.

Pute oder Truthahn?

Der eine spricht von der Pute, der andere vom Truthahn. Zwei Bezeichnungen für das gleiche Geflügel – egal, ob männlich oder weiblich. Das Besondere an diesem Geflügel ist, dass es helles und dunkleres Fleisch besitzt. Entsprechend unterscheiden sich auch die einzelnen Fleischteile im Geschmack. Das Brustfleisch sowie das Fleisch der Flügel sind hell und besonders zart. Die Brust ist das edelste Stück der Pute und erinnert im Geschmack an Kalbfleisch. Aus ihr lassen sich Schnitzel, Steaks, Rouladen und Rollbraten herstellen.

Das dunklere Putenfleisch, das sich vorwiegend an den Unter- und Oberkeulen befindet, besitzt einen deftigeren, kräftigen Geschmack, der in Richtung Wild tendiert.

Der richtige Umgang mit Geflügel

Geflügel kann mit Salmonellen behaftet sein, daher sind einige Grundregeln zu beachten. Besonderes Augenmerk verdient die richtige Kühlung, die Hygiene bei der Zubereitung und das ausreichende Garen.

- Bringen Sie frisches Geflügelfleisch möglichst schnell und kühl nach Hause. Tiefgefrorenes Geflügel sollte auf keinen Fall antauen. Eine Kühltasche, mit gekühlten Kühlakkus bestückt, ist sinnvoll.
- Frisches Geflügel legen Sie im Kühlschrank an die kälteste Stelle und zwar unten, direkt über dem Gemüsefach oder im speziell vorgesehenen 1–3-°C-Fach.
- Entfernen Sie die Verpackung bei Geflügel vollständig und werfen Sie diese gleich in den Müll.
- Tiefgefrorenes Geflügel legen Sie am besten in ein großes Gefäß mit Gittereinsatz in den Kühlschrank, damit die beim Auftauen austretende Flüssigkeit abtropfen kann und das Fleisch langsam auftaut.
- Frisches und aufgetautes Geflügel spülen Sie unter fließendem kalten Wasser ab und tupfen es anschließend mit Küchenkrepp ab.
- Nach der Zubereitung waschen Sie gründlich alle benutzten Küchenutensilien ab und selbstverständlich Ihre Hände gründlich, um eine Übertragung von Salmonellen zu vermeiden.
- Legen Sie gegartes Geflügel und andere Lebensmittel nie auf das Brett, auf dem zuvor frisches Geflügel lag. Das Brett muss gründlich mit heißem Wasser abgewaschen werden.
- Essen Sie Geflügelfleisch niemals roh. Verzichten Sie auf Geflügelhackfleisch.

FLEISCHGERICHTE

Brathähnchen klassisch

Papas Leibgericht zu Kinderzeiten.

▶ **Für 4 Portionen**

2 küchenfertige Brathähnchen
    à 1,2 kg
2 TL Salz
2 TL Paprika, edelsüß
1 EL Curry
½ TL weißer Pfeffer

▬ Den Backofen auf 200 °C vorheizen. Die Hähnchen gründlich mit kaltem Wasser abbrausen. Mit Küchenkrepp innen und außen trocken tupfen. Überstehende Haut an der Hals- und Schwanzöffnung mit einem Küchenmesser abschneiden. Das Salz mit den Gewürzen mischen. Die Hähnchen innen und außen kräftig mit der Gewürzmischung einreiben. Die Haut zwischen Brust und Schenkeln mit einem Zahnstocher mehrfach einstechen.

▬ Die Hähnchen mit der Brustseite nach unten auf ein Backblech setzen und 50 Minuten auf der zweiten Schiene von unten garen. Nach der Hälfte der Garzeit umdrehen und mit dem Bratensaft bestreichen. Das Hähnchen ist fertig, wenn nach dem Einstechen ins Fleisch klarer Fleischsaft austritt.

▬ Dann 10 Minuten im ausgeschalteten Backofen ruhen lassen. So kann sich der Bratensaft im Fleisch gleichmäßig verteilen. Dann die Hähnchen auf den Rücken auf ein Brett legen. Flügel und Keulen mit einem großen Küchenmesser an den Gelenken abtrennen. Für das Brustfilet links und rechts am Brustbein entlang schneiden und die Bruststücke herauslösen.

▶ **Das passt dazu:**

Brot oder Kartoffelpüree

▶ **Kinderportion:**

So viel ausgelöstes Hähnchenfleisch, wie auf die Handfläche des Kindes passen würde

▶ **Variation:**

Brathähnchen mit Salbei und Zitrone: abgeriebene Zitronenschale von zwei unbehandelten Zitronen mit 3 bis 4 fein gehackten Knoblauchzehen und jeweils 5 Esslöffeln Salbei und glatte Petersilie vermengen, salzen und pfeffern. Diese Paste unter die Haut des Hähnchens schieben und mit dem Rest das Hähnchen füllen. Sonst fortfahren wie im Grundrezept.

Hähnchenschlegel mit Möhren-Fenchel-Gemüse

Ausprobieren lohnt sich

▶ **Für 4 Portionen**

4 Hähnchenkeulen à 250 g · 2 Knoblauchzehen · 2 EL Zitronensaft · Jodsalz · Pfeffer · 4 EL Rapsöl · 1 unbehandelte Zitrone · 5 Möhren · 1 Fenchelknolle · 2 Zwiebeln · 150 ml Brühe

- Die Hähnchenkeulen abbrausen, trocken tupfen, am Gelenk entlang halbieren.
- Knoblauch abziehen und fein hacken. Mit Zitronensaft, Salz, Pfeffer und 1 Teelöffel Rapsöl verrühren. Keulen damit würzen. Backofen auf 180 °C vorheizen.
- Die Zitrone waschen und in dünne Scheiben schneiden. Die Möhren putzen, schälen, längs halbieren und dann vierteln. Den Fenchel putzen und in Streifen schneiden (siehe S. 71). Die Zwiebeln abziehen und achteln.
- Die halbierten Hähnchenkeulen in eine eingefettete Fettpfanne setzen. Möhren, Fenchel, Zwiebeln und Zitronenscheiben dazugeben. Mit dem restlichen Öl beträufeln, salzen und pfeffern und 150 ml Brühe angießen. Im Ofen auf mittlerer Schiene etwa 45 Minuten garen.

▶ **Das passt dazu:**

Am besten passt dazu Baguette.

▶ **Kinderportion:**

1 halber Hähnchenschlegel (Fleisch vom Knochen lösen!), 2 gehäufte Esslöffel Gemüse

▶ **Eltern-Extra:**

Geben Sie für die letzten 15 Minuten schwarze, entsteinte Oliven unter das Gemüse.

Hühnerfrikassee

Fast schon in Vergessenheit geraten

▶ **Für 4 Portionen**

1 Suppenhuhn (à 1,5 kg) · 2 Zwiebeln · 1 Möhre · 2 TL Jodsalz 1 TL Pfefferkörner · 1 Lorbeerblatt · 150 g kleine Champignons (aus dem Glas) · 1 EL Butter · 1 EL Mehl · 4 EL Sahne etwas Zitronensaft · weißer Pfeffer

- Das Huhn abbrausen, in einen Topf geben und mit kaltem Wasser bedecken. Eine Zwiebel abziehen und achteln. Die Möhre waschen, putzen und in grobe Stücke schneiden. Salz, Pfefferkörner, Lorbeerblatt, Zwiebel- und Möhrenstücke zum Huhn geben. Das Ganze zum Kochen bringen. Das Huhn in etwa 1 Stunde gar kochen und anschließend in der Brühe auskühlen lassen, herausnehmen und die Brühe durch ein Sieb passieren.
- Das Hühnerfleisch von den Knochen ablösen und in mundgerechte Stücke schneiden. Die zweite Zwiebel pellen und fein hacken. Dann in einem Topf mit der Butter anschwitzen, Mehl hinzugeben und kurz anrösten, Mit ½ l der passierten Geflügelbrühe aufgießen und zehn Minuten köcheln lassen. Die Champignons und das Hühnerfleisch hinzugeben und erwärmen, nicht mehr kochen lassen. Dann mit Sahne, Salz, Pfeffer und Zitronensaft abschmecken.

▶ **Kinderportion:**

4–5 Esslöffel

Tipp

Mit frischer Petersilie bekommt das Hühnerfrikassee ein bisschen Farbe – das erhöht das Interesse an dem Gericht.

Schnelles Putenrahmgeschnetzeltes
Ruckzuck – mit genug Soße

▶ **Für 4 Portionen**

400 g Putenbrust · 250 g Champignons · 2 Zwiebeln · 2 EL Rapsöl · Jodsalz · Pfeffer · 250 ml Fleischbrühe · 2 EL Crème fraîche · 1 TL frisch gehackter Thymian

- Die Putenbrust abbrausen, trocken tupfen und in feine Streifen schneiden. Pilze putzen und blättrig schneiden. Die Zwiebeln abziehen und fein würfeln.
- Öl in einer Pfanne erhitzen, Zwiebeln glasig dünsten. Pilze und Putenbruststreifen hinzufügen, salzen und pfeffern und 10 Minuten braten.
- Dann herausnehmen und den Bratensatz mit Brühe ablöschen und einkochen lassen. Mit Salz und Pfeffer abschmecken und das Geschnetzelte mit den Pilzen hineingeben. Crème fraîche unterrühren und kurz erwärmen.
- Zum Schluss den Thymian über das Rahmgeschnetzelte geben und servieren.

▶ **Das passt dazu:**
Dazu passt am besten Reis.

▶ **Kinderportion:**
4–5 Esslöffel

▶ **Variation:**
Geben Sie wenige Minuten vor Ende der Garzeit aufgetaute junge Erbsen unter das Geschnetzelte.

Fisch: Aus Meer und Seen!

Fisch ist nicht nur gesund, sondern er kommt auch in Deutschland immer häufiger auf den Tisch. Bei vielen Kindern sind Stäbchen äußerst beliebt, doch mit grätenfreiem Fischfilet lassen sich auch schon ganz kleine Fischfans angeln. Der neutrale Geschmack von Seelachs und Rotbarsch sowie von Forelle oder auch Pangasiusfilet kommt bei den Kleinen gut an.

Vom Fischer oder Farmer?

Fisch wird heute nicht nur im Meer gefangen und in Seen und Bächen geangelt, sondern kommt zu einem Drittel aus Aquakultur. Dass Fisch aus der freien Natur besser schmeckt, ist für die meisten Menschen klar und so hält sich dieses Gerücht hartnäckig. Doch die Aquakultur hat sich weiterentwickelt und in vielen Fischfarmen hat sich die Qualität der Fischzucht verbessert, sodass selbst Feinschmecker die Unterschiede nicht mehr schmecken können. Fisch aus Aquakultur ist deutlich preiswerter und kann bei der Überfischung der Meere auch als ein Beitrag zum aktiven Umweltschutz verstanden werden.

Achten Sie auf das MSC-Siegel!

Wenn Sie sich für eine nachhaltige Befischung einsetzen möchten, dann achten Sie beim Kauf von Seefisch aus Wildfängen auf das ovale, blaue Siegel mit den Buchstaben MSC. Sie sind die Abkürzung für »Marine Stewardship Council«, zu Deutsch »Rat zur Bewahrung der Meere«. Ziel dieser weltweit tätigen, unabhängigen Einrichtung ist es, die Zukunft der Fischbestände und eine gesunde Meeresumwelt, von der die Fischerei abhängig ist, langfristig zu sichern.
Fischereien können die Umweltverträglichkeit ihrer Arbeit prüfen lassen. Werden die ökologischen und nachhaltigen Anforderungen der MSC-Kriterien erfüllt, erhalten sie ein Zertifikat und dürfen ihre Ware mit dem MSC-Siegel kennzeichnen.

Frischekriterien

Frisches Fischfilet erkennen Sie am leicht glänzenden Fleisch und an einer klaren Farbe. Außerdem besitzt das Fischfilet glatte Schnittflächen. Und frisches Fischfilet riecht nicht etwa typisch »fischig«, sondern angenehm nach Meer, Bach oder See.

Ganzer Fisch ist frisch, wenn seine Haut feucht und silbrig glänzt. Je verblasster die Farbe der Fischhaut, umso älter ist der Fisch. Die Augen sind klar und prall gewölbt. Leuchtend rote Kiemen und eine feuchte und glänzende Bauchhöhle sind Zeichen von Frische. Im Gegensatz dazu sind trübe, eingefallene Augen, verschleimte, gräuliche oder gelbliche Kiemen sowie eine fehlende Festigkeit des ganzes Fisches klare Merkmale, den Fisch dort zu lassen, wo er ist.

Richtiger Umgang mit Fisch!

- Frischfisch noch am Einkaufstag oder spätestens am Folgetag zubereiten.
- Das Salzen von Fisch ist vor dem Garen ein Muss, das Säuern mit Zitronensaft ist heute nur noch ein Kann.
- Fischfilet sollten Sie immer ganz bewusst auf Gräten überprüfen.
- Sicher ist sicher: Rückenfilet von Kabeljau und Seelachs oder auch Seeteufel ist frei von Gräten. Auch beim Schollenfilet lassen sich keine Gräten finden.
- Fisch darf auch einmal aufgewärmt werden. Doch Fisch sollte nicht lange warm gehalten werden.

Paniertes Fischfilet
Der Klassiker schlechthin

▶ Für 4 Portionen

4 Fischfilets à 150 g (Rotbarsch, Seelachs, Kabeljau) · 2 EL Zitronensaft Jodsalz · weißer Pfeffer · 4 EL Mehl 8 EL Semmelbrösel · 2 Eier · 5 EL Rapsöl

▬ Die Fischfilets kalt abspülen und trocken tupfen. Mit Zitronensaft beträufeln, salzen und pfeffern.
▬ Mehl und Semmelbrösel jeweils auf einen flachen Teller geben. Die Eier in einem tiefen Teller aufschlagen. Fischfilet nacheinander zuerst im Mehl wenden, überschüssiges Mehl abschütteln, dann durch die verquirlten Eier ziehen und anschließend in den Semmelbröseln wenden. Panade etwas andrücken.
▬ Das Öl in einer Pfanne erhitzen, die Fischfilets darin von beiden Seiten bei reduzierter Hitze etwa 3 bis 4 Minuten braten.

▶ Kinderportion:

1 Stück Fisch, so groß wie die Handfläche des Kindes.

Tipp

Geben Sie mit den Fischfilets etwas Butter zum Öl, damit der Fisch eine leichte Butternote bekommt. Klassisch gibt es Zitronenspalten zum Fisch, die man am Tisch über den Fisch ausdrückt.

Seelachsfilet mit Schnittlauchhaube
Für echte Fischfans ein Muss

▶ Für 4 Portionen

1 Bund Schnittlauch · 2 Eiweiße Jodsalz · 3 EL körniger Senf · 4 Seelachsfilets à 150 g · weißer Pfeffer 2 EL Olivenöl

▬ Den Backofen auf Grill 200 °C vorheizen. Den Schnittlauch abbrausen, trocken tupfen und in feine Ringe schneiden. Das Eiweiß mit einer Prise Salz steif schlagen und die Schnittlauchröllchen und den Senf unterheben.
▬ Die Fischfilets kalt abspülen und trocken tupfen. Salzen und pfeffern. Das Olivenöl in einer Pfanne erhitzen und die Fischfilets von beiden Seiten nur kurz (etwa 2 Minuten) anbraten.
▬ Fischfilets dann auf ein mit Backpapier ausgelegtes Blech legen. Eischnee auf die Fischfilets verteilen und dann 5 bis 7 Minuten grillen.

▶ Kinderportion:

1 Stück Fisch, so groß wie die Handfläche des Kindes

▶ Eltern-Extra:

Lassen Sie 4 Scheiben Frühstücksspeck aus. Zerbröseln Sie den Frühstücksspeck und geben Sie diesen vor dem Servieren über die Senfhaube.

Curry-Fisch-Pfanne
Fisch wie in Indien

▶ Für 4 Portionen

4 Pangasiusfilets à 150 g · 4 EL Rapsöl · 4 EL Sojasoße · weißer Pfeffer · 3 Möhren · 1 Stange Lauch 300 g Brokkoli · 100 g Mungobohnensprossen · 1 EL mildes Curry 100 ml Sahne

▬ Die Fischfilets kalt abspülen, trocken tupfen und in 3 cm breite Streifen schneiden. Aus 2 Esslöffeln Öl und 2 Esslöffeln Sojasoße mit Pfeffer eine Marinade aufschlagen und den Fisch darin marinieren.
▬ Möhren waschen, schälen und in dünne Streifen schneiden. Den Lauch waschen, putzen und in Ringe schneiden. Den Brokkoli putzen, in Röschen zerteilen und in kochendem Wasser etwa 2 Minuten blanchieren. Die Sprossen abbrausen und abtropfen lassen.
▬ Das restliche Öl in einer Pfanne erhitzen, Möhren, Lauch und Brokkoli darin bei milder Hitze anbraten. Mit Curry und Sojasoße würzen. Die Sahne angießen und bei geschlossenem Deckel 5 Minuten dünsten. Dann den Fisch und die Sprossen hinzufügen und alles weitere 5 Minuten dünsten.

▶ Kinderportion:

2–3 Streifen Fisch und 3 Esslöffel Gemüse

Fischfrikadellen mit Kerbel

Lecker und gesund

▶ **Für 4 Portionen**

1 Bund Kerbel · 1 Zwiebel · 500 g Fischfilet (z. B. Kabeljau)
2 Eier · 100 g Semmelbrösel · Jodsalz · weißer Pfeffer
4 EL Rapsöl

- Den Kerbel waschen, trocken tupfen, die Blättchen von den Stielen zupfen und fein hacken. Die Zwiebel abziehen und fein hacken. Den Fisch kalt abspülen, trocken tupfen und in feine Würfel hacken.
- Die fein gehackten Zutaten mit den Eiern und 50 g Semmelbröseln in einer Schüssel zu einer homogenen Masse verkneten. Mit Salz und Pfeffer abschmecken. Die Fischmasse im Kühlschrank etwa 1 Stunde ruhen lassen. Dann aus der Masse 8 Frikadellen formen und diese eventuell in den übrigen Semmelbröseln wälzen.
- Das Öl in einer beschichteten Pfanne erhitzen und die Frikadellen bei mittlerer Hitze von beiden Seiten in etwa 5 Minuten goldgelb braten.

▶ **Kinderportion:**

½ – 1 Frikadelle

▶ **Variationen:**

Mit anderen Kräutern wie Dill, Schnittlauch oder Petersilie schmecken die Frikadellen ebenfalls. Wer das Fischaroma reduzieren möchte, gibt fein gehackte, getrocknete Tomate unter die Fischmasse. Auch geraspelter Käse macht das Erschmecken von Fisch schwieriger.

Heilbuttfilet in Alupäckchen

Fisch – heute mal verpackt

▶ **Für 4 Portionen**

500 g Heilbuttfilet · 2 EL Zitronensaft · Jodsalz · weißer Pfeffer
250 g Cocktailtomaten · ½ Bund glatte Petersilie · 4 TL Butter
4 EL frisch geriebener Parmesan

- Die Heilbuttfilets kalt abspülen und trocken tupfen. Mit dem Zitronensaft beträufeln, salzen und pfeffern.
- Die Tomaten waschen, abtrocknen und halbieren. Die Petersilie waschen, trocken schütteln; die Blättchen von den Stielen zupfen und fein hacken.
- Den Backofen auf 200 °C vorheizen. Vier Stücke Alufolie auf der Arbeitsfläche ausbreiten, den Fisch darauf geben. Tomatenhälften und Petersilie darauf verteilen. Jeweils 1 Teelöffel Butter und 1 Esslöffel Parmesan auf den Fisch geben. Alufolie über den Zutaten zusammenfalten und die Ränder gut falzen. Die Päckchen auf einem Rost auf der mittleren Schiene etwa 25 Minuten garen.

▶ **Kinderportion:**

1 Stück Fisch (so groß wie die Handfläche des Kindes)

▶ **Variation:**

Sie können auch Möhren mit einem Sparschäler in dünne Streifen schneiden und mit diesen das Fischfilet umwickeln. Den Fisch dann auf gleiche Weise verpackt im Ofen garen.

127

FISCH

Spinatauflauf mit Kabeljaurückenfilet
Da schwimmt der Fisch durchs Spinatbett

▶ **Für 4 Portionen**

500 g Kabeljaurückenfilet · 1 Zitrone · 2 rote Zwiebeln
1 Knoblauchzehe · 800 g gekochte Pellkartoffeln · 500 g
Blattspinat · 1 EL Butter · 1 EL Mehl · 300 ml Gemüsebrühe
200 g Doppelrahmfrischkäse · Salz · weißer Pfeffer · 1 Prise
Muskat

– Kabeljaurückenfilet unter kaltem Wasser abspülen, trocken tupfen und in 3 cm breite Streifen schneiden. Zitrone halbieren und auspressen. Den Zitronensaft über die Fischstreifen geben. Den Backofen auf 200 °C vorheizen.
– Zwiebeln abziehen und in Streifen schneiden. Knoblauch abziehen und fein hacken. Die Kartoffeln pellen und je nach Größe halbieren oder vierteln.
– Spinat waschen, putzen und grob hacken. Den Spinat in wenig Wasser etwa 1 Minute blanchieren und auf einem Sieb abtropfen lassen.
– Die Butter in einem Topf erhitzen, den Knoblauch andünsten, mit Mehl bestäuben und unter Rühren die heiße Gemüsebrühe zugeben, sodass eine helle Soße entsteht. Mit Frischkäse, Salz, Pfeffer und Muskat abschmecken.
– Spinat in einer gefetteten Auflaufform verteilen. Fisch, Kartoffeln und Zwiebeln darauf geben und mit der Frischkäsesoße übergießen. Mit Salz, Pfeffer und Muskat würzen, dann auf der mittleren Schiene etwa 20 Minuten backen.

▶ **Kinderportion:**

1 Stück Fisch (so groß wie die Handfläche des Kindes),
5 gehäufte Esslöffel Spinat-Kartoffeln

▶ **Eltern-Extra:**

Sahnegorgonzola anstelle von Frischkäse gibt dem Auflauf eine würzige Note.

Kräuterlachs aus dem Ofen
Schmeckt immer wieder

▶ **Für 4 Portionen**

500 g Lachsfilet · ½ Bund Dill · 3 Frühlingszwiebeln
100 ml süße Sahne · 200 g Doppelrahmfrischkäse mit
Kräutern · Jodsalz · weißer Pfeffer

– Den Backofen auf 200 °C vorheizen. Die Lachsfilets unter kaltem Wasser abbrausen und trocken tupfen.
– Den Dill waschen, trocken tupfen und fein hacken. Die Frühlingszwiebeln waschen, putzen und in feine Ringe schneiden. Dill und Frühlingszwiebeln mit Sahne und Frischkäse verrühren.
– Den Fisch portionieren und in eine gefettete Auflaufform setzen. Mit Salz und Pfeffer würzen und die Kräuter-Frischkäsemasse darübergeben. Auf mittlerer Schiene etwa 30 Minuten backen.

▶ **Kinderportion:**

1 Stück Fisch (so groß wie die Handfläche des Kindes),
1–2 Esslöffel Soße

▶ **Variation:**

Erweitern Sie das Rezept um 200 g blättrig geschnittene Pilze.

Kapitän-Iglu-Spieße

Was sagt Hein Blöd dazu?

■ Die Fischstäbchen antauen lassen. Die Ananasringe abtropfen lassen und in vier bis fünf gleich große Stücke scheiden. Die Paprika waschen, putzen und in mundgerechte Stücke schneiden. Die Zwiebel schälen, vierteln und die Schichten auseinandertrennen.

■ Die Fischstäbchen halbieren. Zusammen mit Ananas- und Paprikastücken sowie Zwiebelvierteln auf acht Spieße stecken. Mit Salz, Pfeffer und Paprika würzen.

■ Das Öl in einer großen beschichteten Pfanne erhitzen. Die Spieße darin 10 Minuten von allen Seiten braten. Nach der Hälfte der Bratzeit zugedeckt weitergaren.

▶ **Für 4 Portionen**

400 g	TK-Fischstäbchen
4	Ananasringe (aus der Dose)
1	rote Paprika
1	rote Zwiebel
	Salz
	schwarzer Pfeffer
½ TL	Paprikapulver
4 EL	Rapsöl

▶ **Kinderportion:**

½–1 Spieß

▶ **Eltern-Extra:**

Wer es gerne exotisch mag, streut über die Kapitän-Iglo-Spieße in der Pfanne noch 2 Esslöffel Kokosflocken.

Gefüllte Lachsforelle

Ein Festtagsessen – einfach vorzubereiten und überzeugt die Gäste
auf den ersten Blick

▶ **Für 4 Portionen**

- Die Lachsforellen unter fließendem Wasser gründlich innen und außen waschen, dann trocken tupfen. Mit Zitronensaft säuern und mit Salz und Pfeffer von innen und außen einreiben.
- Den Estragon waschen, trocken tupfen, die Blättchen von den Stielen zupfen und fein hacken. Etwas Estragon beiseite stellen. Den Gouda entrinden und grob reiben. Das Weißbrot entrinden und in feine Würfelchen schneiden. Estragon, Gouda, Brotwürfel, 4 Esslöffel Crème fraîche und Senf in eine Schüssel geben und miteinander vermengen.
- Die Lachsforellen mit der Käse-Estragon-Masse füllen und mit Küchengarn schließen. Den Backofen auf 180 °C vorheizen. Eine Fettpfanne mit etwas Butter einfetten und die beiden Forellen hineinlegen. Die restliche Butter auf die oben liegende Seiten der Forellen streichen. Den Apfelsaft angießen und das Ganze auf der unteren Schiene etwa 35 Minuten garen.
- Inzwischen die Frühlingszwiebeln waschen, putzen und in feine Ringe schneiden. Wenn die Forellen gar sind, den Sud abgießen. Ihn mit Wasser auf ¼ l auffüllen und erwärmen. Die Stärke unter die restliche Crème fraiche rühren. Damit die Soße binden. Die Frühlingszwiebelringe und den beiseite gestellten Estragon untermengen. Mit Salz und Pfeffer abschmecken.
- Das Küchengarn mit einer Schere von den Lachsforellen lösen. Die Lachsforellen auf eine Servierplatte legen. Die Forellen am Tisch enthäuten und jedem eine Forellenfilethälfte servieren. Mit Soße überziehen.

2	küchenfertige Lachsforellen (à 800 g)
	Saft von 1 Zitrone
	Jodsalz
	schwarzer Pfeffer
½	Bund Estragon
120 g	mittelalter Gouda
2	Scheiben Weißbrot
200 g	Crème fraîche
1 EL	mittelscharfer Senf
3 EL	Butter
150 ml	Apfelsaft
3	Frühlingszwiebeln
1 EL	Stärke

▶ **Kinderportion:**

1 Stück Fisch, so groß wie die Handfläche des Kindes (darauf achten, dass das Stück grätenfrei ist)

▶ **Variation:**

Anstelle von zwei großen Lachsforellen können Sie auch pro Person eine 300 g schwere Forelle nehmen. Die Garzeit verkürzt sich dann auf etwa 25 Minuten.

Hefeteig

Für einen Hefeteig braucht man vor allem Geduld. Wer dem Teig keine Zeit zum Aufgehen gibt, kann auch keinen lockeren Teig erwarten. Außerdem will der Teig ordentlich geknetet werden – egal, ob mit den Händen oder mit den Knethaken der Küchenmaschine, der Teig sollte danach weich und von einer gleichmäßigen Struktur sein.

Grundrezept pikanter Hefeteig

▶ **Dick ausgerollt für ein Backblech, sehr dünn ausgerollt für zwei**
450 g Mehl · 1 Päckchen Trockenhefe (7 g) · 1 Prise Zucker · ½ TL Salz · 5 EL Olivenöl · ¼ l lauwarmes Wasser

- Das Mehl in eine Schüssel sieben und eine Mulde hineindrücken. Die Hefe hineingeben. Zucker darüber streuen.
- Salz und Öl an den Rand der Schüssel geben.
- Das lauwarme Wasser in und um die Mulde gießen. Dann mit den Knethacken eines Handrührgerätes oder einer Küchenmaschine zu einem glatten Teig verarbeiten.
- Den Teig mit einem Tuch abgedeckt an einem warmen Ort gehen lassen, bis er sein Volumen fast verdoppelt hat.
- Den gegangenen Teig aus der Schüssel nehmen und auf einer bemehlten Arbeitsfläche kräftig durchkneten. Dann ausrollen und vor dem Belegen und Abbacken mit einem Tuch abgedeckt etwa 10 Minuten ein zweites Mal gehen lassen.
- Die angegebene Teigmenge reicht für ein Backblech. Die Hälfte reicht für eine Spring-, Pie- oder Quicheform (24 oder 26 cm ∅).

Wenn Sie den Teig mit Vollkornmehl herstellen möchten, geben Sie etwa 5 Esslöffel mehr Wasser zu den Teigzutaten.

Pizzen belegen wie in der Pizzeria!

Eine Pizza hat als Belag in der Regel drei Komponenten: die Soße, die festen Belagzutaten und die Käsekruste. Die Soße ist wichtig, da der Teig beim Backen sonst zu trocken wird. Es ist darauf zu achten, dass die Soße nicht zu flüssig ist, sondern zuvor dick eingekocht wurde, sonst wird die Pizza eher gekocht als gebacken. Für typisch italienische Pizzen verwendet man die Tomatensoße vom Rezept Pizza Margherita (S. 132). Das Herstellen der Soße ist etwas zeitaufwendig – wenn es ganz schnell gehen soll, können Sie auch auf Fertigprodukte zurückgreifen, diese sind oft schon gewürzt und müssen nur noch auf den Pizzaboden gestrichen werden. Achten Sie darauf, dass die Soße nicht vom Boden läuft, sonst ist es zu viel und der Teig wird nicht kross.

Beim festen Belag kann nach persönlichem Geschmack und dem, was der Kühlschrank und die Vorratskammer gerade hergeben, variiert werden. Eigentlich kann da nicht viel schief gehen! Rohes Fleisch müssen Sie zuvor garen und bei Gemüse mit längerer Garzeit ist ein vorheriges Andünsten ratsam.
- Pizza Salami: Salami und Käse
- Pizza Prosciutto: gekochter Schinken und Käse
- Pizza Funghi: Champignons und Käse
- Pizza Peperoni: Salami oder gekochter Schinken, grüne Peperoni und Käse
- Pizza Quattro Stagioni: Salami, Paprika, gekochter Schinken, Pilze und Käse
- Pizza Tonno: Thunfisch, Zwiebelringe und Käse
- Pizza Hawaii: gekochter Schinken, Ananas und Käse
- Pizza Frutti di Mare: Meeresfrüchte und Käse
- Pizza Bolognese: gegartes Hackfleisch, Zwiebeln und Käse

Für die Käsekruste ist jeder Käse geeignet, der schmilzt. Am beliebtesten sind bei Kindern folgende milde Käsesorten: Gouda, Butterkäse, Edamer, Fontina und Mozzarella; aber auch aromatische Sorten wie Emmentaler, Greyerzer und Appenzeller eignen sich.

Pizza Margherita

Die Basis für viele Varianten!

- Den Hefeteig nach Anleitung auf S. 132 zubereiten und etwa 30 Minuten gehen lassen.
- Inzwischen die Zwiebel und den Knoblauch schälen und fein hacken. Die Butter in einer beschichteten Pfanne zerlassen, Zwiebeln und Knoblauch darin andünsten. Mit dem Tomatensaft aus der Dose ablöschen, die geschälten Tomaten zerkleinern und ebenfalls dazugeben. Mit Salz und Pfeffer, Oregano und einem Lorbeerblatt würzen und einkochen lassen. Das Lorbeerblatt wieder herausnehmen.
- Die Tomaten waschen, von den Stielansätzen befreien und in dünne Scheiben schneiden. Den Mozzarellalaib in dünne Scheiben schneiden.
- Den Backofen auf 200 °C vorheizen. Ein Backblech einfetten und mit etwas Mehl bestäuben. Den Teig ausrollen und aufs Blech legen; mit einem Küchentuch abgedeckt etwa 10 Minuten gehen lassen.
- Die Tomatensoße auf dem Pizzateig verteilen. Die Tomatenscheiben auf die Soße legen. Mit Salz und Pfeffer würzen. Die Mozzarellascheiben darauf legen.
- Die Pizza auf der mittleren Schiene etwa 25 Minuten backen. Inzwischen das Basilikum waschen, trocken schütteln und die Blätter von den Stielen zupfen. Die Pizza aus dem Ofen nehmen und mit Basilikum garnieren.

► **Kinderportion:**

1 Stück von der Größe zweier Handflächen

► **Variationen:**

Hier ist alles möglich! Sie können die Pizza zusätzlich mit Salami, Schinken oder auch Krabben belegen. Gemüse wie Zucchini, Paprika oder Mais kommt bei vielen Kindern ebenfalls gut an.

► **Für 1 Blech**

1	Rezept Hefeteig (S. 132)
1	Zwiebel
1	Knoblauchzehe
1 EL	Butter
1	Dose geschälte Tomaten (400 g)
	etwas Salz
	schwarzer Pfeffer
1 EL	getrockneter Oregano
1	Lorbeerblatt
400 g	vollreife Tomaten
250 g	Mozzarella
4–6	Zweige frisches Basilikum

Pizza mit Spinat und Gorgonzola

Als Seetangpizza kommt sie bei Spongebob-Fans an

▶ **Für 1 Blech**

1 Rezept Hefeteig (S. 132)
450 g TK-Spinat
2 Zwiebeln
2 Knoblauchzehen
1 Msp. Muskat
etwas Salz
schwarzer Pfeffer
150 g Gorgonzola
150 g Gouda, mittelalt

▶ **Kinderportion:**

1 Stück von der Größe zweier Handflächen

- Den Hefeteig nach Anleitung auf S. 132 zubereiten und etwa 30 Minuten gehen lassen.
- Den Spinat in einer großen Schüssel auftauen lassen, anschließend gut ausdrücken und eventuell auseinander pflücken. Die Zwiebeln und den Knoblauch schälen. Die Zwiebel in hauchdünne Ringe schneiden. Den Knoblauch durch eine Presse drücken und zum Spinat geben. Den Spinat mit Muskat, Salz und Pfeffer abschmecken.
- Den Gorgonzola in Würfel schneiden. Den Gouda eventuell entrinden und dann reiben.
- Den Backofen auf 200 °C vorheizen. Ein Backblech einfetten und mit etwas Mehl bestäuben. Den Teig zu einem Rechteck in Blechgröße ausrollen und dann auf das Blech legen. Den ausgerollten Teig auf dem Blech mit einem Küchentuch abgedeckt etwa 10 Minuten gehen lassen.
- Den Spinat auf dem Pizzateig verteilen. Die Zwiebelringe gleichmäßig auf den Spinat legen. Die Gorgonzolawürfel und den geriebenen Gouda darüber streuen. Die Pizza auf der mittleren Schiene etwa 30 Minuten backen.

Pizzaschnecken

Schmecken am besten auf der Hand

▶ **Für 16 Stück**

1 Rezept Hefeteig (S. 132) · 1 Zwiebel · 1 Zucchini · 50 g roher Schinken in Scheiben · 150 g Mais aus der Dose 200 g Gouda · 5 EL Tomatenketchup · 5 EL Tomatenmark Salz · schwarzer Pfeffer · 1 EL Thymian

- Den Hefeteig nach Anleitung auf S. 132 zubereiten und etwa 30 Minuten gehen lassen.
- Inzwischen die Zwiebel schälen und fein hacken. Zucchini waschen, putzen und fein würfeln. Den Schinken in feine Streifen schneiden. Den Mais auf einem Sieb abtropfen lassen. Den Gouda eventuell entrinden und dann fein reiben.
- Den Backofen auf 200 °C vorheizen. Zwei Backbleche mit etwas Butter einfetten und mit etwas Mehl bestäuben.
- Den Teig auf einer bemehlten Arbeitsfläche zu einem Rechteck von 20 × 30 cm ausrollen. Tomatenmark und -ketchup auf den Teig streichen, dabei einen 1 cm dicken Rand frei lassen.
- Zwiebel- und Zucchiniwürfel, Mais und Schinkenstreifen gleichmäßig darauf verteilen. Mit Salz, Pfeffer und Thymian würzen. Den geriebenen Gouda darüberstreuen.
- Den Pizzateig von der langen Seite her aufrollen und den Rand fest andrücken. Mit einem Messer in 16 Scheiben schneiden. Die Scheiben auf die Bleche legen. Nochmals etwa 10 Minuten gehen lassen und auf der mittleren Schiene etwa 20 Minuten backen.

▶ **Kinderportion:**

1 Schnecke

▶ **Eltern-Extra:**

Bestreuen Sie die Pizzaschnecken vor dem Backen dünn mit geriebenem Gouda, dann werden Sie noch würziger.

Pizzamuffins

Da isst der Teddy auch mit

▶ **Für 12 Stück**

400 g Mehl (Type 550 oder 1050) · 1 Päckchen Trockenhefe (7 g) · 1 Prise Zucker · ½ TL Salz · 3 EL getrockneter Oregano 6 EL Olivenöl · 220 ml lauwarmes Wasser · 1 Zwiebel 1 grüne Paprikaschote · 2 Tomaten · 100 g geriebener Gouda, mittelalt

- Das Mehl in eine Schüssel sieben und eine Mulde formen. Die Hefe hineingeben. Zucker darüberstreuen. Salz, Oregano und Öl an den Rand der Schüssel geben.
- Das lauwarme Wasser in und um die Mulde gießen. Zu einem glatten Teig verarbeiten.
- Den Teig mit einem Tuch abgedeckt an einem warmen Ort gehen lassen, bis er sein Volumen fast verdoppelt hat.
- Die Zwiebel schälen und sehr fein würfeln. Die Paprika waschen, vierteln, Stielansatz und Scheidewände herausschneiden und das Fruchtfleisch in kleine Würfel schneiden. Den Backofen auf 200 °C vorheizen. Die Muffinform mit Öl einfetten.
- Die Tomaten waschen, die Stielansätze herausschneiden und in 12 dünne Scheiben schneiden. Den gegangenen Teig auf einer bemehlten Arbeitsfläche kräftig durchkneten. Die Zwiebel- und Paprikawürfel darunterkneten. Den Teig in 12 Kugeln teilen und in je eine Vertiefung der Muffinform setzen. Mit einem Tuch abgedeckt etwa 10 Minuten gehen lassen.
- Dann je eine Tomatenscheibe auf die Muffins setzen und mit Käse bestreuen. Auf der mittleren Schiene etwa 35 Minuten backen. Die Form aus dem Ofen nehmen und die Muffins vor dem Verzehr etwa 5 Minuten abkühlen lassen.

▶ **Kinderportion:**

1 Muffin

Pikanter Mürbeteig

Quiche und Tarte werden nicht mit Hefeteig zubereitet wie die Pizza, sie brauchen einen Mürbeteig.
Das Wichtigste beim Zubereiten dieses Teiges ist, dass alle Zutaten schön kühl sind.
Wer den Teig knusprig und locker haben möchte, gibt ihn immer in den vorgeheizten Backofen.

Grundrezept pikanter Mürbeteig

▶ **Für 1 Springform**
250 g Mehl · ½ TL Salz · 1 frisches Ei · 125 g Butter

- Mehl, Salz und Ei in eine Schüssel geben. Die Butter in Flöckchen geschnitten dazugeben. Das Ganze mit den Knethaken eines Handrührgerätes oder einer Küchenmaschine zu einem geschmeidigen Teig verarbeiten.
- Dann den Teig mit den Händen zu einer Kugel formen. Die Teigkugel in Klarsichtfolie einschlagen und etwa 30 Minuten im Kühlschrank ruhen lassen.
- Der Teig reicht für eine Spring-, Pie- oder Quicheform (24 oder 26 cm ⌀).

So gelingt Mürbeteig bestimmt!

- Mehl und Fett stets im richtigen Verhältnis abwiegen. Ein Mürbeteig braucht doppelt so viel Mehl wie Fett.
- Nicht nur die Zutaten, auch Ihre Hände, Arbeitsplatte und Küchengeräte sollten so kühl wie möglich sein.
- Verkneten Sie die Zutaten zügig, schneiden Sie Butter oder Margarine dafür in Flöckchen zum Mehl.
- Mürbeteig sollte mindestens 30 Minuten im Kühlschrank ruhen, so verbinden sich die Zutaten besser und der Teig lässt sich einfacher ausrollen.
- Beim Ausrollen des Teiges sollten die Arbeitsfläche und das Nudelholz möglichst kühl sein und leicht mit Mehl bestäubt werden.

- Das Blindbacken, also das Backen ohne Belag, macht den Teig knuspriger. Dafür den Teig mit einer Gabel einstechen, mit Backpapier belegen, getrocknete Hülsenfrüchte darauf verteilen und 10 Minuten vorbacken. Dann wie in den Rezepten angegeben weiter verfahren.

Mürbeteig aufbewahren

Ein frisch zubereiteter Mürbeteig kann in Folie eingewickelt bis zu fünf Tage im Kühlschrank lagern. Im Gefrierschrank kann er bis zu drei Monate aufbewahrt werden.
Die pikanten Quiches, die aus dem Mürbeteig gebacken werden, können zwei Tage im Kühlschrank lagern. Einfrieren lassen sich die salzigen Kuchen ebenfalls. Am besten vorher portionieren, so kann man nach Bedarf einzelne Stücke entnehmen und auftauen.

Einstieg in die Vollkornküche!

Mit salzigem Mürbeteig aus Vollkornmehl lassen sich auch Körnermuffel von dunklem Mehl überzeugen. Der Teiganteil ist bei diesen Gerichten klein, und der Teig schmeckt nur ein bisschen kräftiger, aber er ist weder härter noch fester. Beschwerden von Kaufaulen sind also nicht zu befürchten.

Lauch-Schinken-Quiche

So schmeckt Kindern Lauch!

▶ **Für 12 Stücke**

1 Rezept Mürbeteig (S. 136) · 750 g Lauch · 2 EL Rapsöl
100 g Frühstücksspeck in Scheiben · 2 frische Eier · 200 g
süße Sahne · etwas Salz · schwarzer Pfeffer · ¼ TL fein
gemahlener Kümmel · 1 Msp. Muskat · 100 g Gouda

- Den Mürbeteig nach Anleitung auf S. 136 zubereiten und
  kalt stellen.
- Den Lauch putzen, waschen und in feine Ringe schneiden.
  Das Öl in einer beschichteten Pfanne erhitzen und die
  Lauchringe darin etwa 10 Minuten dünsten. Den
  Frühstücksspeck in feine Streifen schneiden.
- Die Eier leicht miteinander verquirlen. Die Sahne unter-
  rühren. Kräftig mit Salz, Pfeffer, Kümmel und Muskat
  würzen. Den Gouda eventuell entrinden und fein reiben.
- Den Backofen auf 200 °C vorheizen. Den Boden einer
  Quicheform (etwa 26 cm ∅) mit Backpapier auslegen, den
  Rand der Springform mit etwas Butter einfetten.
- Den Teig dünn ausrollen und so in die Quicheform legen,
  dass Boden und Rand bedeckt sind. Den Teig etwas an den
  Rand drücken.
- Die Lauchringe mit den Speckstreifen vermengen und auf
  dem Quicheteig verteilen. Die Sahnesoße darüber gießen.
  Mit dem geriebenen Gouda bestreuen.
- Die Quiche auf der mittleren Schiene etwa 45 Minuten
  backen. Dann aus dem Ofen nehmen, etwas ruhen lassen,
  aus der Form lösen und in 12 Stücke schneiden.

▶ **Kinderportion:**

1 Stück

▶ **Variation:**

Mit gekochtem Schinken anstelle von Frühstücksspeck
kann man etwas Fett einsparen.

Brokkoli-Schinken-Quiche

Hex, hex … so wird Blumenkohl grün!

▶ **Für 12 Stücke**

1 Rezept Mürbeteig (S. 136) · 600 g Brokkoli · 100 g gekochter Schinken in Scheiben · 3 frische Eier · 200 g süße Sahne
50 g frisch geriebener Parmesan · etwas Salz · schwarzer
Pfeffer · 1 Msp. Muskat

- Den Mürbeteig nach Anleitung auf S. 136 zubereiten und
  kalt stellen.
- Den Brokkoli waschen, putzen und in Röschen schneiden,
  sehr große Stücke eventuell teilen. Etwas Salzwasser zum
  Kochen bringen und die Brokkoliröschen darin blanchieren.
- Den gekochten Schinken in kleine Würfel schneiden. Die
  Eier leicht miteinander verquirlen. Die Sahne und etwa die
  Hälfte des Parmesan unterrühren. Kräftig mit Salz, Pfeffer
  und Muskat würzen.
- Den Backofen auf 200 °C (Umluft 180 °C) vorheizen. Den
  Boden einer Quicheform (etwa 26 cm ∅) mit Backpapier
  auslegen, den Rand der Form mit etwas Butter einfetten.
- Den Teig dünn ausrollen und so in die Quicheform legen,
  dass Boden und Rand bedeckt sind. Den Teig etwas an den
  Rand drücken.
- Die Brokkoliröschen auf den Boden des Quicheteiges
  verteilen. Die Schinkenwürfel darauf verteilen. Die
  Sahnesoße darübergießen. Mit dem restlichen Parmesan
  bestreuen.
- Die Quiche etwa 45 Minuten backen. Dann aus dem Ofen
  nehmen, etwas ruhen lassen, aus der Form lösen und in
  12 Stücke schneiden.

▶ **Kinderportion:**

1 Stück

▶ **Eltern-Extra:**

Anstelle von Schinken verwenden Sie 300 g Tiefseegarnelen und mischen ein halbes Bund fein gehackte
glatte Petersilie unter den Guss.

Zucchini-Tomaten-Quiche
Vertrautes Gemüse mal anders

► Für 12 Stücke
1 Rezept Mürbeteig (S. 136)
3 mittelgroße Zucchini
3 Fleischtomaten
150 g Mozzarella
1 Knoblauchzehe
½ Bund Basilikum
1 EL Speisestärke
etwas Salz
schwarzer Pfeffer
2 EL Aceto Balsamico
2 frische Eier
150 g Joghurt
50 g frisch geriebener Parmesan

- Den Mürbeteig nach Anleitung auf S. 136 zubereiten und kalt stellen.
- Die Zucchini waschen, putzen und längs in 3 mm dünne Scheiben schneiden. In kochendem Salzwasser etwa 2 Minuten blanchieren, mit kaltem Wasser abschrecken und trocken tupfen.
- Die Tomaten über Kreuz einritzen, kurz überbrühen, abschrecken und enthäuten. Die Stielansätze und Kerne entfernen. Das Fruchtfleisch würfeln und in eine Schüssel geben.
- Mozzarella sehr fein hacken. Die Knoblauchzehe schälen und durch die Presse zu den Tomatenwürfeln drücken. Basilikum waschen, trocken schütteln, die Blätter von den Stielen zupfen und fein hacken. Die Hälfte des Basilikums mit dem Mozzarella und der Speisestärke unter die Tomaten mischen. Mit Salz, Pfeffer und Aceto Balsamico abschmecken.
- Die Eier leicht miteinander verquirlen. Den Joghurt unterrühren. Kräftig mit Salz, Pfeffer und dem restlichen Basilikum würzen.
- Den Backofen auf 200 °C vorheizen. Den Boden einer Quicheform (etwa 26 cm Ø) mit Backpapier auslegen, den Rand der Form mit etwas Butter einfetten.
- Den Teig dünn ausrollen und so in die Quicheform legen, dass Boden und Rand bedeckt sind. Den Teig etwas an den Rand drücken.
- Zucchinischeiben ausbreiten. Jeweils mit einem Esslöffel Tomaten-Mozzarella-Masse belegen und aufrollen. Zucchinirollen senkrecht dicht nebeneinander in den Quicheteig setzen. Den Guss darüber gießen. Mit dem Parmesan bestreuen.
- Die Quiche auf mittlerer Schiene etwa 35 Minuten backen. Dann aus dem Ofen nehmen, etwas ruhen lassen, aus der Form lösen und in 12 Stücke schneiden.

► Kinderportion:
1 Stück

► Eltern-Extra:
Fleischtomaten weglassen und die Zucchiniröllchen anstatt dessen mit einer Mischung aus schwarzen Oliven, Kapern und getrockneten Tomaten – alles fein gehackt – füllen.

Paprika-Feta-Quiche

Farbenfroh ins Essvergnügen

► Für 12 Stücke

1 Rezept Mürbeteig (S. 136) · 800 g Paprikaschoten (rot, grün und gelb) · 2 EL Rapsöl · 200 g Feta · 3 Eier · 200 g Schmand · etwas Salz · schwarzer Pfeffer · 1 TL Paprikapulver, edelsüß

- Den Mürbeteig nach Anleitung auf S. 136 zubereiten und kalt stellen.
- Die Paprikaschoten waschen, vierteln, Stielansätze und Scheidewände herausschneiden und das Fruchtfleisch in feine Streifen schneiden. Das Öl in einer beschichteten Pfanne erhitzen und die Paprikastreifen darin etwa 10 Minuten bei geschlossenem Deckel dünsten. Den Feta würfeln.
- Die Eier leicht verquirlen. Den Schmand unterrühren. Kräftig mit Salz, Pfeffer und Paprikapulver würzen. Den Backofen auf 200 °C vorheizen. Den Boden einer Quicheform (etwa 26 cm ∅) mit Backpapier auslegen, den Rand der Form mit etwas Butter einfetten.
- Den Teig dünn ausrollen und so in die Quicheform legen, dass Boden und Rand bedeckt sind. Den Teig etwas an den Rand drücken. Zum Blindbacken Backpapier auf den Teig legen, Hülsenfrüchte darauf verteilen und den Teig auf mittlerer Schiene etwa 10 Minuten vorbacken.
- Paprikastreifen und Feta miteinander vermengen und auf dem vorgebackenen Quicheteig verteilen. Die Ei-Schmand-Mischung darüber gießen. Die Quiche auf mittlerer Schiene etwa 30 Minuten backen. Dann aus dem Ofen nehmen, etwas ruhen lassen, aus der Form lösen und in 12 Stücke schneiden.

► Kinderportion:
1 Stück

► Variation:
Anstelle von Feta können Sie auch 300 g Hackfleisch krümelig braten und mit den Paprikastreifen mischen.

Dessert: Das Beste zum Schluss

Ohne Dessert fehlt der warmen Hauptmahlzeit das süße Finale. Doch nicht jeden Tag haben wir Zeit und Lust, ein Dessert zu zaubern – außerdem können üppige Nachtische unsere Energiebilanz durcheinanderbringen. Daher darf es öfter mal auch »nur« frisches Obst zum Nachtisch geben. Ein süßes Hauptgericht einmal pro Woche ist eine weitere Alternative für Schleckermäuler.

Heimisches Obst im Sommer

Die beliebteste Obstsorte ist und bleibt in Mitteleuropa der Apfel. Der Bundesbürger isst davon im Durchschnitt 40 kg im Jahr. Fast das ganze Jahr über können wir heimische Äpfel von nahezu gleichbleibender Qualität kaufen. Das macht ihn so erfolgreich. Andere heimische Obstsorten haben einen stärkeren saisonalen Bezug.

So beginnt im Frühjahr die Obstsaison mit Rhabarber, gefolgt von Erdbeeren, Kirschen und dem anderen Beerenobst. In dieser Zeit sollten Sie heimisches Obst bevorzugt frisch kaufen. Es bringt Abwechslung in Ihre Küche und ist jetzt besonders frisch und saftig.

Je nach Region ist der Einkauf von deutschen Kirschen, Aprikosen und Pfirsichen schwierig, aber diese Früchte, ebenso wie Melonen, kommen dann zumindest aus Europa und haben keine langen Überseestrecken zurückgelegt. Sie schmecken nur im Sommer und Frühherbst wirklich gut, da sie dann bei voller Reife geerntet werden. Im Spätsommer bieten Birnen und Pflaumen Abwechslung zum Apfel. Außerhalb der Obstsaison ist tiefgekühltem Obst oder Dosenware der Vorzug zu geben und man liebäugelt dann vielleicht mit den Überseefrüchten.

Grundrezept Obstkompott

▶ **Für 4 Portionen**

500 g Obst (Äpfel, Birnen, Pflaumen, Pfirsiche, Aprikosen, Kirschen, Erdbeeren oder Rhabarber) · 50 – 80 ml Wasser · 30 – 60 g Zucker

– Das Obst waschen und je nach Sorte schälen, entkernen, entsteinen, dann in mundgerechte Stücke schneiden. Zusammen mit etwas Wasser und dem Zucker einmal aufkochen lassen, bei reduzierter Hitze 2 bis 3 Minuten köcheln lassen und anschließend auskühlen lassen.

▶ **Variationen:**

Anstelle von Wasser und Zucker können Sie das Obst auch in Apfelsaft weichkochen.

Obstkompott muss nicht nur aus einer Frucht bestehen, kombinieren Sie beispielsweise Rhabarber mit Erdbeeren oder Apfel. Viele Obstsorten harmonieren mit den Gewürzen Zimt, Sternanis oder Vanille.

Das Kompott lässt sich auch zu einer fruchtigen Soße pürieren und überzeugt so manchen Kompottmuffel.

Exoten im Winter

Die unumstrittene Nummer 1 unter den exotischen Früchten ist bei uns und weltweit die Banane. Den zweiten Platz teilen sich Orange, Mandarine, Clementine und Zitrone. Auch Ananas, Mango und Kiwi haben heute einen festen Platz in unserem Essverhalten gefunden.

Achten Sie beim Einkauf von Zitrusfrüchten darauf, dass sie frei von Schimmel sind. Die Schalen sollten leuchtende Farben haben und nicht matt wirken. Letzteres ist ein Zeichen von alter oder beim Transport falsch gelagerter Ware.

Bananen sollten möglichst grün eingekauft werden, denn sie reifen noch nach. So halten sie länger. Doch wer sofort eine verzehren möchte, sieht das vielleicht anders und bevorzugt sie in Gelb. Beim Kauf von Ananas, Mango und Kiwi achten Sie darauf, dass die Früchte frei von Druckstellen sind. Der grüne Schopf der Ananas sollte frisch aussehen. Runzelige oder weiche Kiwis sollten Sie nicht kaufen. Eine frische Mango hat eine glänzende und straffe Haut. Diese Früchte können zu Hause ein paar Tage nachreifen. Übrigens: Wenn das möglichst schnell gehen soll, legen sie einen Apfel zu den Exoten. Der Apfel verströmt einen Botenstoff, der den Reifeprozess beschleunigt.

Obstsalat unter Quark

Auch eine Idee fürs Frühstück

▶ **Für 6 Portionen**

2 Apfelsinen · 1 Birne · 1 Nektarine
300 g Joghurt (1,5 % Fett) · 250 g
Quark (20 % Fett) · 2 EL brauner
Zucker · 1 Msp. Zimt

- Die Apfelsinen schälen, dabei die
  weiße Haut entfernen. Filetieren
  (siehe S. 49), den Saft dabei auffangen. Sechs Apfelsinenspalten beiseite legen. Die Birne schälen, Stiel-
  und Blütenansatz sowie Kerngehäuse entfernen und das Fruchtfleisch fein würfeln. Die Nektarine
  waschen, trocken tupfen, halbieren,
  entkernen und ebenfalls fein würfeln. Das Obst vermengen.
- Joghurt und Quark zusammen mit
  dem Zucker und Zimt verrühren.
  Zuerst das Obst, dann die Quark-
  Joghurt-Masse in sechs Trinkgläser
  füllen und kalt stellen. Vor dem
  Servieren die Creme mit einer
  Apfelsinenspalte garnieren.

▶ **Kinderportion:**

½ Portion reicht aus

▶ **Eltern-Extra:**

Bevor Sie die Quark-Joghurt-Masse
aufs Obst geben, können Sie noch
1 Teelöffel Cointreau in die Trinkgläser der Erwachsenen geben.

Kirschenmichel

Ob Michel aus Lönneberga wohl
begeistert gewesen wäre?

▶ **Für 4 Portionen**

4 Brötchen vom Vortag · 1 Glas
Schattenmorellen (350 g Abtropfgewicht) · 400 ml Milch · 2 Eier
4 EL Zucker · ½ TL Zimt · 30 g Butter

- Die Brötchen in etwa 1 cm dicke
  Scheiben schneiden und in eine
  Schüssel geben. Den Backofen auf
  200 °C (Umluft 180 °C; Gas Stufe 3)
  vorheizen.
- Die Kirschen auf ein Sieb schütten
  und abtropfen lassen. Den Saft
  anderweitig verwenden.
- Milch mit den Eiern verquirlen.
  Die Eiermilch über die Brötchenscheiben gießen.
- Eine Auflaufform (etwa 25 cm lang)
  mit etwas Butter einfetten. Die eingeweichten Brötchenscheiben
  hochkant abwechselnd mit den
  Kirschen in die Form legen.
- Zucker und Zimt vermischen und
  über den Auflauf streuen. Die Butter als Flöckchen darauf setzen. Das
  Ganze auf mittlerer Schiene etwa
  30 Minuten backen.

▶ **Kinderportion:**

½ Portion bzw. 3 Esslöffel

▶ **Eltern-Extra:**

Geben Sie noch 4 Esslöffel Mandelstifte zum Auflauf.

Himbeer-Pfirsich-Traum

Man gönnt sich ja sonst nichts

▶ **Für 4 Portionen**

300 g Himbeeren · 50 g brauner
Zucker · 2–3 Pfirsiche · 200 g süße
Sahne · 1 Päckchen Vanillezucker
1 Päckchen Sahnesteif · 150 g
Joghurt · 250 g Magerquark

- Die Himbeeren verlesen, in eine
  Schüssel geben und mit dem Zucker
  bestreuen. Die Pfirsiche waschen,
  halbieren, entsteinen und in dünne
  Spalten schneiden.
- Die Sahne mit dem Vanillezucker
  und dem Sahnesteif steif schlagen.
  Joghurt und Quark miteinander
  verrühren und die Sahne unterheben.
- Die Himbeeren auf vier Dessertschälchen verteilen. Die Quark-
  Sahne-Creme darüber verteilen
  und die Pfirsichspalten dachziegel-
  artig in Kreisform darauf verteilen.

▶ **Kinderportion:**

½ Portion oder 3 Esslöffel

▶ **Eltern-Extra:**

Für die Erwachsenen 4 Esslöffel
Baileys unter die Quark-Sahne-
Creme rühren.

DESSERT

Erdbeerquark
Macht gute Laune

- Die Milch in einen Topf erwärmen, zuvor ein bisschen abnehmen. Diese Menge mit dem Vanillepuddingpulver und 2 Esslöffeln Zucker glatt rühren. Wenn die Milch kocht, das angerührte Vanillepuddingpulver einrühren und einmal aufkochen lassen.
- Den Pudding auskühlen lassen, zuvor den restlichen Zucker über den Pudding streuen; so bildet sich keine Haut. Den Quark unter den ausgekühlten Pudding rühren.
- Die Erdbeeren waschen, putzen und pürieren. Den Quark und die pürierten Erdbeeren abwechselnd in eine Glasschale schichten.

▶ Kinderportion:
½ Portion reicht aus

▶ Für 6 Portionen
½ l Milch
1 Päckchen Kochpudding Vanillegeschmack
50 g Zucker
250 g Magerquark
500 g Erdbeeren
(frisch oder tiefgekühlt)

▶ Variationen:
Anstelle von Erdbeeren können Sie auch andere Früchte wie Pfirsiche, Aprikosen, Pflaumen oder Mango pürieren und als Fruchtsoße unter den Quark heben.

Apfelkompott mit Zimtsahne
Konventionell und bewährt

▶ **Für 4 Portionen**
100 ml Apfelsaft · Saft von 1 Zitrone
3 Äpfel (etwa 500 g) · 100 g Schlag-
sahne · 1 Päckchen Vanillezucker
1 Messerspitze Zimt

— Den Apfelsaft mit Zitronensaft aufkochen. Die Äpfel schälen, vierteln,
entkernen und in mundgerechte
Spalten schneiden. Die Spalten zum
Sud geben und etwa 5 Minuten bei
geringer Hitze weich dünsten. Dann
abkühlen lassen.
— Die Sahne mit den Schneebesen
eines Handrührgerätes steif schlagen, zum Schluss den Vanillezucker
und den Zimt unterrühren.
— Das Apfelkompott auf vier Schälchen verteilen und anschließend je
einen großen Esslöffel Zimtsahne
darauf verteilen.

▶ **Kinderportion:**
4–5 Esslöffel Kompott, 1 Teelöffel
Sahne

▶ **Eltern-Extra:**
Wenn keine Kinder mitessen,
schmeckt Apfelkompott auch sehr
lecker in Weißwein gedünstet.

Rhabarberkompott auf Mascarponecreme
Im Mai ein Muss

▶ **Für 4–6 Portionen**
500 g Rhabarber · 200 ml Johannis-
beersaft · 1 EL Speisestärke · 3 EL Zucker · ½ TL Zimt · 150 g Mascarpone
300 g Joghurt · 2 Päckchen Vanillezucker

— Den Rhabarber waschen, putzen
und in mundgerechte Stücke
schneiden. Den Rhabarber mit der
Hälfte des Johannisbeersaftes in einen Topf geben und erhitzen.
— Die Stärke mit dem restlichen Saft
verrühren. Rhabarber etwa 10 Minuten dünsten, dann die angerührte Stärke einrühren und nochmals
aufkochen. Den Rhabarber mit Zucker und Zimt abschmecken und
auskühlen lassen.
— Mascarpone und Joghurt miteinander verrühren. Mit dem Vanillezucker abschmecken. Die Mascarpo-
necreme in Dessertschälchen verteilen und den Rhabarber darauf
geben.

▶ **Kinderportion:**
3 Esslöffel Kompott, 2 Esslöffel
Creme

▶ **Eltern-Extra:**
Wenn keine Kinder mitessen, kann
das Rhabarberkompott auch zur
Hälfte mit Wein zubereitet werden.

Milchreis mit Apfelstückchen
Aus einer Prinzessin-Lillifee-Box
schmeckt er auch im Kindergarten

▶ **Für 4 Portionen**
500 ml Milch · 100 g Milchreis
1 Prise Jodsalz · 40 g Honig · 2 Äpfel
2 EL Zitronensaft · 2 EL Rosinen

— Die Milch in einem kleinen Topf
zum Kochen bringen. Den Reis einstreuen, 1 Prise Salz hinzufügen.
Etwa 30 Minuten bei geringster
Hitze quellen lassen. Zum Schluss
mit dem Honig süßen.
— Inzwischen die Äpfel schälen, vierteln und Kerngehäuse entfernen.
Dann in dünne Scheiben schneiden
und mit dem Zitronensaft und
2 Esslöffeln Wasser in einem kleinen Topf etwa 2 Minuten dünsten.
Zusammen mit den Rosinen unter
den Milchreis rühren.

▶ **Kinderportion:**
½ Portion bzw. 3 Esslöffel reichen
völlig

▶ **Eltern-Extra:**
Rösten Sie Mandelsplitter in einer
beschichteten Pfanne ohne Fett und
geben Sie diese ebenfalls unter den
Milchreis.

Milchreissoufflé mit Aprikosen

Als warmes Abendessen eine gelungene Überraschung!

▶ **Für 4 Portionen**

500 ml Milch · 100 g Milchreis · abgeriebene Zitronenschale
1 Prise Salz · 8 EL Aprikosenmarmelade · 2 frische Eier
1 TL Butter für die Form · 500 g Aprikosen

- Die Milch zum Kochen bringen, den Milchreis einstreuen, Zitronenschale und Salz hinzugeben. Den Reis bei reduzierter Hitze etwa 30 Minuten – unter Rühren – quellen lassen und dann etwas abkühlen lassen.
- Die Eier trennen, Eigelbe zusammen mit der Aprikosenmarmelade unter den Reis rühren. Den Backofen auf 180 °C (Umluft 160 °C; Gas Stufe 3) vorheizen.
- Dann vier feuerfeste Förmchen (etwa 9 cm Ø) mit Butter einfetten. Die Aprikosen waschen, halbieren und die Steine entfernen. Aprikosenhälften sehr fein würfeln und unter den Milchreis mischen. Vier Aprikosen in dünne Spalten schneiden und beiseite legen.
- Eiweiße steif schlagen und auf den Reis geben. Mit einem Kochlöffel vorsichtig mischen, bis sich alle Zutaten miteinander verbunden haben. Auf die Förmchen verteilen. Das Milchreissoufflé etwa 30 Minuten auf mittlerer Schiene backen. Soufflé mit je einem Aprikosenfächer dekorieren und heiß servieren.

▶ Kinderportion:
½ Portion bzw. 3 Esslöffel sind okay

Wenn Sie keine Souffléförmchen haben, können Sie auch eine große, hohe feuerfeste Form (etwa 25 cm Durchmesser) verwenden. Dann braucht das Soufflé allerdings 40–50 Minuten Backzeit.

Grießflammeri mit Aprikosenpüree

Erinnerung an die Babyzeit!

▶ **Für 4 Portionen**

500 ml Milch · 4 EL Zucker · 1 Prise Zimt · 80 g Grieß · 2 Eier
500 g Aprikosen · 2 EL Birnendicksaft

- Die Milch in einem kleinen Topf aufkochen. Zucker und Zimt darin auflösen. Den Grieß einrühren und bei milder Hitze unter ständigem Rühren köcheln lassen, bis der Brei eindickt.
- Den Brei etwas abkühlen lassen. Die Eier trennen. Die Eigelbe unter den Grieß rühren. Das Eiweiß steif schlagen und unter den Grieß heben.
- Portionsförmchen mit kaltem Wasser ausspülen und die Grießmasse hineinfüllen.
- Die Aprikosen waschen, halbieren, entsteinen und klein schneiden.
- Die Aprikosenstücke zusammen mit dem Birnendicksaft und 2 Esslöffel Wasser in einen Topf geben und erhitzen. Etwa 2 bis 3 Minuten köcheln lassen, dann mit dem Pürierstab pürieren. Das Aprikosenpüree auskühlen lassen.
- Das Aprikosenpüree auf Tellern verteilen. Mit einem Messer am Innenrand der Förmchen entlang fahren. Flammeri stürzen und auf dem Aprikosenpüree anrichten.

▶ Kinderportion:
½ Portion Grießflammeri und 2–3 Esslöffel Püree

▶ Variation:
Anstelle von Aprikosen können Sie auch Pfirsiche oder Pflaumen verwenden.

Apfel-Zwieback-Joghurt

Wenn das bei den Kleinen nicht groß ankommt

▶ **Für 4 Portionen**

100 g Zwieback · 100 ml Apfelsaft
500 g Naturjoghurt · 3 EL Zucker
200 g Apfelmus · Zitronenmelisse

- Den Zwieback in einen Gefrierbeutel geben und mit einem Nudelholz grob zerkleinern. Dann auf vier Dessertschalen verteilen und mit dem Apfelsaft beträufeln.
- Joghurt mit Zucker verrühren und darübergeben. Darauf das Apfelmus verteilen. Mit Zitronenmelisse garnieren.

▶ **Kinderportion:**

3 Esslöffel

▶ **Variation:**

Dieses Dessert schmeckt alternativ auch mit zerdrückter Banane, Aprikosenwürfeln oder pürierten Himbeeren.

Trauben-Apfel-Salat

Auch als Spieße immer wieder gerne gegessen

▶ **Für 4 Portionen**

150 g grüne Weintrauben · 150 g blaue Weintrauben · 2 Äpfel · 2 EL Zitronensaft · 1 EL Honig

- Weintrauben waschen, halbieren und eventuell entkernen. Äpfel schälen, vierteln, von Stielansätzen und Kerngehäuse befreien, dann in kleine Scheiben schneiden.
- Das Obst mit Zitronensaft und Honig abschmecken.

▶ **Kinderportion:**

½ Portion reicht aus

▶ **Variation:**

Anstatt sie zu einem Salat zu vermengen, können Sie die Apfelspalten und Weintrauben auch auf Schaschlikspieße aufstechen. Finden größere Kinder toll.

Gebratene Bananenhälften

Geht ruckzuck und erfreut sich großer Beliebtheit

▶ **Für 4 Personen**

4 reife Bananen · 20 g Butter
2 EL Zucker · 1 Msp. Zimt

- Die Bananen schälen und der Länge nach aufschneiden.
- Die Butter in einer beschichteten Pfanne zerlassen, die Bananen darin von beiden Seiten leicht anbraten.
- Zucker mit dem Zimt mischen. Die Bananen auf vier Desserttellern verteilen und mit dem Zimtzucker bestreuen.

▶ **Kinderportion:**

½ Banane

▶ **Eltern-Extra:**

Geben Sie noch 2 Esslöffel Kokosflocken zu den Bananen in die Pfanne.

DESSERT

Gewürfelter Wackelpuddingberg mit Vanillesoße

Mal ein ganz anderes Mundgefühl erleben!

▶ **Für 8 Portionen**

je 1 Beutel rote, gelbe und grüne Götterspeise · 360 g Zucker
800 ml Milch · 1 Päckchen Vanillepuddingpulver

- Das rote Pulver in einem kleinen Kochtopf mit etwa 250 ml kaltem Wasser anrühren und etwa 5 Minuten quellen lassen. Das Ganze erhitzen, nicht kochen lassen und etwa 100 g Zucker und 150 ml Wasser hinzugeben. Rühren, bis sich der Zucker aufgelöst hat.
- Die rote Flüssigkeit circa 1 cm hoch in eine kalt ausgespülte, flache Schale füllen. Etwa 6 Stunden in den Kühlschrank stellen, bis die Götterspeise fest ist. Mit der gelben und grünen Götterspeise ebenso vorgehen.
- Die erstarrte Götterspeise vorsichtig mit einem spitzen Messer vom Rand lösen. Die Schale kurz in warmes Wasser halten. Dann die Götterspeise aus den Formen stürzen und in Würfel schneiden.
- Die Milch in einem Topf erwärmen, zuvor ein bisschen abnehmen. Diese Menge mit dem Vanillepuddingpulver und dem restlichen Zucker glatt rühren. Wenn die Milch kocht, das angerührte Vanillepuddingpulver einrühren und einmal aufkochen lassen. Die Vanillesoße in eine Kanne umfüllen und erkalten lassen.
- Die verschiedenfarbigen Götterspeisewürfel zu je einem Berg auf einen Teller häufen und mit Vanillesoße begießen.

▶ **Kinderportion:**

3 Esslöffel gewürfelter Wackelpudding und 6 Esslöffel Vanillesoße

Karibischer Obst-Reis-Salat

Schmeckt auch nur als Obstsalat

▶ **Für 6 Portionen**

80 g Jasminreis · 120 ml Kokosmilch, cremig (Dose)
1 Ananas · 1 Mango · 2 Kiwis · 1 Zweig Zitronenmelisse

- Den Reis mit der Kokosmilch und 100 ml Wasser zum Kochen bringen. Bei reduzierter Hitze 10 bis 12 Minuten quellen lassen, bis die Flüssigkeit vom Reis aufgesaugt worden ist und der Reis gar ist.
- Von der Ananas Boden und Schopf abschneiden und sie schälen. Die dunklen Augen herausschneiden. Die Ananas achteln und den Strunk herausschneiden. Dann das Fruchtfleisch in mundgerechte Stücke schneiden. Den Saft auffangen.
- Das Fruchtfleisch der Mango vom Stein lösen, indem Sie an den Breitseiten des flachen Steines von oben nach unten je eine Furchtfleischscheibe abschneiden. Dabei so nah wie möglich am Stein vorbei schneiden. Danach das am Stein verbliebene Fruchtfleisch separat abschneiden. Dann die Schale von der Mango entfernen und das Fruchtfleisch in Würfel schneiden. Den Saft auffangen.
- Die Kiwis mit einem kleinen Messer schälen und in Würfel schneiden. Die Zitronenmelisse waschen, trocken schütteln, dann die Blätter vom Stiel zupfen. Alle Obstwürfel zusammen mit dem Saft unter den abgekühlten Reis mischen und mit Zitronenmelisseblättern garniert servieren.

▶ **Kinderportion:**

2–4 gehäufte Esslöffel

Tipp

Sie können Ihrem Kind diesen fruchtigen Reissalat auch als Proviant in den Kindergarten mitgeben. Er ist durch den Reis und das Obst kohlenhydrathaltig und füllt die leeren Energiespeicher wieder auf, außerdem ist er reich an Vitamin C und Carotin.

Eiscreme: Hinein ins kalte Vergnügen!

Mit oder ohne Eismaschine – doch auf jeden Fall selbst gemacht! Wassereis am Stiel hat in vielen Familien mit kleinen Kindern noch heute Kultstatus. Erforderlich ist ein Gefrierschrank bzw. eine Gefriertruhe oder zumindest ein Tiefkühlfach mit vier Sternen.

Wassereis – konkurrenzlos schnell hergestellt

Das Selbermachen von Wassereis am Stiel ist kinderleicht. Eis-am-Stiel-Förmchen werden mit dem Lieblingssaft befüllt und für einige Stunden in den Gefrierschrank gestellt. Schon ist das Eis fertig. Um das Eis aus dem Förmchen zu lösen, taucht man das Förmchen für einige Sekunden in heißes Wasser ein.

Neben Orangen- und Multivitaminsaft als Basis für Wassereis kommen auch Bananen- und Pfirsichnektar sowie Kirsch- und Ananassaft gut an.

Hier noch ein paar Tipps:
- Wer verhindern möchte, dass sich Aroma und gefrorenes Wasser beim Lutschen trennen, kocht den Saft mit etwas Stärke auf.
- Vielleicht ist auch das Einrühren von etwas Zucker sinnvoll, denn eiskalte Lebensmittel empfinden wir als weniger süß.

Milcheis – braucht ein wenig Geduld

Vom Vanille- bis zum Schokoeis haben sie alle gemeinsam, dass ihre Basis Milchprodukte sind. Mithilfe von Eigelb und Zucker erhält das Eis seine Struktur und Festigkeit. Um möglichst kleine Eiskristalle zu erhalten, ist das Rühren wichtig. Wer die härtere Konsistenz von selbst gemachtem Eis nicht mag, wird bei Verwendung einer Eismaschine begeistert von der Cremigkeit sein.

Tricks und Tipps:
- Mit steigendem Fettgehalt der verwendeten Milchprodukte nimmt die Cremigkeit des Eises zu. Vollmilch und viel Sahne machen das Eis weicher.
- Feiner Kristallzucker, Raffinade und Puderzucker lösen sich besser auf als grobkörniger Zucker und geben ein vollmundigeres Aroma.

- Honig oder Sirup können Sie auch verwenden. Wichtig ist, dass das Süßungsmittel gut unter die Grundmasse gerührt wird. Bei Verwendung von Eigelb sollte eine fast weiße Masse aus Zucker und Eigelb geschlagen werden.

Grundrezept Vanilleeis

▶ **Für 6 Portionen**
½ Vanilleschote · 200 ml Milch · 3 Eigelbe · 80 g Puderzucker 200 g süße Sahne

- Die Vanilleschote längs aufschlitzen, das Mark herauskratzen. Beides in die Milch geben und das Ganze unter Rühren einmal aufkochen lassen. Schote herausnehmen und abkühlen lassen.
- Die Eigelbe mit dem Puderzucker über einem Wasserbad cremig schlagen, dann die lauwarme Vanillemilch hinzugeben und zu einer cremigen Masse schlagen. Abkühlen lassen. Im Kühlschrank eine Stunde kühl stellen. Die Sahne steif schlagen und unter die Eismasse heben. Die Eismasse in ein Tiefkühlbehältnis füllen und im Gefrierschrank mindestens fünf Stunden gefrieren lassen.

▶ **Variationen:**

Schokoeis: Anstelle von Vanille 100 g Vollmilchschokolade im Wasserbad schmelzen und zusammen mit der lauwarmen Milch unter die Eigelbmasse rühren. Ansonsten wie oben beschrieben fortfahren.

Erdbeereis: Es braucht keine Milch. Die Erdbeeren werden püriert und das Erdbeerpüree kommt zum Schluss nach der geschlagenen Sahne unter die Eimasse.

Schnelles Kirsch-Joghurt-Eis

Lässt sich auch in Eis-am-Stiel-Förmchen füllen

▶ **Für 4 Portionen**
1 Glas Schattenmorellen (350 g Abtropfgewicht) · 1 Zitrone · 250 g Sahnejoghurt · 1 Päckchen Vanillezucker 3 EL Zucker

- Die Kirschen auf ein Sieb geben und abtropfen lassen. Die Zitrone halbieren und auspressen. Die Schattenmorellen mit dem Zitronensaft pürieren und den Sahnejoghurt unterrühren. Mit Vanillezucker und Zucker süßen.
- Dann in eine flache Schale geben und mindestens 3 Stunden im Gefrierschrank frieren, dabei alle 30 Minuten herausnehmen und erneut rühren. Aus dem gefrorenen Eis Kugeln formen und in Schalen oder Eiswaffeln servieren.

▶ **Kinderportion:**
1 Kugel

Orangeneis am Stiel

… à la Capri

▶ **Für 6 Portionen**
300 ml Orangensaft · 1 TL Stärke 3 EL Zucker

- Die Stärke und den Zucker in den kalten Orangensaft rühren und unter Rühren einmal aufkochen lassen, damit der Saft leicht sämig wird. Abkühlen lassen.
- Dann den Saft in die Eis-am-Stiel-Förmchen (50 ml Volumen) füllen. Mit dem Deckel mit Stiel schließen und für etwa 12 Stunden in den Gefrierschrank stellen.

▶ **Kinderportion:**
1 Förmchen

▶ **Variation:**
Mit Multivitaminsaft ist das Eis genauso lecker!

Bananen-Schoko-Eis am Stiel

Gefleckt wie eine Kuh

▶ **Für 6 Portionen**
50 g Blockschokolade · 1 kleine Banane · 300 g Joghurt · 2 EL Zucker

- Die Blockschokolade grob hacken und in einem Wasserbad schmelzen. Die Banane zerdrücken. Joghurt und Zucker verrühren.
- Die Hälfte der Joghurtmasse mit der Banane verrühren. Die lauwarme Schokosoße unter die andere Hälfte des Joghurts rühren. Die beiden Joghurtmassen in drei Schichten – erst Banane, dann Schoko und zum Schluss Banane – in die Eis-am-Stiel-Förmchen (50 ml Volumen) füllen. Mit dem Deckel mit Stiel schließen und für etwa 12 Stunden in den Gefrierschrank stellen.
- Vor dem Schleckvergnügen die Förmchen einmal kurz in warmes Wasser tauchen, dann löst sich das Eis besser aus den Formen.

▶ **Kinderportion:**
1 Förmchen

Blitzschnelles Beereneis

Das sind die Bären los!

▶ Für 4 Portionen

200 g süße Sahne · 250 g gemischte TK-Beeren · 3–4 EL Puderzucker · 2 EL Zitronensaft · Minzeblättchen zum Garnieren

▬ Die Sahne steif schlagen. Die restlichen Zutaten mit Ausnahme der Minzeblättchen zusammen in die Schüssel der Küchenmaschine geben. Die Zutaten mit dem Messereinsatz zuerst kurz auf niedrigster Stufe, dann etwa 3 Minuten auf höchster Stufe zu einer cremigen Eismasse verarbeiten.

▬ Die Sahne unterheben und dann das Eis in Dessertschalen portionieren. Mit den Minzeblättchen garnieren und sofort servieren.

▶ Kinderportion:

1 Kugel

▶ Variation:

Sie können anstelle der Beeren auch 250 g Pfirsichhälften aus der Dose verwenden: Frieren Sie die gewürfelten Pfirsiche ein und verfahren dann wie im Rezept beschrieben weiter.

Kuchen und Gebäck: Muffins

Noch warm, also frisch aus dem Backofen, schmecken die kleinen Kuchen am besten. In Amerika sind sie wie Toast und Cornflakes ein fester Bestandteil des Frühstücks. Auch bei uns schleicht sich diese amerikanische Sitte langsam ein.

Muffin als zweites Frühstück!

Die handlichen Kuchen schmecken den Kleinen meist besser als Brot. Sie sind weicher und süßer. Doch bedenken Sie, dass Muffins leider einen viel zu hohen Energiegehalt haben, um regelmäßig als zweites Frühstück gegessen zu werden. Doch ab und zu ein Muffin in der Kindergartenbox oder am Nachmittag ist okay, insbesondere wenn man ihn mit Vollkornmehl, Joghurt oder Buttermilch backt.

Tipps und Tricks

- Ein Muffinblech ist zwar nicht zwingend erforderlich, aber sinnvoll. Der Teig ist sehr weich und so würden die Muffins – nur in einem Papierbackförmchen gebacken – mehr zerlaufen als nach oben steigen.

- Die Standardmuffinform ist den Sonderformen vorzuziehen. Sie hat 12 Vertiefungen mit einem ⌀ von ca. 7,5 cm.
- Um den Reinigungsaufwand gering zu halten, ist die zusätzliche Verwendung von Papierbackförmchen sinnvoll.
- Die weichen bzw. flüssigen Zutaten sollten gut verrührt werden. Sobald das Mehl hinzukommt, sparsam rühren. Niemals Backpulver bzw. Natron vergessen, nur so entstehen luftige Muffins.

Lagerung

Muffins lassen sich am besten luftdicht verpackt in einem Plastikbehälter lagern. Im Sommer ist der Kühlschrank der warmen Küche vorzuziehen. Gut verschlossen im Gefrierbeutel können Sie Muffins bis zu sechs Monate lang einfrieren.

SO WIRD'S GEMACHT

Muffinsbacken

❶ Alle flüssigen Zutaten werden immer zuerst miteinander vermischt: Joghurt, Buttermilch oder Milch, flüssige und wieder abgekühlte Butter, Öl, Eier, Fruchtsaft und geschmolzene Schokolade etc.: immer gut verrühren ❷. Alle trockenen Zutaten werden in einer zweiten Schüssel vermischt: Mehl, Nüsse, Zucker, Natron, Gewürze etc. ❸ Nun gibt man die flüssigen Zutaten auf einmal zu den trockenen Zutaten und verrührt alles vorsichtig mit einem Holzlöffel – so kurz wie nötig, bis sich die Zutaten verbinden. ❹ Zuletzt den Teig in die mit Papierförmchen ausgelegten Mulden des Muffinblechs einfüllen, bis sie etwa zu drei Vierteln gefüllt sind.

Schokomuffins

Einfach zu backen – und für Kinder einfach zu essen

▶ Für 12 Stück

1 Ei · 150 g Zucker · 100 ml Rapsöl 300 g Joghurt · 200 g Mehl · 2 TL Backpulver · ½ TL Natron · 4 EL Kakao

- Das Ei mit Zucker und Öl verrühren. Den Joghurt hinzufügen und ebenfalls unterrühren.
- Mehl, Backpulver, Natron und Kakao vermischen und die Mehlmischung unter die Teigmasse rühren. Den Backofen auf 180 °C vorheizen.
- Muffinformen mit Papierförmchen auskleiden und den Teig auf die 12 Vertiefungen verteilen. Auf mittlerer Schiene etwa 20–25 Minuten backen.
- Die Muffins einen Moment in der Form ruhen lassen, dann aus den Vertiefungen nehmen und auf einem Kuchengitter auskühlen lassen.

▶ Kinderportion:
½ Muffin

TIPP

Sie können die gleiche Menge Vollkornmehl verwenden. Der Kakao versteckt die dunkle Farbe des Vollkornmehls und erleichtert daher den Einstieg in die Vollkornmehlbackstube.

Wintermuffins

Erinnern so herrlich an Weihnachten

▶ Für 12 Stück

1 Ei · 160 g Zucker · 100 ml Rapsöl 200 ml Milch · 200 g Mehl · 2 TL Backpulver · ½ TL Natron · 50 g gemahlene Mandeln · 50 g Schokoraspel · 1 Päckchen Orangeback · 1 TL Lebkuchengewürz

- Das Ei mit Zucker und Öl verrühren. Die Milch hinzufügen und ebenfalls unterrühren.
- Mehl, Backpulver, Natron, Mandeln, Schokorapsel, Orangeback und Lebkuchengewürz vermischen und die Mehlmischung unter die Teigmasse rühren. Den Backofen auf 180 °C vorheizen.
- Muffinformen mit Papierförmchen auskleiden und den Teig auf die 12 Vertiefungen verteilen. Auf mittlerer Schiene etwa 20–25 Minuten backen.
- Die Muffins eine Weile in der Form ruhen lassen, dann aus den Vertiefungen nehmen und auf einem Kuchengitter auskühlen lassen.

▶ Kinderportion:
½ Muffin

TIPP

Ob helles oder Vollkornmehl – der Unterschied fällt kaum auf. Probieren geht über studieren, nur Mut! Anstelle von Schokoraspeln können Sie 100 g gewürfelten Nougat hinzufügen.

Heidelbeermuffins

In Amerika ein Klassiker

▶ Für 12 Stück

2 Eier · 180 g Zucker · 1 Päckchen Vanillezucker · 130 ml Rapsöl 300 ml Buttermilch · 200 g Mehl 50 g feine Haferflocken · 2 TL Backpulver · ½ TL Natron · 200 g Heidelbeeren

- Die Eier mit Zucker, Vanillezucker und Öl verrühren. Die Buttermilch hinzufügen und ebenfalls unterrühren.
- Mehl, Haferflocken, Backpulver und Natron vermischen und die Mehlmischung unter die Teigmasse rühren. Die Heidelbeeren verlesen, abbrausen, trocken tupfen und mit einem Kochlöffel unter den Teig heben. Den Backofen auf 180 °C vorheizen.
- Muffinformen mit Papierförmchen auskleiden und den Teig auf die 12 Vertiefungen verteilen. Auf mittlerer Schiene etwa 20–25 Minuten backen.
- Die Muffins kurz in der Form ruhen lassen, dann aus den Vertiefungen nehmen und auf einem Kuchengitter auskühlen lassen.

▶ Kinderportion:
½ Muffin

TIPP

Mit Vollkornmehl macht man auch hier nichts falsch.

Brownies

Himmlisch weich und schokoladig

▶ Für 24 Stücke

200 g Zartbitterschokolade
125 g Butter
150 g Mehl
½ TL Backpulver
¼ TL Jodsalz
200 g Zucker
3 Eier

▶ Eltern-Extra:

- Geben Sie gehackte Nüsse unter den Teig. Wenn es etwas Besonderes sein soll, verwenden Sie doch mal grob gehackte Macadamianüsse.

- 170 g Schokolade mit der Butter schmelzen und abkühlen lassen. Die restliche Schokolade fein hacken. Mehl, Backpulver und Salz miteinander vermengen. Den Backofen auf 180 °C vorheizen. Eine flache Kuchenform (20 × 30 cm) mit Backpapier auslegen.
- Zucker und Eier mit den Schneebesen eines Handrührgerätes verrühren und nach und nach die lauwarme Schoko-Butter-Mischung unterrühren. Die Mehlmischung und die Schokostückchen zum Schluss unterheben und zu einem glatten Teig verrühren.
- Den Teig in die Form geben und 25 Minuten auf mittlerer Schiene backen. Die Brownies auskühlen lassen und in Quadrate schneiden.

▶ Kinderportion:

1 Brownie

Taler am Band
Auf eine Schnur aufgezogen

▶ **Für ca. 100 Stück**

120 g Zucker · 1 Päckchen Vanillezucker · 1 EL abgeriebene Zitronenschale · 1 Prise Salz · 1 Ei · 150 g Butter · 250 g Mehl 200 g Puderzucker · 4 EL Zitronensaft · rote Lebensmittelfarbe · bunte Zuckerstreusel · Erdbeergummischnüre

▬ Zucker, Vanillezucker, Zitronenschale, Salz, Ei und Butter in eine Schüssel geben und mit den Rührbesen verrühren. Anschließend das Mehl in den Teig einarbeiten, zuerst mit den Knethaken und dann mit der Hand. Den Teig zu Rollen von etwa 3 cm Durchmesser formen. In Frischhaltefolie einwickeln und mindestens 2 Stunden kalt stellen.

▬ Den Backofen auf 180 °C vorheizen. Die Teigrollen in etwa ½ cm dicke Scheiben schneiden und auf mit Backpapier ausgelegte Bleche legen. Mit einem Schaschlikspieß mittig ein sichtbares Loch in die Taler stechen. Die Kekse etwa 10 bis 15 Minuten backen, dann auf einem Kuchenrost auskühlen lassen.

▬ Für den Guss Puderzucker und Zitronensaft zu einer dickflüssigen Masse verrühren. Die Hälfte des Gusses mit der roten Lebensmittelfarbe rosa einfärben. Die Plätzchen je zur Hälfte mit dem weißen und rosa Guss bestreichen. Darauf achten, dass die Löcher offen bleiben. Eventuell noch mal vorsichtig nachstechen und sofort mit den Zuckerstreuseln bestreuen.

▬ Wenn der Guss getrocknet ist, die Gummischnüre durch bis zu drei Kekse ziehen und nach jedem Keks einen Knoten machen, damit die Kekse einen festen Platz auf der Schnur haben.

▶ **Kinderportion:**
Eine Schnur mit drei Keksen ist in Ordnung

Tipp

Die Taler lassen sich problemlos auch mit Vollkornmehl backen.

Mini-Amerikaner als Lollis
So bleiben die Hände sauber

▶ **Für 16 Stück**

150 g Butter · 125 g Zucker · 1 Päckchen Vanillezucker 2 Eier · 2 EL Milch · 300 g Mehl · 2 TL Backpulver · Saft 1 Zitrone · 250 g Puderzucker · rote Lebensmittelfarbe

▬ Die Butter mit dem Zucker und Vanillezucker schaumig rühren. Eier und Milch nacheinander unterschlagen. Das Mehl mit dem Backpulver mischen und unter den Teig rühren. Den Backofen auf 200 °C vorheizen.

▬ Mit einem Esslöffel kleine Teighäufchen auf ein gefettetes Blech setzen und jeweils eine kleine Holzgabel wie den Stiel eines Lollis hineinschieben. Die Amerikaner etwa 25 Minuten backen, sofort vom Blech lösen und auf einem Kuchengitter auskühlen lassen.

▬ Für den Guss die Zitrone auspressen. Den Zitronensaft mit dem Puderzucker glatt rühren. Die Unterseite der Amerikaner mit zwei Dritteln des Gusses bestreichen. Den restlichen Guss mit Lebensmittelfarbe rosa färben und in eine kleine Plastiktüte füllen. Eine Ecke knapp abschneiden. Auf den weißen Guss jeweils eine rosafarbene Spirale spritzen und trocknen lassen.

▶ **Kinderportion:**
1 Lolli reicht pro Kind

Tipp

Wenn Sie die Amerikaner mit Vollkornmehl backen möchten, brauchen Sie mehr Milch: Geben Sie ruhig bis zu 100 ml Milch in den Teig.

Waffeln für jede Gelegenheit

Ob Groß oder Klein, Waffeln mag jeder. Gelegenheiten, sie zu essen, gibt es genug. Nicht nur am Nachmittag zum Kaffee oder beim Kindergeburtstag sind Waffeln beliebt, sondern auch in pikanter Geschmacksrichtung finden sie immer mehr Fans.

Waffeln backen ist kinderleicht!

Heute ist das Waffelnbacken dank der elektrischen Geräte ein Kinderspiel, denn sie backen bei konstanter Temperatur gleichmäßige Waffeln und per Lichtsignal wird angezeigt, wann die Waffel fertig ist. Das gebräuchlichste Waffeleisen ist der Herzchen-Waffelautomat. Die Rezepte in diesem Buch sind auf dieses Gerät abgestimmt, aber natürlich lassen sich auch mit anderen Eisen Waffeln backen, z. B. viereckige.

Die wichtigste Voraussetzung für einen Waffelteig ist, dass er sich im Waffeleisen gut verteilen lässt. Er sollte von fließender und weicher Konsistenz sein und vor dem Schließen des Eisens gleichmäßig verteilt sein.

Fetten Sie das Eisen vor dem Backen mit einem Pinsel dünn mit Butter oder Öl ein. Beschichtete Geräte müssen meist nur einmal zu Beginn des Backens gefettet werden. Bevor Sie mit dem Backen der ersten Waffel beginnen, sollte das Gerät aufgeheizt sein, sonst besteht die Gefahr, dass der Teig verklebt. Krümel von fertig gebackenen Waffeln sollten mithilfe eines Backpinsels entfernt werden, sonst hat die danach gebackene Waffel schwarze Stellen.

Waffeln sollten immer auf einem Gitter oder Rost auskühlen und auch nicht gestapelt werden, so bleiben sie schön kross.

Grundrezept Sandwaffeln

▶ Für 10 Waffeln
200 g Butter · 150 g Zucker · 1 Päckchen Vanillezucker
4 Eier · 250 g Mehl

- Die Butter mit Zucker, Vanillezucker und Eiern cremig schlagen. Nach und nach das Mehl hinzufügen und unterrühren.
- Das Waffeleisen aufheizen, einfetten und goldgelbe Waffeln backen.

▶ Kinderportion:
1–2 Herzen

Aufbewahren und Aufbacken

Waffeln können Sie in einer Blechdose zwei Tage aufbewahren. Tiefgekühlt lassen sie sich drei bis vier Monate lagern. Legen Sie zwischen die Waffeln etwas Backpapier – so lassen sie sich einzeln entnehmen.

Damit die Waffeln kross und warm sind, können Sie diese im oder auf dem Toaster aufbacken.

Apfelwaffeln

Etwas gesünder als die klassische Waffel

▶ Für 14 Waffeln

200 g Butter · 100 g Zucker · 1 EL abgeriebene Zitronenschale · 4 Eier
250 g Mehl · 1 Päckchen Backpulver
100 g gemahlene Mandeln · 125 ml
Milch · 100 g geraspelter Apfel

■ Die Butter mit dem Zucker, der Zitronenschale und den Eiern cremig schlagen. Mehl, Backpulver und Mandeln mischen.
■ Abwechselnd die Mehlmischung und die Milch unter den Teig rühren. Zum Schluss den geraspelten Apfel unterheben.
■ Das Waffeleisen aufheizen, einfetten und goldgelbe Waffeln backen.

▶ Kinderportion:
1–2 Herzen

▶ Variationen:
Apfelwaffeln lassen sich wunderbar mit Vollkornmehl backen, da keine Erwartung an eine goldgelbe Waffel gestellt wird.
Auch in die pikante Geschmacksrichtung lässt sich das Rezept abwandeln. Anstelle des Zuckers verwenden Sie 1 Teelöffel Jodsalz, die Mandeln werden durch Maisgrieß ersetzt und statt Apfel verwenden Sie die doppelte Menge an Möhren, Zucchini oder Kohlrabiraspeln.

Pikante Hefeteigwaffeln

Abwechslung – anstelle von Brot

▶ Für 12 Waffeln

350 g Mehl · 1 Päckchen Trockenhefe
1 Prise Zucker · 1 TL Jodsalz · 2 Eier
5 EL Olivenöl · ½ l lauwarme Milch
50 g Sesam

■ Das Mehl in eine Schüssel geben, eine Mulde hineindrücken. Hefe und Zucker hinzufügen. Die lauwarme Milch in die Mulde gießen. An den Rand Salz, Eier und Olivenöl geben. Die Zutaten kräftig zu einem flüssigen Hefeteig verrühren. Den Teig an einem warmen Ort unter einem Küchentuch gehen lassen.
■ Das Waffeleisen erhitzen, eventuell einfetten, einen Teelöffel Sesam in das Waffeleisen einstreuen, den Teig einfüllen und die Waffeln goldgelb backen. Auf einem Kuchengitter auskühlen lassen.

▶ Kinderportion:
1–3 Herzen

▶ Variationen:
Die Waffel kann wie Brot mit Butter bestrichen und pikant belegt werden. In den Hefeteig können Sie auch einen Esslöffel getrockneten Oregano und 50 g frisch geriebenen Parmesan einrühren. Auch mit fein gehackten Oliven oder getrockneten und in Öl eingelegten Tomatenstückchen lässt sich der Teig variieren.

Fleckenwaffeln

Lassen sich so gut auf der Hand essen

▶ Für 10 Waffeln

150 g Margarine · 125 g Zucker
1 Päckchen Vanillezucker · 3 Eier
250 g Mehl · ½ Päckchen Backpulver
1 EL Kakaopulver (schwach entölt)
100 ml Milch

■ Margarine mit Zucker und Vanillezucker schaumig schlagen. Eier nach und nach dazugeben und zu einer schaumigen Masse schlagen.
■ Mehl mit Backpulver mischen, zusammen mit etwas Milch unter die Eimasse rühren. Unter ein Drittel des Teigs das Kakaopulver und die restliche Milch rühren.
■ Das Waffeleisen erhitzen, eventuell einfetten, eine Kelle hellen Teig hineingeben und darauf 2 bis 3 Teelöffel dunklen Teig verteilen. Die Waffel backen und warm servieren.

▶ Kinderportion:
1–2 Herzen

▶ Variation:
Geben Sie eine zerdrückte Banane in den Teig.

Rührteig

Als es noch keine Küchengeräte gab, wurde dieser Teig bis zu einer Stunde von der Hausfrau gerührt, damit aus Zucker, Butter und Eiern eine homogene Masse wurde, die für das Gelingen des Kuchens verantwortlich ist.

Grundrezept Rührteig

▶ **Für 20 Stücke**
300 g Butter · 250 g Zucker · 1 Päckchen Vanillezucker · 4–5 Eier (Größe M) · 300 g Mehl (Type 405) · ½ Päckchen Backpulver · 3 EL Milch

- Butter, Zucker und Vanillezucker mit den Schneebesen einer Küchenmaschine oder eines Handrührgerätes zu einer cremigen Masse schlagen. Die Eier nacheinander unterrühren. Den Backofen auf 180 °C vorheizen.
- Das Mehl mit dem Backpulver mischen und esslöffelweise unter die Eier-Butter-Masse rühren. Falls der Teig sehr fest ist, etwa 3 Esslöffel Milch unterrühren.
- Eine Springform mit Rohrbodeneinsatz (etwa 26 cm ∅) oder eine Kastenform (1½ l Volumen) einfetten und bemehlen. Den Teig darin gleichmäßig verteilen und etwa 50 Minuten backen.
- Den Kuchen aus dem Ofen nehmen, aus der Form lösen und auf einem Kuchengitter auskühlen lassen.

▶ **Kinderportion:**
½ Stück

▶ **Variationen:**

Zitronenkuchen: Unter den Teig die abgeriebene Schale einer Zitrone geben.

Marmorkuchen: Unter etwa ein Drittel des Teiges 3 Esslöffel Kakaopulver und 5 Esslöffel Milch rühren.

Mandel-Schoko-Kuchen: 100 g Mehl gegen 100 g gemahlene Mandeln austauschen und zusätzlich 100 g Schokoraspeln unterrühren.

Rosinenkuchen: 150 g Rosinen unter den Teig heben.

Dekorieren

Am einfachsten geht dies, indem man den abgekühlten Kuchen gleichmäßig mit Puderzucker einstäubt.

Zuckerglasur: 200 g Puderzucker sieben und 3 Esslöffel Zitronensaft einrühren. Mit einem Pinsel den Zitronenguss auf den abgekühlten Kuchen streichen.

Schokoglasur: 200–300 g Schokoladenkuvertüre (weiß, zartbitterschwarz oder vollmilchbraun) grob hacken und in einem Wasserbad schmelzen, dabei die Kuvertüre immer wieder umrühren. Den Kuchen mit der Schokolade einpinseln oder übergießen. Letzteres braucht mehr Schokolade, ergibt aber einen gleichmäßigeren und dickeren Überzug.

Achtung: Kuchen dafür auf ein Rost setzen und ein Gefäß zum Auffangen darunterstellen.

Verwunschenes Schloss: 250 g Puderzucker, 1–2 Eiweiß, 1 Päckchen Eiswaffeln, 4–8 Eiswaffelhörnchen, rosa Zuckerblümchen, Liebesperlen, grüne Gummischnüre

Die Oberfläche des Kuchens glatt schneiden. Für den Guss das Eiweiß steif schlagen und den Puderzucker einrühren. Mit der Glasur den Kuchen bestreichen und die Eiswaffeln und -hörnchen als Dekoration für Türmchen, Türen und Fenster auf und an den Kuchen kleben. Die grünen Gummischnüre als Ranken um den Kuchen kleben und Zuckerblümchen und Liebesperlen als Blütentupfer ankleben.

Wikingerboot: 200 g Schokoglasur, Lakritz- oder Gummischnecken, Zahnstocher, Schaschlikspieße, Tonpapier für Segel, Gummibären

Den Rührteig in einer Kastenform backen. An den Kuchen seitlich eventuell leichte Schrägen schneiden. Die Schokoglasur im Wasserbad schmelzen und den Kuchen damit überziehen.

Die Lakritz- oder Gummischnecken je mit einem Zahnstocher durchbohren und als Schilde seitlich in einer Reihe an den beiden Bootlängsseiten befestigen. Gummibärchen als Wikingermannschaft oben auf den Kuchen kleben. Aus Tonpapier Segel schneiden und mit Schaschlikspießen befestigen.

Versunkene Aprikose

Haferflocken sind der richtige Schritt zu mehr Gesundheit

▶ **Für 12 Stück**

100 g Butter · 100 g Zucker · 1 Päckchen Vanillezucker
½ Fläschen Backöl Zitrone · 3 Eier (Größe M) · 100 g Mehl
100 g Haferflocken (blütenzart) · 1 TL Backpulver · 1 Dose
Aprikosen (480 g netto)

- Die Butter mit den Schneebesen des Handrührgerätes oder der Küchenmaschine schaumig rühren. Zucker, Vanillezucker und das Backöl Zitrone hinzufügen.
- Die Eier nach und nach dazugeben und so lange weiterrühren, bis der Zucker sich aufgelöst hat.
- Das Mehl mit dem Backpulver darübersieben. Haferflocken hinzugeben und alles zu einem glatten Teig verrühren. Den Backofen auf 180 °C (Umluft 150 °C; Gas Stufe 2) vorheizen.
- Die Aprikosen auf ein Sieb geben und abtropfen lassen. Den Saft auffangen und anderweitig verwenden.
- Backpapier zwischen Boden und Rand einer Springform klemmen und das überstehende Papier abschneiden. Den Rand mit etwas Butter einfetten. Den Teig in die Form geben und mit einem Teigschaber gleichmäßig verteilen. Die Aprikosen darauf geben und den Kuchen auf der mittleren Schiene etwa 50 Minuten backen.

▶ **Kinderportion:**

½ Stück

Tipp

Wenn Sie Vollkornmehl verwenden, geben Sie zusätzlich 5 Esslöffel Milch unter den Teig. Zur Abwechslung können Sie anstelle der Aprikosen Sauerkirschen aus dem Glas verwenden. Der Teig lässt sich mit gemahlenen Nüssen verfeinern.

Fantakuchen mit Pfirsich-Sahne-Creme

Der Name allein kommt bei Kids gut an

▶ **Für 20 Stücke**

4 Eier (Größe M) · 175 g Zucker · 4 Päckchen Vanillezucker
150 ml Raps- oder Sonnenblumenöl · 150 ml Fanta · 350 g
Mehl Type 1050 · 1 Päckchen Backpulver · 2 Dosen Pfirsichhälften (je 850 ml) · 400 g Sahne · 2 Päckchen Sahnesteif
500 g Schmand

- Den Backofen auf 200 °C (Umluft 170 °C, Gas Stufe 3) vorheizen. Ein Backblech einfetten und bemehlen.
- Eier, Zucker und ein Päckchen Vanillezucker schaumig rühren. Öl und Fanta unterrühren.
- Das Mehl mit dem Backpulver mischen und portionsweise unter die Eimasse rühren.
- Den Teig auf das vorbereitete Backblech geben, verteilen und glatt streichen. Die Kuchen auf mittlerer Schiene etwa 25 Minuten backen lassen. Anschließend auskühlen lassen.
- Für den Belag die Pfirsiche in einem Sieb abtropfen lassen und in Würfel schneiden.
- Sahne mit Sahnesteif und dem übrigen Vanillezucker steif schlagen. Mit einem Schneebesen den Schmand unterheben und danach die Pfirsiche mit einem Kochlöffel untermengen.
- Die Masse auf dem Kuchen verteilen und glatt streichen. Vor dem Servieren in 20 Stücke schneiden.

▶ **Kinderportion:**

½ Stück

Tipp

Auch so kann man sich von Weißmehl langsam zu Vollkornmehl vorarbeiten. Anstelle von Schmand können Sie auch Crème fraîche verwenden.

Schokoerdbeerkuchen
Favorit bei Kindern

▶ **Für 1 Springform**
100 g weiche Butter · 90 g Zucker
1 Prise Salz · 2 Eier (Größe M) · 125 g
Mehl · 1 TL Backpulver · 1 EL Kakaopulver · 100–150 g weiße Kuvertüre
750 g Erdbeeren

▬ Zunächst den Backofen auf 180 °C
vorheizen. Butter, Zucker, Salz und
Eier schaumig schlagen.
▬ Das Mehl mit Kakaopulver und
Backpulver vermischen und fein
sieben. Dann löffelweise unter den
Teig rühren.
▬ Eine Obstbodenform (etwa
28 cm Ø) mit etwas Butter einfetten
und mit Mehl bestäuben. Dann den
Teig in die Form füllen und glatt
streichen. Den Tortenboden etwa
20 Minuten backen, etwas abkühlen lassen und aus der Form
stürzen.
▬ Die Kuvertüre im Wasserbad
schmelzen lassen. Inzwischen die
Erdbeeren waschen, putzen und
große Erdbeeren halbieren. Den
Tortenboden mit etwas Kuvertüre
bestreichen und die Erdbeeren darauf verteilen, dann die übrige Kuvertüre streifig über die Erdbeeren
geben. Den Schokoguss fest werden
lassen und dann servieren.

▶ **Kinderportion:**
½ Stück

◀ Schokoerdbeerkuchen.

Apfelkuchen »easy« mit Streuseln
Könnte es jeden Tag geben!

▶ **Für 12 Stücke**
175 g Butter · 125 g Zucker · 2 Päckchen Vanillezucker · 2 Eier · 300 g
Dinkelmehl · 2 TL Backpulver · 1 Prise
Salz · 6 EL kohlensäurehaltiges Mineralwasser · 500 g säuerliche Äpfel

▬ Aus 100 g Butter, 75 g Zucker,
Vanillezucker und Eiern eine
schaumige Masse rühren. 200 g
Mehl mit Backpulver und Salz mischen und unter die Masse rühren.
Zum Schluss das Mineralwasser
unterrühren.
▬ Eine Springform mit Backpapier
auslegen und den Rand fetten,
danach den Teig einfüllen. Den
Backofen auf 175 °C vorheizen.
▬ Die Äpfel waschen, putzen und in
Spalten geschnitten auf den Teig
legen. Aus dem Rest Butter, Zucker
und Dinkelmehl Streusel kneten
und darüber streuen. Den Kuchen
etwa 1 Stunde auf mittlerer Schiene
backen.

▶ **Kinderportion:**
½ Stück

TIPP

Wenn Sie Vollkornmehl nehmen,
muss am Rezept nichts verändert
werden. Dieser Streuselkuchen
schmeckt auch mit Pflaumen
lecker.

Süßer Hefeteig

Ob Hefekuchen, Hefeschnecken oder Hefezopf, das Grundrezept darf in keinem Familienhaushalt fehlen. Aus ihm lässt sich ein klassischer Nachmittagskuchen backen, der im Vergleich zu anderem Gebäck nicht so sehr auf die Figur schlägt.

Grundrezept süßer Hefeteig

500 g Mehl · 1 Päckchen Trockenhefe (7 g) · 50 g Zucker
1 Prise Salz · 2 Eier · 50 g Butter · 250 ml lauwarme Milch

- Das Mehl in eine Schüssel sieben und eine Mulde hineindrücken. Die Hefe hineingeben. Den Zucker darüberstreuen. Das Salz, die Eier und die Butter als Flöckchen an den Rand der Schüssel geben.
- Die lauwarme Milch in und um die Mulde gießen. Dann mit den Knethaken eines Handrührgerätes oder einer Küchenmaschine zu einem glatten Teig verarbeiten.
- Den Teig mit einem Tuch abgedeckt an einem warmen Ort gehen lassen, bis er sein Volumen fast verdoppelt hat.

Tipp

Beim Backen mit Vollkornmehl reduzieren Sie die Mehlmenge um 10 % (50 g). So ist der Vollkornhefeteig ausreichend mit Wasser zum Quellen versorgt und wird ähnlich locker wie heller Hefeteig.

Frische oder Trockenhefe?

Das Backen mit Trockenhefe ist etwas einfacher: Sie müssen keinen Vorteig herstellen und sparen somit die Zeit für einen Ruhegang. Trockenhefe wird in Päckchen mit 7 g Inhalt verkauft. Diese Menge reicht in der Regel für 500 g Mehl. Trockenhefe lässt sich bei Zimmertemperatur etwa ein Jahr lagern. Auf dem Päckchen befindet sich ein Mindesthaltbarkeitsdatum, achten Sie darauf.

Frische Backhefe finden Sie im Kühlregal. Bei sachgemäßer Lagerung im Kühlschrank hält sie etwa zwölf Tage die volle Triebkraft. Frische Backhefe ist ockerfarben, hat eine feste, homogene Konsistenz, und riecht angenehm. Im Gegensatz dazu ist überlagerte Bäckerhefe rissig, bröckelig und riecht unangenehm. Ein halbes Päckchen (25 g) reicht für 500 g Mehl. Frische Hefe lässt sich übrigens auch im Gefrierschrank etwa vier Monate lagern. Sie wird durch das Tieffrieren flüssig, verliert aber nicht an Qualität. Doch wer selten Hefeteig zubereitet, sollte die Vorteile des Trockenproduktes nutzen.

Tipps & Tricks

Hefe entwickelt ihre volle Triebkraft durch die Zufuhr von Zucker, Feuchtigkeit, Luft und Wärme. Es kommt zu guten Backergebnissen,
- wenn alle Zutaten Zimmertemperatur haben,
- wenn die Backhefe mit etwas Zucker in Berührung kommt,
- wenn das Salz nicht direkt auf die Hefe gegeben wird,
- wenn die zuzugebende Flüssigkeit lauwarm ist,
- wenn der Teig kräftig geknetet wird,
- wenn der Teig ausreichend lange bei gleichbleibend warmer Temperatur (35 °C) gehen kann.
- wenn er auf dem Blech ein weiteres Mal gehen kann.

159

Butterkuchen

Ein Klassiker der deutschen Backstube

▶ Für ein Blech

1 Grundrezept süßer Hefeteig (S. 159) · 150 g Butter
100 g Zucker · 150 g gehobelte Mandeln

- Einen süßen Hefeteig wie im Grundrezept auf S. 159 beschrieben herstellen und gehen lassen.
- Den gegangenen Teig aus der Schüssel nehmen und auf einer bemehlten Arbeitsfläche kräftig durchkneten. Dann ausrollen und auf ein eingefettetes und bemehltes Blech legen. Den Backofen auf 200 °C vorheizen.
- Die Butter in Flöckchen schneiden und gleichmäßig auf dem Teig verteilen. Zucker und Mandelblättchen gleichmäßig darüber streuen und den Teig ein weiteres Mal 10 Minuten gehen lassen.
- Den Teig auf mittlerer Schiene etwa 30 Minuten backen.

▶ Kinderportion:

½ Stück

▶ Variation:

Anstelle von gehobelten Mandeln können Sie auch Kokosflocken verwenden.

Mohnzopf

Dieser Zopf hält nie lange

▶ Für 20 Stücke

1 Grundrezept süßer Hefeteig (S. 159) · 2 EL Rosinen
100 g gewürfeltes Orangeat · 200 g Marzipanrohmasse
1 Ei · 250 g Mohnback · 1 TL Zimt · Kondensmilch zum
Bestreichen · 3 EL Aprikosenkonfitüre

- Einen süßen Hefeteig wie im Grundrezept auf S. 159 beschrieben herstellen und gehen lassen. Für die Füllung die Rosinen und das Orangeat mit einem großen Messer fein hacken. Die Marzipanrohmasse mit dem Ei, dem Mohnback sowie den fein gehackten Rosinen, Orangeat und Zimt vermengen.
- Den Backofen auf 180 °C vorheizen. Den Teig auf einer bemehlten Arbeitsfläche zu einer 40 × 40 cm großen Platte ausrollen. Den Teig mit der Füllung bestreichen, an einer Seite einen Rand lassen und diesen mit Kondensmilch bestreichen. Von der gegenüberliegenden Seite her den Teig aufrollen.
- Die Rolle längs halbieren und die beiden Stränge mit der Teigseite nach unten miteinander verflechten und auf ein mit Backpapier ausgelegtes Backblech setzen. Die Enden fest aneinander drücken. Auf der mittleren Schiene etwa 50 Minuten backen.
- Für den Guss die Aprikosenkonfitüre durch ein Sieb streichen und mit zwei Esslöffeln Wasser erwärmen. Den Zopf noch heiß mit dem Guss bestreichen.

▶ Kinderportion:

½ Stück

Rezept- und Zutatenverzeichnis

Stichwortverzeichnis

Bibliografische Information der Deutschen Nationalbibliothek
Die Deutsche Nationalbibliothek verzeichnet diese Publikation in der Deutschen Nationalbibliografie; detaillierte bibliografische Daten sind im Internet über http://dnb.d-nb.de abrufbar.

Programmplanung: Uta Spieldiener

Redaktion: Dr. Thamar Triebel
Bildredaktion: Dr. Thamar Triebel, Christoph Frick

Umschlaggestaltung und Innenlayout:
Cyclus · Visuelle Kommunikation, Stuttgart

Bildnachweis:
Umschlagfoto vorn: F1 online
Umschlagfotos hinten: Chris Meier, Stuttgart
Fotos im Innenteil:
F1 online: S. 3; Fotolia: S. 82; Chris Meier, Stuttgart: S. 4 unten, 5 unten, 49, 52, 57, 68, 71, 79, 85, 90, 95, 99, 107, 110, 113, 117, 120, 124, 129, 130, 134, 139, 142, 149, 150, 152, 154, 158; Onoky: S. 4 oben, 6, 8, 13, 17, 21, 25, 29, 34, 38, 45, 59, 65, 75; Fridhelm Volk, Stuttgart: S. 105

1. Auflage

© 2011 TRIAS Verlag in
MVS Medizinverlage Stuttgart GmbH & Co. KG
Oswald-Hesse-Straße 50, 70469 Stuttgart

Printed in Germany

Satz: Ziegler und Müller, Kirchentellinsfurt
gesetzt in: APP/3B2, Version 9.1 Unicode
Druck: Offizin Andersen Nexö Leipzig GmbH, Zwenkau

Gedruckt auf chlorfrei gebleichtem Papier

ISBN 978-3-8304-3819-9   2 3 4 5 6

Wichtiger Hinweis: Wie jede Wissenschaft ist die Medizin ständigen Entwicklungen unterworfen. Forschung und klinische Erfahrung erweitern unsere Erkenntnisse, insbesondere was Behandlung und medikamentöse Therapie anbelangt. Soweit in diesem Werk eine Dosierung oder eine Applikation erwähnt wird, darf der Leser zwar darauf vertrauen, dass Autoren, Herausgeber und Verlag große Sorgfalt darauf verwandt haben, dass diese Angabe dem **Wissensstand bei Fertigstellung des Werkes** entspricht.

Die Ratschläge und Empfehlungen dieses Buches wurden von Autor und Verlag nach bestem Wissen und Gewissen erarbeitet und sorgfältig geprüft. Dennoch kann eine Garantie nicht übernommen werden. Eine Haftung des Autors, des Verlages oder seiner Beauftragten für Personen-, Sach- oder Vermögensschäden ist ausgeschlossen.

Geschützte Warennamen (Warenzeichen) werden **nicht** besonders kenntlich gemacht. Aus dem Fehlen eines solchen Hinweises kann also nicht geschlossen werden, dass es sich um einen freien Warennamen handelt.

SERVICE

Liebe Leserin, lieber Leser,

hat Ihnen dieses Buch weitergeholfen? Für Anregungen, Kritik, aber auch für Lob sind wir offen.
So können wir in Zukunft noch besser auf Ihre Wünsche eingehen. Schreiben Sie uns, denn Ihre Meinung zählt!

Ihr TRIAS Verlag
E-Mail Leserservice: heike.schmid@medizinverlage.de
Lektorat TRIAS Verlag, Postfach 30 05 04, 70445 Stuttgart, Fax: 0711 89 31-748